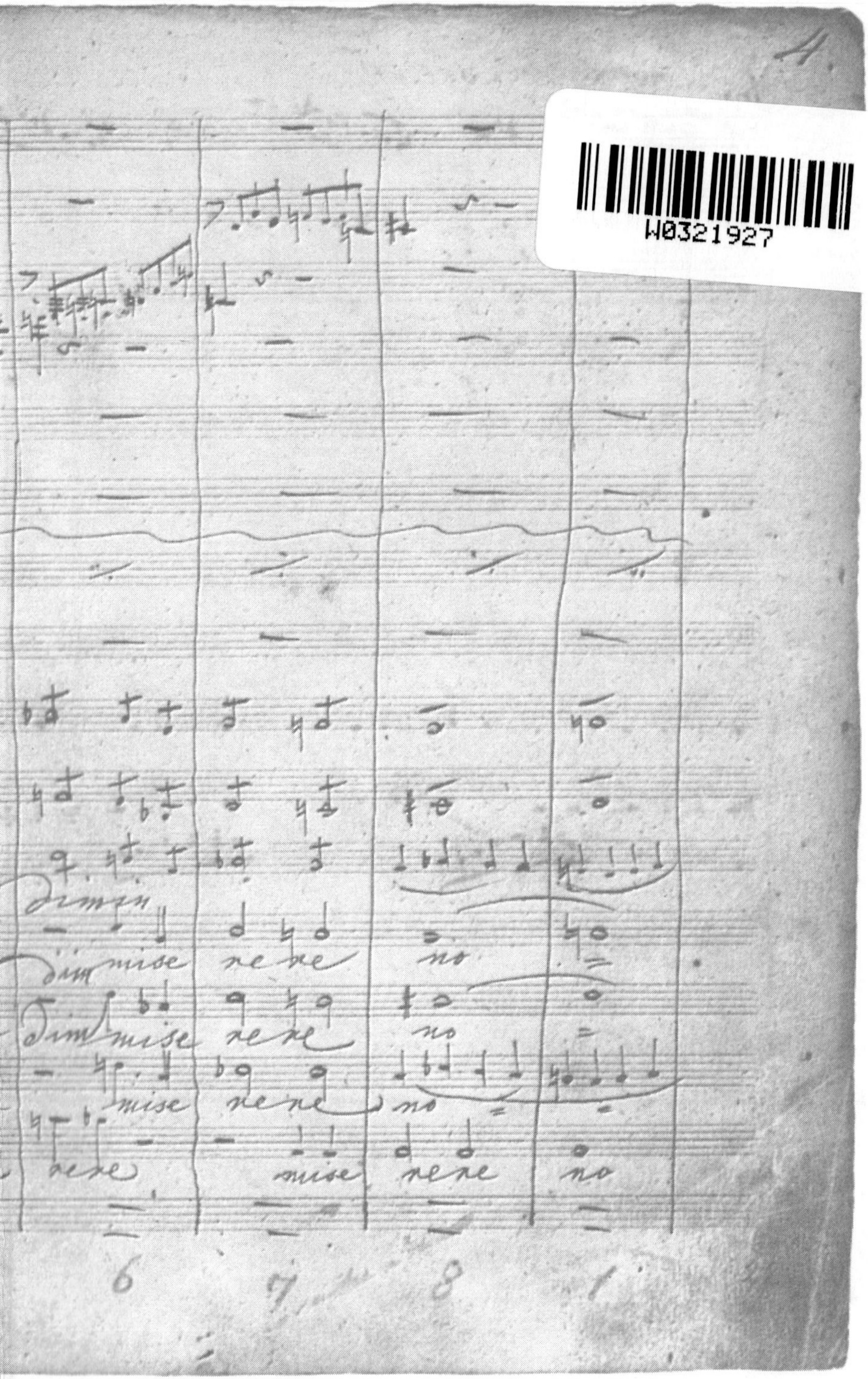

1
dimen
dim mise
re re
no
dim mise
re re
no
mise
re re
no
re re
mise
re re
no
6
7
8
1

Hansjürgen Schaefer

ANTON BRUCKNER

Ein Führer durch Leben und Werk

Henschel Verlag
Berlin 1996

Die Deutsche Bibliothek - CIP-Einheitsaufnahme
Schaefer, Hansjürgen:
Anton Bruckner: ein Führer durch Leben und Werk /
Hansjürgen Schaefer. – Berlin: Henschel, 1996
ISBN 3-89487-249-7

1. Auflage
Umschlaggestaltung: Morian & Bayer-Eynck, Coesfeld
Titelbild: Anton Bruckner, Portrait von F. Beraton 1890; AKG photo Berlin
Gestaltung und Satz: AS Satz & Grafik, Berlin
Druck: Wiener Verlag, Himberg
Printed in Austria

ISBN 3-89487-249-7

Inhalt

Vorbemerkungen

Im Jahr seines 100. Todestages wird hier über einen österreichischen Komponisten und sein Werk geschrieben. Anton Bruckner, gestorben am Ende des 19. Jahrhunderts, war ein Landlehrerssohn aus der tiefsten Provinz, aufgewachsen in engen, ärmlichen, von tiefer Gläubigkeit bestimmten Verhältnissen, unter den immer wachsamen Augen der katholischen Staatsreligion. Er wurde ein international geachteter Orgelvirtuose, Professor am Konservatorium und an der Universität zu Wien. Endlich, nach 30jähriger Lehrzeit, wurde aus ihm aber auch ein aufregender, viel angefeindeter, von den meisten Zeitgenossen mißtrauisch beäugter Komponist von Sinfonien und auch von Messen. Er geriet in den Strudel der musikalischen Meinungsfehden. Hie Neutöner, dort Akademiker – hie Wagner und Bruckner, dort Brahms und Hanslick. Von den politischen Stürmen der vierziger Jahre mit ihren bürgerlich-demokratischen Träumen trennte ihn das weltabgeschieden strenge Regiment des Klosters, in dem er lebte. Später, in Linz und Wien, umgab ihn der Trubel aristokratisch-bürgerlicher Metropolen. Aber irgendwie blieb er ein Fremder dort.

Die Zeitgenossen kamen mit ihm nicht zurecht. Eduard Hanslick, einer der Seriösen, Kunstsinnigen im Lager der Bruckner-Antipoden, meinte: »Es bleibt ein psychologisches Rätsel, wie dieser sanfteste und friedfertigste aller Menschen im Moment des Komponierens zum Anarchisten wird, der unbarmherzig alles opfert, was Logik und Klarheit der Entwicklung, Einheit der Form und Tonalität heißt.« Andere feierten ihn. Unter den Komponisten besonders jüngere, Hugo Wolf zum Beispiel. In den späten Jahren, der Zeit nach Bismarcks Einigung des deutschen Reiches »von oben« mischten sich in den zunehmenden Jubel um Bruckner-Aufführungen durchaus auch nationalistische Töne. Sie zielten auf »Österreich ohne Slawen«, auf eine Vereinigung zwischen den Deutschen an der Donau mit denen an Rhein und Spree. Bruckner bewegte sich naiv in diesem Dilemma. Mit seinem »Germanenzug«, seinem »Helgoland« lieferte er solchem Chauvinismus ganz gewiß ungewollt die Munition. Wie auch mit seinem kleinbürgerlichen Antisemitismus. Er verkehrte vorurteilslos mit Juden. Mit Mahler zum Beispiel, mit Hermann Levi. Aber er nannte sie die »Herren aus Israel« und bezweifelte allen Ernstes ihren »rechten« Glauben. So kam's, daß im frühen 20. Jahrhundert zwar Bruckners Musik noch immer nicht so ganz in den Konzertsälen heimisch wurde, seine Propagandisten aber zunehmend auf den Mystiker setzten und seine unbestrittene Religiosität mit chauvinistischem Pathos mischten. So kam's endlich dazu, daß zum 8. Bruckner-Fest 1937 in Regensburg der Komponist per Büste seinen Platz in der »Walhalla« fand; die NS-Presse berichtete: »Es ist ein erhebendes Symbol der durch keine Schranken eingeengten Verbundenheit des Führers mit dem deutschen Volke, daß der Führer im Saale der Walhalla mit eigener Hand den Lorbeerkranz zu Füßen des Piedestals, das Bruckners Büste trug, niederlegte.« Propagandaminister Goebbels erkannte »das Wesen Bruckners als des im heldischen Weltgefühl verwurzelten germanischen Menschen, dessen Werk zu den stolzesten Besitztümern der nationalen Musikkulturen gehört und dessen Symphonien insbesondere uns ein nationales Vermächtnis bedeuten«.

Heute, zum Ende des 20. Jahrhunderts, hat Bruckner mit seinen sinfonischen und seinen großen kirchenmusikalischen Werken die Konzertsäle der Welt erobert. Nicht weniger die Studios der Tonträger-Industrie. Maßstabsetzende Interpretationen wie die von Eugen Jochum, Kurt Masur, Günter Wand machten diese Musik »geläufig«. Die Forschung leistete Bedeutendes bei der Aufarbeitung des zahlenmäßig nicht unbeträchtlichen Bruckner-Werkes über Sinfonien, Streichquintett und Messen hinaus. Gesamtausgaben, zumal die noch nicht abgeschlossene jüngste unter Leopold Nowak in Wien, gaben für Konzert und Studio solide Grundlagen. Aber noch lange nicht aus der Welt ist der Streit ums Wesen Brucknerscher Musik. Nur zu gerne sieht man sie, wenn auch nicht mehr unter faschistischem Rassendünkel und Heroenkult, so doch unter dem Vorzeichen einer betont weltfernen, religiös verbrämten Erlösungs-Mythologie. Es bleibt also die durchaus nötige und für das Verständnis Brucknerscher Kunst wichtige Aufgabe, zur intensiven und auch kritischen Beschäftigung mit Leben und Werk dieses großen, merkwürdigen Mannes anzuregen.

Er wurde geboren in dem Jahre, da in Wien Beethovens 9. Sinfonie zum ersten Mal erklang. Und er hat den aufklärerisch-engagierten, kritischen Ton dieser Musik in seinen Partituren durchaus aufgegriffen. War das aufrührerische, aus den Jahren der Französischen Revolution stammende Wort von »Freiheit, Gleichheit und Brüderlichkeit« aller Menschen in der idealen Utopie der Klassiker bewahrt, klang es in den von Beethoven vertonten Schillerworten »Brüder, überm Sternenzelt m u ß ein lieber Vater wohnen« wie eine Forderung weiter, so hat es Bruckner auf seine neue Weise aufgenommen. Als Realist, nicht als frommer Mystiker. Aus der klassischen Utopie von der Freiheit und Gleichheit der Menschen wurde die Sehnsucht nach solchem Ideal. Bruckner fand dafür neue Töne, eine neue Strategie des Musizierens. Und er setzte, angesichts der *geistigen*

Schwäche der gegenwärtigen Weltlage auf Kraft, auf Stärke, schrieb *kraftvolle Musik*. Neben dem älteren Antipoden Johannes Brahms und dem jüngeren Gustav Mahler hat er der Musik den Weg ins 20. Jahrhundert gewiesen. Er hat mit seiner Sprache nicht »Schule« gemacht. Aber bei Mahler klingen seine Anregungen nach. Heute, am Ende des 20. Jahrhunderts, nach den Katastrophen zweier Weltkriege, nach den gescheiterten Versuchen, große soziale Utopien zu realisieren, nach der scheinbar endgültigen Restauration konservativ-kapitalistischer Gesellschaftsstrukturen auf unserem blauen Planeten kann der Blick auf die große Musik jener Jahre des Umbruches vom ausgehenden 19. zum beginnenden 20. Jahrhundert nützlich, lehrreich, ästhetisch gewinnbringend sein. Wichtige Komponisten unseres Jahrhunderts haben sich zu Bruckners Denken und Fühlen in Musik bekannt: Paul Hindemith, Karl Amadeus Hartmann, Dmitri Schostakowitsch in der ersten Hälfte des 20. Jahrhunderts, Krzysztof Penderecky während seiner neoromantischen Schaffensperiode in jüngster Zeit.

Der Streifzug durch Bruckners Leben, die Einführung in seine wichtigen Werke, nicht nur die heute oft und vielgespielten, die Übersicht über sein Gesamtschaffen, der Blick auf die wesentlichen wirtschaftlichen, wissenschaftlichen, künstlerisch-kulturellen und politischen Ereignisse seiner Zeit will zu tieferem Verständnis verhelfen für die Musik Bruckners, ihre Formen und Strukturen, ihre realistische Substanz in Gestalt und Aussage. Denn dieser Mann, der vor 100 Jahren starb, ist nicht nur eine historische Kunstgröße. Er lebt in unseren Tagen in nachhaltiger Kunst-Existenz, er kann darum auch heute ästhetisch von Bedeutung sein.

Hansjürgen Schaefer
Birkenwerder, im Frühjahr 1996

Leben und Schaffen

Die Kindheit: Der Sohn des Schulmeisters

Das Jahr 1824 ist in der Musikgeschichte bis heute vor allem als ein besonderes Beethoven-Jahr denkwürdig geblieben: Am 7. Mai kamen erstmals in Wien bei einer Akademie im k.k. Hoftheater nächst dem Kärtnertor Teile der »Missa solemnis« zur Aufführung. (Das ganze Werk war übrigens schon um einiges früher, am 6. April gleichen Jahres, im fernen Petersburg uraufgeführt worden.) Auf dem Akademie-Programm stand aber auch die umjubelte Uraufführung von Beethovens 9. Sinfonie mit dem Kantatensatz auf Verse aus Schillers »Ode an die Freude«. Ganz gewiß kulminierte da in jenem Frühling in der österreichischen Metropole an der Donau ein gewaltiges Stück klassischer Musikgeschichte, geprägt von den Ideen der Französischen Revolution, der Aufklärung, von klassischer Humanitas. »Alle Menschen werden Brüder«, ließ Beethoven in der »Neunten« singen, und in die Partitur seiner »Missa solemnis« schrieb er die Worte: »Von Herzen – möge es wieder zum Herzen gehen.« Der fast ertaubte Komponist hatte sich in Sinfonie und Missa noch einmal mit titanischer Kraft zu seinen demokratisch-revolutionären Idealen und Visionen bekannt. Und das gerade angesichts des »verzweiflungsvollen Zustandes«, in den er, nach der Hochstimmung der Befreiungskriege gegen Napoleon, nach den konservativen Reaktionen auf dem Wiener Kongreß, Europa versinken sah. So heißt es auch in einem seiner Briefe: »- was mich anbelangt, so ist geraume Zeit meine Gesundheit erschüttert, wotzu ihnen auch unser Staats Zustand nicht wenig bejträgt, wovon ich bis hieher noch keine Verbeßerung zu erwarten, wohl aber sich täglich Verschlimmerung desselben ereignet.«

Im gleichen Jahre 1824, am 4. September, wurde aber auch Josef Anton Bruckner geboren, im oberösterreichischen Ansfelden, einem Dorf, zum Traun-Kreis gehörig, nicht sehr fern der Landeshauptstadt Linz. Er sollte in einer sich rasch und gründlich verändernden Welt der – nach Beethoven und Schubert – nächste große Sinfoniker Österreichs werden, dessen Schaffen in den letzten Jahrzehnten des zu Ende gehenden 19. Jahrhunderts in seinen charakteristischen musikalischen Strukturen Impulse weit ins 20. Jahrhundert aussandte.

Der neue Erdenbürger wuchs auf in den Jahren der Restauration und

Reaktion des Metternich-Staates. Sein Vater, ebenfalls ein Anton, war Schulmeister in dem damals knapp 400 Seelen zählenden Ort, der zum Besitz des nur einige Kilometer entfernten Augustiner-Chorherrenstiftes St. Florian zählte. Die Bruckners entstammten einer bis ins 14. Jahrhundert zurückverfolgbaren niederösterreichischen Familie von Bauern und Handwerkern. Als erster hatte es der Großvater Josef (geb. 1749) zu »Höherem«, zum Schulmeister nämlich, gebracht. Seit 1776 fungierte er in Ansfelden, heiratete die Tochter des vorherigen Amtsinhabers, Franziska Kletzer. Aus der Ehe gingen zwölf Kinder hervor, darunter im Juni 1791 Anton, der erst Schulgehilfe des Vaters wurde und 1823, nach dessen Pensionierung, schließlich sein Amtsnachfolger.

Im gleichen Jahre ehelichte dieser Anton Bruckner die Jungfer Therese Helm, die Tochter des Amtsverwalters Ferdinand Helm aus Neuzeug bei Steyr. Schon ein Jahr später kam unser späterer Komponist zur Welt; er war das erste von insgesamt elf Kindern. Lieblingsschwester Anna (gestorben 1870) führte dem Bruder später in Linz und in den ersten Wiener Jahren die Wirtschaft. Nur der wenig begabte Bruder Ignaz (Gärtner und Kalkant in St. Florian, gestorben 1913) und die Schwester Josefine überlebten ihn. Wie Anton Bruckner sind auch die Geschwister Ignaz, Anna und Josefine in St. Florian beigesetzt.

Anton Bruckner, der Dorflehrersohn: Er kam in der schlichten Dienstwohnung des Vaters, unweit der Ansfeldener Kirche, zur Welt. Milieu und Landschaft dieser einigermaßen weltabgeschiedenen Gegend prägten ihn. Da war wenig zu spüren vom Glanz wie auch vom bald beginnenden Verfall des Kaiserreiches Österreich-Ungarn, dessen Untergang im Ersten Weltkrieg sich Ende des 19. Jahrhunderts bereits abzeichnete. Die Doppelmonarchie, deren Flotte die Adria beherrschte, deren Soldaten in Galizien auf Wacht an der Grenze zu Rußland standen, eine Weltmacht also mit freilich bröckelndem Charme, war innenpolitisch konzentriert auf das brisante Spannungsfeld zwischen Budapest, Wien und Prag. Oberösterreich, Bruckners engere kleinbürgerlich-bäuerliche Heimat, lag weitab solcher Spannungen. Der bescheidene Frieden in Ansfelden war beherrscht vom unmittelbaren Einfluß der katholischen Kirche, weit weniger von der Wiener Administration. Als Lehrerssohn gehörte Bruckner mitten in diese Gesellschaft mit begrenztem Horizont, wenngleich nach dem Wiener Kongreß und im Rahmen der Allianz der Siegermächte über das Frankreich Napoleons Österreichs politische und ökonomische Lage sich (allerdings nur scheinbar) stabilisiert hatte. Eine in Ansätzen spürbare Industrialisierung bedrängte Handwerker, Gewerbetreibende und vor allem das zunehmend verarmende Landvolk. Staatserhaltend wurde die enge Verbindung von Schule und Kirche, die Kaiser Franz I. 1805 verfügt hatte. Seine Forderung an die Lehrer: »Ich brauche keine Gelehrten, sondern gute und rechtschaffene Bürger. Die Jugend zu solchen zu bilden, liegt Ihnen ob. Wer mir dient, muß lehren, was ich befehle, wer dies nicht tun kann oder mir mit neuen Ideen kommt, der kann gehen oder ich werde ihn entfernen.« So kam es, daß der Lehrer in solchem Umfeld zwar schlecht besoldet, aber doch angesehen war. Und so kam es, daß der Lehrstoff naturwissenschaftliche Disziplinen weitgehend ausschloß, Grundwissen der Religion, des Schreibens, Lesens und Rechnens ins Zentrum stellte, aber auch musikalische Ausbildung auf religiöser Basis sorglich pflegte: Der Lehrer war auch Kantor und Organist, also für Schule und Gottesdienst verfügbar.

Für den kleinen Bruckner war die Berufswahl durch das Vorbild von Vater und Großvater entschieden: Er sollte (und wollte auch) Lehrer werden. Ab 1830 besuchte er die Schule, gehörte dem Kirchenchor an, absolvierte Gesangsübungen, wurde in Violin-, Klavier- und Orgelspiel unterrichtet und nahm bereits zehnjährig als Organist am Kirchen- und Schuldienst teil. Zeitgenossen berichten, daß schon der Vierjährige dem Herrn Pfarrer auf einer Kindergeige vormusizierte. »Liedl'n hat er viel gekonnt«, erzählte später ein Ansfeldener Bauer. »Immer hat er was 'pfiffen, was man nicht gekannt hat. Daß er was Dummes ausgeübt hätte, das hat's nicht 'geben. In der Musik hätt' ihm's gleich ein Alter nicht nachgemacht.« Die Feldarbeit sei ihm weniger gelegen. Er spielte gern Soldaten, mimte den stolzen Reiter oder den Prediger. Sein kindliches Berufsziel zunächst: Gutsbesitzer.

Eine kräftige musikalische, vom Vater auch liebevoll geförderte Begabung zeigte sich früh. Aber »Tonerl« war kein Wunderkind. Als Heranwachsender nahm ihn der Vater nachmittags zum Schulunterricht bei den »Kleinen« mit. Gelegentlich durfte er auch vertreten. Schwester Rosalie erinnerte sich später, dabei sei der Bruder immer recht streng gewesen. Nur einer niedlichen Bauerntochter gestattete er Vorrechte.

Die musikalische Ausbildung instrumentaliter und vokaliter wurde ergänzt durch das Kennenlernen der mit Soli, Chor, zwei Violinen und Baß besetzten Sonntagsmessen in Ansfelden und, besuchsweise, in St. Florian. Besondere Begeisterung weckte die festtägliche Verstärkung des Orchesters durch zwei Trompeten.

1835 kommt »Tonerl« nach Hörsching bei Linz zu einem angeheirateten Vetter, Johann Baptist Weiß (gest. 1850), einem Schulmeister, zugleich angesehenen Organisten und Musiker, von dem auch Kompositionen erhalten sind. Weiß hatte den Neunjährigen schon nach Linz zur Firmung geführt. Nun gab es für den Elfjährigen neben der Unterweisung im Elementarstoff des Schulunterrichts auch Unterricht in Generalbaß und Orgelspiel. Er hörte dort Haydns »Schöpfung« und »Die Jahreszeiten«, Mozart-Messen. Erste Kompositionsversuche aus dieser Zeit sind Orgelpräludien. Sie weisen keineswegs auf den späteren Meister, zeigen aber doch schon Freude am improvisatorischen Auskosten der Harmonik mit Vorlieben für mediantische und enharmonische Verwechslungen, wie der Beginn des Es-Dur-Präludiums (WAB 127) zeigt:

Bedenken wir: Dieses Eindringen in die Welt der Musik bedeutet für den Knaben nicht mehr als eine phantasierende Adaption des Gelernten im selbstverständlichen Rahmen der schulischen und kirchlichen Aufgaben. Er sieht sich als künftigen Schulmeister, fest dem heimatlichen Milieu verbunden. Nur ganz allmählich, immer wieder zögerlich, werden sich die Akzente zur Musik hin verschieben. Unsicherheit lebenslang ist die Folge, führt zum Versuch, sich immer aufs neue durch Studien, durch Prüfungen für die Loslösung vom heimatlichen Milieu zu befähigen, das Selbstwertgefühl zu festigen. Wenn der 44jährige dann nach Wien, ins musikalische und politische Zentrum Österreichs gehen wird, fühlt er sich fremd. Wenig gemacht für die Hektik der großen Städte, die Kunstmetropolen. Er wird dort ein Fremder bleiben, mißtrauisch, demütig auch, zugleich eigensinniger Provinzler, hilflos gegenüber raffinierten Intrigen zwar, aber doch unbeirrbar den eigenen Weg suchend. Am Ende wird ihn dieser Weg wieder in die Heimat führen: In der Stiftskirche St. Florian läßt er sich unter »seiner« Orgel zur letzten Ruhe betten.

Der Aufenthalt in Hörsching währte indes nur kurz, schon im Dezember 1836 mußte Bruckner ins heimatliche Ansfelden zurück, dem Vater beizustehen. Der hatte sich, um die vielköpfige Familie ernähren zu können, Nebenverdienste suchen müssen. Er spielte zum Tanze auf und war dabei dem Alkohol verfallen. Auch der Sohn hat, stellvertretend für den Vater oder mit ihm gemeinsam, den bäuerlichen Tanzvergnügungen musikalisch assistiert.

Der junge Bruckner vertrat den bettlägerigen Vater in der Schule und in der Kirche, bis der Kranke im Sommer 1837 starb. Ein Nachfolger übernahm Schulamt wie Dienstwohnung. Die Mutter mußte mit den jüngeren Kindern Ansfelden verlassen und lebte von mäßiger Rente mühselig im Dorfe Ebersberg. Zuvor war es ihr aber mit Hilfe des Prälaten Michael Arneth gelungen, die Aufnahme des ältesten Sohnes als Singknabe in St. Florian zu erreichen.

Bruckners Kindheit ging zu Ende. Rückblickend zählte er die Monate in Hörsching zu den glücklichsten seines Lebens. Dem Lehrer dort fühlte er sich für immer dankbar verpflichtet. Als der sich erschoß, weil er gutgläubig einem leichtfertigen Vetter Geld aus der Kirchenkasse geliehen hatte, bat Bruckner, der strenggläubige Katholik, um geistliche Gnade für den Selbstmörder. Ja er versuchte sogar, mit allen Mitteln – letztlich erfolglos – in den Besitz des Schädels des Toten zu kommen, um ihn gleichsam als Reliquie zu verehren. Solch skurrile Reliquiensucht ist mehrfach von ihm überliefert. Das tragische Schicksal des 1867 in Mexiko erschossenen Kaisers Maximilian berührte ihn derart, daß er, als er von der Überführung des Leichnams nach Wien hörte, per Telegramm von Linz aus anfragte, ob er den Toten im offenen Sarg besichtigen könne. 1888 fand er Gelegenheit, bei fotografischen Aufnahmen den Schädel Franz Schuberts zu berühren, desgleichen den Beethovens. Auch am Prozeß gegen einen Mörder nahm er später heftigen Anteil, betete für dessen Seele und wollte, freilich vergeblich, an dessen Hinrichtung teilnehmen. Als Lehrgehilfe in Windhaag schockierte er die Bauern, indem er Krebsen brennende Kerzen auf den Rücken klebte und sie nachts auf dem Friedhof umherspazieren ließ. Skurrilitäten, die an Ritual-Magie erinnern – wie auch im späteren Werk des gläubigen Christen so manches Mal atavistische, heidnische, zumindest »protestantische« Schichten hörbar werden. »Gewohntes« wurde schockierend in Frage gestellt.

Vom Sängerknaben zum Schulgehilfen

Im Sommer 1837 wurde Anton Bruckner Sängerknabe im Augustiner-Chorherrenstift St. Florian und trat dort auch in die 3. Klasse der Volksschule ein. St. Florian war seit seiner Gründung 1071 eines der bedeutendsten und bis heute architektonisch schönsten Klöster Österreichs. Die Stiftskirche, in italienischem Barock 1715 von Jakob Prandauer vollendet, barg drei Orgeln. Die größte, später auch »Bruckner«-Orgel genannt, verfügte damals über vier Manuale und 74 Register. Abbé Vogler (1749-1814) rühmte sie als »erste Orgel Österreichs«. Sie war 1770 bis 1777 von F.K. Krismann geschaffen, 1837 von F.G. Fischer umgebaut und dann 1875 von M. Mauracher durch eine neue (mit 92 Registerzügen und 78 klingenden Stimmen ausgestattet) ersetzt worden, die Anton Bruckner am 19. November einweihte. Im Sinne des alten Instrumentes ist auch sie restauriert und 1932 neu eingeweiht worden. Unter ihr, die Bruckners Lieblingsorgel wurde, steht noch heute der Sarg mit den Gebeinen des Komponisten.

Als der 14jährige Sängerknabe in diesem so prächtigen Stift – mit »Kaiserzimmer«, wertvoller Bibliothek, vielen Sammlungen und vor allem der Kirche mit ihren Orgeln – Einzug hielt, empfing er Eindrücke, die für sein späteres Leben und auch für seine Musik wichtig wurden. Freilich: Das Leben des Novizen blieb karg. Er wohnte mit zwei anderen Sängerknaben beim Schulleiter Michael Bogner. Der Unterricht in den allgemeinbildenden Fächern und die musikalische Ausbildung zielten darauf, den Schüler später als »Gehülfen an Trivial-Schulen« einzusetzen.

Die musikalische Ausbildung (Generalbaß durch den Schulleiter, Gesang, Violin- und Klavierspiel, Orgel beim Stiftsorganisten Anton Kattinger) wird beträchtlich vertieft. Vor allem: Bruckner zeigt am Orgelspiel zunehmendes Interesse und entfaltet ungeahnte Fähigkeiten. Kommentar seines Violinlehrers: »Jetzt gib i dem Sakra allweil auf der Violin Unterricht und auf einmal is' a Organist draus wor'n.« So regelt sich auch Bruckners Ausscheiden aus dem Chor infolge des Stimmbruchs ohne Probleme: Er wird in stärkerem Maße als Geiger und vor allem Organist eingesetzt.

In St. Florian lernt er nun auch die katholische Liturgie in ihrer ganzen barocken Pracht kennen. Er hört und studiert die klassische Kirchenmusik, die Messen von Michael und Joseph Haydn, von Franz Schubert und vielen Kleinmeistern der Zeit. So weitet sich sein künstlerischer Horizont in Studium und praktischem Hören. Doch das Berufsziel bleibt Lehrer, sicher der – wenn auch bescheidenen – sozialen Vorzüge dieses Berufes und der engen Verbindung von Lehr- und Musikerstand wegen. Darum geht er, nach glänzend bestandener Aufnahmeprüfung, 1840 zu einem zehnmonatigen Präparandenkurs nach Linz, in die oberösterreichische Landeshauptstadt mit Bischofssitz. Zum ersten Male trifft der 16jährige Dorflehrerssohn in der damals rund 20.000 Einwohner zählenden Stadt an der Donau auf urbanes Leben mit seiner Hektik, seinen kulturellen Anregungen, seiner Vielfalt. Zum Schulstoff gehört nur das Allernötigste – Geographie, Naturwissenschaften und Geschichte bleiben außen vor –; auf dem Lehrplan stehen neben Religion noch Sprache, Schreiben, Rechnen, Zeichnen und Musik (Gesang, Harmonielehre, Orgelspiel). Österreich in der Mitte des 19. Jahrhunderts sorgte gründlich dafür, daß die Erziehung des Volkes zu Ruhe und Ordnung im Sinne von Staat und Kirche erfolgte.

Noch waren zu jener Zeit die Aufgaben des Kirchendieners und des Organisten über die des Lehrers gestellt. Im Linzer Schulbetrieb wurde auch sehr darauf geachtet, daß die »Verlockungen« der Stadt den jungen Lehramtsbewerber in dessen provinzieller Erfahrung nicht verunsicherten: Der Besuch des Theaters beispielsweise war den Kandidaten verboten. Bruckner hätte ihn sich auch kaum leisten können, denn er mußte mit kargen Mitteln aus dem Ersparten der Mutter auskommen. Erst als diese erschöpft waren, sprang St. Florian ein. Aber: Bruckner hörte im Linzer Musikverein Weber-Ouvertüren und die 4. Sinfonie von Beethoven. Er beteiligte sich an musikalischen Aufführungen in den Kirchen der Stadt, im prachtvollen Dom vor allem, wo wie in St. Florian eine Krismann-Orgel stand, und er schrieb sich Bachs »Kunst der Fuge« und Fugen Albrechtsbergers, des Wiener Domkapellmeisters, ab. Der musikalische Lehrstoff im Unterricht blieb dagegen begrenzt. August Dürrnberger, der die Kirchenmusik in der Linzer Minoritenkirche leitete, unterrichtete nach eigenem, stockkonservativem Lehrbuch Harmonielehre. Bruckner hat darauf später auch für seinen Unterricht in Wien zurückgegriffen. Einbezogen wurde die Musik von der Renaissance bis zum Ende des 18. Jahrhunderts. Neueres kam nicht vor. Am 16. August 1841 erhielt Bruckner sein Zeugnis über den erfolgreichen Abschluß der Präparandenzeit. Nur gute und sehr gute Leistungen wurden ihm bescheinigt. Merkwürdig, daß er es im Lieblingsfach, dem Orgelspiel, nur auf »gut« gebracht hat. Die Vermutung liegt nahe, daß der junge Mann mit seinen virtuosen Improvisationen den Herren der Prüfungskommission etwas zu extravagant erschien. Bruckner legte denn auch Protest ein und erzwang hartnäckig, daß sich die Note »gut« in »sehr gut« verwandelte.

Anschließend ging der »Gehülfe für Trivialschulen« 17jährig in seine erste Stellung, ins 721 Meter hochgelegene 200-Seelen-Dorf Windhaag an der böhmischen Grenze, zweieinhalb Wegstunden von Freistadt entfernt, das man damals mit einer Pferdebahn von Linz aus erreichen konnte. Am

3. Oktober 1841 gerät Bruckner dort unter die Fuchtel des Schullehrers Franz Fuchs, dem zwei Klassen mit rund 50 Schülern unterstehen. Der »Gehülfe« hat wenig zu lachen. Er wohnt in kärglichem Kämmerlein, löffelt zum Frühstück gemeinsam mit der Dienstmagd saure Suppe. Nur zweimal in der Woche gibt's Fleisch zu Mittag. Ansonsten hat er Landarbeiten wie ein Knecht zu verrichten: Heuwenden, Dreschen, Kartoffelngraben, Mistfassen. Für den Schulmeister leistet er auch Messner- und Organistendienste, hat die Kerzen am Altar anzuzünden, dem Pfarrer ins Gewand zu helfen und die Orgel zu spielen. Außerdem unterrichtet er die »niedere« Klasse der Jugend Windhaags, bei der er sich freilich ziemlicher Beliebtheit erfreut, weil er den Schülern durch anschauliches Erzählen des Stoffes – nicht nur der geringen Weisheiten, die ihm der »Lehrplan« vorschreibt – Appetit aufs Lernen macht. Er hospitiert im Unterricht von Lehrer Fuchs, zugleich nützlicherweise dessen Schreibfedern schneidend und wiederherrichtend. Das alles für zwölf Gulden Jahresgehalt bei freier Kost! So muß er sich Geld dazuverdienen und spielt zum Tanz auf: Zwei Violinen (Bruckner ist die zweite) und eine Trompete sind dabei. Faschingstanz die ganze Nacht hindurch, jede Woche Vergnügen in einem anderen Bauernhaus, Musiken zu Hochzeiten (mit zwei Violinen, einer Klarinette und einer Trompete) sind die wichtigsten Einnahmequellen. Der oberösterreichische Volkstanz, den er hier praktiziert, wird später in seinem sinfonischen Schaffen wichtig.

Trotz allem war Windhaag keine sinnlose Station in Bruckners Leben. Der junge Mann setzte sich, was die Quellen nur andeuten, mit Energie durch. Im Unterricht durchbrach er die Lehrplanenge mit Stoffen aus Natur und Wissenschaft, die dem Präparanden keiner beigebracht, die er sich also selbst erarbeitet hatte. An der Orgel machte er, wie weiland der junge Johann Sebastian Bach, die Gemeinde durch kühne Improvisationen und Harmonisierungen verwirrt; »der schlägt mir noch die ganze Orgel zusammen!«, schimpfte Lehrer Fuchs. Daß der junge Mann auch noch komponierte, wurde Fuchs geradezu unheimlich, und an die geistliche Behörde ging die Beschwerde, Bruckner beschäftige sich so sehr mit Musik, daß er darüber seine anderen Obliegenheiten vernachlässige.

Dabei hat der »Gehülfe« sogar nebenbei und zusätzlich auf eigene Kappe unterrichtet, wie Zeitgenossen berichten. Zum Beispiel im Hause des Webers Sücka die Tochter Marie und vor allem deren talentierten Bruder Franz. Frühmorgens zwischen vier und fünf nahm er ihn heimlich mit ins Schulhaus und lernte mit ihm. Die Schwester erzählte später: »So gut hat er ihn vorbereitet, daß er in einem Jahr mit der Präparandie fertig war.« Franz Sücka wurde später in Mattighofen Oberlehrer und traf Bruckner öfter noch in Linz bei sogenannten »Lehrertagen«. Da ging's dann munter zu. Marie Sücka, als alte Frau auf Bruckners angebliche Zurückhaltung damals dem weiblichen Geschlecht gegenüber angesprochen, meinte dazu listig: »Wann Sie's wem andern erzöhl'n, kann sein, daß der's glaubt – ich glaub's net, weil i's woas!«

Insgesamt scheint Bruckner sich in Windhaag wohlgefühlt zu haben. Er hielt Kontakt zu den Leuten des Ortes. Bei den Sückas holte er sich sein Frühstück, das er dann nicht mehr mit der Dienstmagd des Schulmeisters zu teilen brauchte. Er verkehrte mit dem flötespielenden Arzt und musizierte auch mit anderen Einwohnern. Einer der seinen Unterricht inspizierenden gestrengen Schulinspektoren war damals Adalbert Stifter, von dessen Poesie der Schulgehilfe freilich keine Ahnung hatte.

In Windhaag entstand unter anderem eine kleine C-Dur-Messe (WAB 25), die sogenannte Windhaager Messe, geschrieben für Maria Jobst, Solistin des Kirchenchores, besetzt für Solo-Alt, zwei Hörner, Orgel, akkordisch gesetzt, in syllabischer Textbehandlung, gelegentlich an Joseph Haydn erinnernd, mit auffallenden harmonischen Effekten (mediantischen Wendungen) im »Agnus Dei«.

Das Verhältnis zu seinem Lehrer Fuchs gestaltete sich allerdings immer wieder recht unerfreulich, weil der das sich ausprägende musikalische Talent des Gehilfen nicht ohne Neid sah. Auch mißgönnte er ihm manche Anerkennung, die dessen Wirken bei den Leuten des Dorfes fand. Bruckner, der Geduldige, suchte immer wieder den Konsens, doch hat er sich wohl auch gewehrt. Aber am Ende beschwerte sich nicht Bruckner über Fuchs, sondern der über ihn. Den Ausbruch aus diesem Milieu hat Bruckner selbst indes nicht gewagt. Prälat Arneth von St. Florian war es, der hilfreich einsprang, als er von den Nöten, aber auch von den musikalischen Ambitionen seines Zöglings erfuhr. Er wollte den talentierten jungen Mann wieder in der Nähe des Klosters haben und vermittelte ihn 1843 auf eine freigewordene Gehilfenstellung nach Kronstorf bei Speyr mit der Aussicht auf spätere Rückkehr nach St. Florian.

Bruckners Aufgaben und seine Lebenssituation im noch kleineren Kronstorf glichen denen in Windhaag, aber die Umstände waren nun günstiger. Pfarrer und Lehrer zeigten hier Verständnis für ihn, bei wohlhabenden Bauern wurde er gastlich aufgenommen, stieß er auf Interesse für Musik. Vor allem: Die musikalische Ausbildung schritt weiter voran. Er ging endlich wieder in die musikalische Lehre, zum bald auch hochverehrten Chorregenten und Organisten Leopold von Zenetti in Enns. Der unterrichtete ihn in Generalbaß, Orgel und Klavierspiel, machte ihn zudem mit Johann Sebastian Bachs »Wohltemperiertem Klavier«, also auch mit den Geheimnissen des Kontrapunktes, bekannt. Bei Karoline Eberstaller, die einst selbst noch mit Franz Schubert vierhändig Klavier gespielt hatte, lernte er in Steyr Musik dieses Komponisten kennen, die für seine eigene kompositorische Entwicklung bedeutend sein sollte. Er begann, kammermusikalische Literatur zu studieren, erweiterte seine Kenntnis klassischer Kirchenmusik bei Besuchen in St. Florian und Steyr. Der Unterricht bei Zenetti wurde auch nach der Kronstorfer Zeit fortgeführt. An den Orgeln in Kronstorf und Enns produzierte er sich mit zunehmendem Erfolg.

Diese Möglichkeiten intensiverer und – im Interpretatorischen – erfolgreicher musikalischer Betätigung neben dem Schuldienst – bei liebevoller Sorge der Familie des Schulmeisters Lehhofer für das leibliche Wohl – regten die kreative Ader mächtig an. Von einem Bauern erhielt er leihweise ein altes Klavier, und so fiel die schöpferische Ernte in Kronstorf reicher aus als in Windhaag. Aber noch immer dominiert Vokales, Liturgisches zumal. Da entsteht eine »Choralmesse« (WAB 9) für vierstimmig gemischten Chor a cappella, in deren akkordisch homophonem Satz bei sukzessiven Stimmeinsätzen harmonische Auflockerungen, Vorhaltwirkungen und behutsam eingeführte Dissonanzen auffallen. Der junge Komponist geht nun souveräner mit der Textdeklamation um, entwickelt Melodisches organischer. Es entstehen aber auch erste weltliche Kompositionen, so zum Beispiel »An dem Feste« (WAB 59), auf einen Text Alois Knauers, des Pfarrers in Kronstorf, geschrieben für *das feierliche Geburtstagsfest des Hochw. Herrn Dech. und Stadtpfarrers in Enns* (Josef Ritter von Peßler) am 19.9.1843, in Des-Dur, für vierstimmigen Männerchor a cappella. Noch im Alter erinnerte sich Bruckner dieser Arbeit, retuschierte sie und ließ sie zu neuem Text vom Wiener Akademischen Gesangsverein aufführen. Umfangreicher geriet 1845 das kantatenartige »Vergißmeinnicht« (WAB 93) für vier Solostimmen, achtstimmigen gemischten Chor und Klavier, bezeichnet als *musikalischer Versuch nach dem Kammerstyl* und in dritter Fassung dem Textautor, dem Chorherrn und Kanzleidirektor Friedrich Mayer zu St. Florian gewidmet – mahnende Erinnnerung Bruckners an die versprochene Aufnahme in das Chorherrenstift!

Bruckner empfiehlt sich für diese ersehnte Aufnahme durch die wie immer sehr gründlich vorbereitete »Schlußprüfung für Oberlehrer an Hauptschulen«, die er, wie auch künftig zumeist, »mit sehr gutem Erfolg« besteht. Im Zeugnis bescheinigt ihm sein Lehrer Dürrnberger überdies, er habe »in der allgemeinen Musik-Theorie die erste Klasse mit Vorzug, in der Harmonik und im praktischen Orgelspiele die erste Klasse mit Vorzug erhalten und zugleich auch in der Vocal- und Instrumental-Musik, namentlich im Choral- und Figural-Gesange sehr empfehlenswerthe Kenntnisse und Fertigkeiten bewiesen«.

So zieht der 21jährige junge Mann im September 1845 erneut in St. Florian ein, nun als Lehrer mit einem Jahresgehalt von 36 Gulden.

Zehn Jahre in St. Florian

Zunächst ist er »systemisierter Schulgehilfe« und unterrichtet täglich vier Stunden die Schüler der 1. und 2. Klasse. Den Sängerknaben des Stifts gibt er Gesangs- und Violinunterricht. Autodidaktisch bildet er sich weiter, besonders in naturwissenschaftlichen und altsprachlichen Fächern. Zu seinen »Lieblingsgegenständen« macht er Physik und Latein. Seine musikalischen, im wesentlichen autodidaktischen Studien gehen gleichfalls weiter. Besessen arbeitet er an der Erweiterung seiner Kenntnisse und Fähigkeiten in der Harmonielehre, dringt nun aber auch konsequenter in die Geheimnisse des Kontrapunkts ein und vervollkommnet sich als virtuoser Orgelspieler, dessen Kunst des kühnen und phantasievollen Improvisierens allmählich Aufmerksamkeit erregt. Er läßt sich weiter Zeugnisse ausstellen, zum Beispiel vom Stiftsorganisten Anton Kattninger, der ihm testiert, er könne als »Organist unbedenklich bestens empfohlen werden«.

1845 besteht er mit Auszeichnung eine weitere Prüfung, die es ihm ermöglicht, als Hilfslehrer an der Grundschule des Dorfes St. Florian angestellt zu werden. In wissenschaftlichen Fächern nimmt er noch Nachhilfestunden, um nach zweijährigem Kurs wieder eine Prüfung abzulegen – natürlich erneut mit bestem Ergebnis. Das Examen berechtigt ihn, nun auch an höheren Schulen Unterricht zu erteilen.

Im Stift beginnt aber nun auch eine musikalische Karriere: Als Nachfolger Kattningers wird er zunächst 1848 provisorischer Stiftsorganist, dann erfolgt, mit der Erhöhung seiner Bezüge auf 116 Gulden, die definitive Bestätigung im Amt des Stiftsorganisten.

Sein Leben lang der katholischen Kirche mönchisch verschworen, gerät der junge Mann nun in Widersprüche bei der Wahl seines weiteren Weges. Immer wieder, aber zögernd und unsicher, bemüht er sich, aus dem Lehrerberuf auszubrechen. Die Musik drängt stärker in seine Lebensmitte, zugleich sucht er nach Um- und Auswegen – zum Teil äußerst merkwürdigen. So schickt er ans Bezirksgericht St. Florian ein Bewerbungsschreiben, in dem er sich um eine unentgeltliche, aushilfsweise Anstellung als Schreiber bemüht, die er dann in ein festes Dienstverhältnis umzuwandeln hofft. Er behauptet da, *von Jugend an eine besondere Vorliebe für das Kanzleifach* verspürt zu haben, legt von A bis G numerierte Zeugnisse bei und fährt fort: *Gestützt auf die wahrhaften Nachweisungen, und in gnädigster hoher Berücksichtigung, daß der gehorsamste Bittsteller auf alle ihm mögliche Weise mit allem Fleiße und Hingebung bemüht war, sich für das Kanzleifach auszubilden, welchen Beruf er schon lange in sich fühlt, erlaubt er sich seine ehrfurchtsvolle Bitte nochmals zu wiederholen: Hohe k.k. Organisierungs-Commission wolle bei Besetzung der künftigen k.k. Gerichtsstellen ihm eine Kanzellisten- oder eine seinen nachgewiesenen Kenntnissen und Fähigkeiten angemessene Dienststelle in hoher Gnade zu verleihen geruhen.* Vergeblich. Mit immer neuen Zeugnissen müht er sich um Bestätigung des eigenen Wertes. So läßt er sich vom Prälaten Arneth schriftlich attestieren, daß er seine Bezüge weiterbehalten werde, und vom Beichtvater ein Zeugnis über seinen Berufseifer ausstellen.

Die hier deutlich zutage tretende Unsicherheit bleibt für Bruckners Leben lange Zeit typisch. Sie drängt in diesen Jahren zur ersten größeren Krise. Viele Momente spielen da mit: Enge und Isolierung in St. Florian werden immer drückender empfunden. Der 28jährige schreibt dem Wiener Hofkapellmeister Ignaz Aßmayr, dem er zugleich seinen 14. Psalm widmet und zu dem er 1851 nach Wien reist, um sein neues Requiem begutachten zu lassen: *Ich habe hier gar keinen Menschen, dem ich mein Herz öffnen dürfte. Unser Stift behandelt Musik und folglich auch Musiker ganz gleichgültig – oh könnte ich wieder recht bald mündlich mit Ihnen sprechen! Ich kenne Ihr vortreffliches Herz – welch ein Trost! Ich kann hier nie heiter sein und darf von Plänen nichts merken lassen.*

Von den Stiftsherren wurde er wie ein Bediensteter gehalten. Er erinnerte sich: *I hätt' eahna zu dö Festtafeln allweil Kantaten und all's mögliche Zeugs komponieren soll'n, war aber sonst als reiner Diener g'halt'n, der nur am Dienertisch hat essen derf'n und den's so schlecht wia mögli g'halt'n habn. Dessentweg'n war i ganz melancholisch. Nur d' Muatta hat ma allweil zuagered't, ich soll mei Trauer nöt so off'n zoag'n und ön Kopf ob'n halt'n.*

Die Erniedrigungen in St.Florian nahmen teilweise dramatische Ausmaße an. Sein Biograph Auer weiß von einer schaurigen Szene: Bruckner gestand dem Prälaten Mayr das ›Verbrechen‹, sich um eine Stelle als Organist in Olmütz beworben zu haben. Darauf schnob der Geistliche ihn an: »Was, zu die Tschechen willst gehen? Hast du denn schon a mal g'hört, daß a Tschech an Deutsch'n was Guat's 'tan hat? – Iatzt hilfst ma aber auf der Stöll d'Schuach ausziag'n!« Der Gescholtene kam, knieend, dem Befehl nach. Und der Prälat fuhr grollend fort: »So, wirst du no a mal gegen mei Wissen was tun?« – Bruckner darauf, zitternd: »Na, Euer Gnaden.«

Georg Knepler hat die Szene kommentiert: »An dieser Begebenheit ist jedes Detail abscheulich: Daß der Prälat den erwachsenen Musiker, dessen überragendes Talent sich schon damals gezeigt haben muß, mit Du anredet, ihn zu zitternder Unterwürfigkeit einschüchtert, sich von ihm die Schuhe ausziehen läßt, ist für die dumpfe Moderluft des Stifts bezeichnend. Daß der Prälat die Österreicher für Deutsche und die Tschechen für deren natürliche Feinde hält, ist nicht minder bezeichnend.«

Dabei haben die historischen Ereignisse der Zeit Bruckners Entfremdungskonflikt kaum berührt: 1848/49 erschütterten revolutionäre Aufstände und Unruhen auch das Habsburgerreich in seinen spätfeudalen Fundamenten. Der Kanzler Metternich mußte gehen. Eine Verfassung wurde entworfen, die grundlegende bürgerliche Rechte festschrieb: Die Verantwortung der Minister dem Parlament gegenüber, Lehr- und Religionsfreiheit. Aber: Die Revolution wurde militärisch niedergeworfen, eine Parlamentswahl kam nicht zustande, eine neue Verfassung trat nicht in Kraft. Inwieweit Bruckner, der 1848 in der Nationalgarde diente, jene Geschehnisse überhaupt wahrgenommen hat, ist nicht überliefert. Am ›inneren Frieden‹ des Stiftes gingen sie sicher vorüber. Daß der junge Mann sich nach Frieden und Geborgenheit sehnte, zumal beim weiblichen Geschlecht, ist dagegen gut dokumentiert. Er hat es immer wieder probiert, doch lebenslang vergeblich.

Das offizielle Bemühen, die Kirchenmusik in die Restaurationsstrategie der politisch Konservativen einzubeziehen, wirkte wohl auch in St. Florian. Es galt, die ›wahre‹ Kirchenmusik – wie konservative Politik, Eigentumsverhältnisse und vieles andere – zu erhalten. Man stemmte sich gegen eine Gefahr der Säkularisierung. Dabei kam es zu widerstreitenden Entwicklungen. Einmal zu einer puristischen, Gregorianik, Kirchenlied und den Palestrina-Stil bevorzugenden, geringstimmig vokal-instrumentalen Musik, deren Vertreter sich um den 1868 in Deutschland gegründeten »Caecilienverein« scharten, zum anderen zur Kanonisierung der klassischen Orchestermessen von Haydn bis Schubert. Beide Extreme fanden zueinander im Bestreben, der Säkularisierung der Kirchenmusik, wie sie sich in Beethovens »Missa solemnis« andeutete und in den Messen und Requiems von Berlioz, Liszt, Brahms oder Verdi später fortsetzte, entgegenzuwirken.

In St. Florian gab es sowohl das »caecilianisch« schlichte Kirchenlied mit protestantischem Einfluß als auch die glanzvollen klassischen Orchestermessen. Bruckner befand sich mit den eigenen Arbeiten fest in diesem Rahmen. Die kompositorischen Ergebnisse dieser Jahre sind verhältnismäßig reich, weisen aber noch immer kaum auf die Meisterwerke künftiger Zeit. Die Sprache des späteren Sinfonikers ist nur in Details erkennbar. Meist entstanden in St. Florian Gelegenheitswerke, zum Beispiel für Männerchor oder ein von ihm gegründetes Männerquartett, in dem er selbst den ersten Baß sang.

Neben zahlreichen kleineren kirchlichen Werken wäre vorrangig ein Requiem in der Mozart-Tonart d-Moll (WAB 39) zu nennen, das Bruckner zum Tode des ihm wohlgesonnenen Gerichtsaktuarius und Hofschreibers des Stiftes, Franz Sailer, der ihm seinen Bösendorfer-Flügel hinterließ, komponiert hat. Das Werk wurde 1849 in St. Florian uraufgeführt. Mozart ist hier das große, aber bei weitem noch nicht erreichte Vorbild.

Wesentlicher ist jene Missa solemnis b-Moll (WAB 29), die, im Mai 1854 vollendet, am 14. September des gleichen Jahres in St. Florian zum ersten Male erklang. Hier ist der Chorsatz aufgelockerter, wird mit konzertierenden Instrumental- und Vokalstimmen gearbeitet, verbinden sich Homophonie und Polyphonie ungezwungener. Aber nur im Klanglichen geht das Ganze schon ein wenig über die großen Vorbilder der Klassiker hinaus.

Bemerkenswert ist ebenfalls ein »Libera me« f-Moll (WAB 22) für fünfstimmigen Chor, drei Posaunen, Violoncello, Kontrabaß und Orgel, das 1854 zum Begräbnis des Probstes Michael Arneth in St. Florian erstmals erklang – und das dort auch bei Bruckners eigener Beisetzung am Sarge des Meisters gespielt werden sollte.

Vor allem in den ersten Jahren dieses zweiten Aufenthaltes in St. Florian ist auch ›Weltliches‹ entstanden. Darunter ein »Frühlingslied« nach Heines »Leise zieht durch mein Gemüt« (WAB 68), in langsam und zärtlich beginnendem A-Dur-$3/4$-Takt, gewidmet der ersten richtigen ›Flamme‹ des jungen Bruckner, der 16jährigen Louise Bogner, Töchterlein des Schullehrers Michael Bogner. Der Bognerin wurde auch eine muntere »Lancier-Quadrille« für Klavier zugeeignet. Vater Bogner, der hochverehrte, erhielt überdies den Männerchor »Der Lehrerstand« in kräftig und mäßig geschwindem Es-Dur auf einen ebenso gutgemeinten wie schwierig zu komponierenden, gestelzten Text. Erhalten blieb, wenn auch unvollständig, eine der wenigen überlieferten Orgelkompositionen Bruckners, Vorspiel und Fuge c-Moll von 1847, Zeugnis der kräftig voranschreitenden Kontrapunktstudien des jungen Meisters. Dieses Kontrapunktstudium hat dann auch zu einem wichtigen Entschluß geführt: Im Sommer 1855 fuhr Bruckner nach Wien, zu Simon Sechter, einem der damals führenden Musiktheoretiker und Kompositionslehrer der Donau-Metropole, legte ihm die Partitur seines Requiem vor und wurde für die folgenden sechs Jahre Sechters wohl berühmtester Schüler.

Den Unterricht Sechters charakterisiert ein Bericht Bruckners, der in einem Brief an Sechters Sohn überliefert wurde: *Als ich noch in Linz Domorganist war, fuhr ich einmal zu Ostern zu meinem Lehrer Sechter nach Wien, um ihm einige kontrapunktische Arbeiten abzuliefern. Klopfenden Herzens übergab ich Sechter die Beispiele. Ich hatte mir nämlich bei einer Stelle erlaubt, von der geheiligten Regel abzugehen. Freiheiten im Satz hat es aber bei Sechter nicht gegeben. Da wurde er furchtbar. Als nun der Lehrmeister zu der gefürchteten Stelle kam, schüttelte er bedenklich den Kopf. Dann blickte er mich vorwurfsvoll an, erhob den Zeigefinger und sagte grollend: »Mir scheint, Sie sind auch einer von denen – !«*

Bruckners Zeit in St. Florian ging allmählich zu Ende. Nach wie vor sehnte sich sein Herz unvermindert nach Liebe, doch Antonie Werner, die Tochter eines Steuereinnehmers, die es ihm angetan hatte, enttäuschte ihn. Um so stärker zog es ihn zur Musik. 1854 erklang in St. Florian zum ersten Male sein Ignaz Traumihler, dem Regens Chori des Stiftes gewidmetes Magnificat B-Dur (WAB 24) für Soli, vierstimmigen gemischten Chor und Orgel. Bruckner gab Klavierunterricht, für den auch kleine vierhändige Stücke entstanden.

Nur selten ging er auf Reisen. Im Stift Kremsmünster und Admont interessierten ihn die Orgeln. Häufiger war er in Linz zu Konzerten. Dort lernte er Musik Beethovens und Mendelssohn Bartholdys näher kennen und bewundern. Zweimal, 1852 und 1854, fuhr er auch nach Wien, um seine Kompositionen anerkannten Koryphäen der musikalischen Kunst vorzustellen. Vor dem Hofkapellmeister Ignaz Aßmayer, einem Schüler Michael Haydns, dem Hoforganisten Simon Sechter und dessen Schüler Gottfried Preyer absolvierte er eine Prüfung in Orgelspiel und Improvisation. Mit einer brillant improvisierten Doppelfuge beendete er seine Vorführung. Aßmayer bescheinigte ihm danach freilich nur, er sei ein »gewandter und gründlicher Organist«.

Immer stärker kamen Bruckner Zweifel am Beruf des Schulmeisters, aber auch die Skepsis an der Berufung zum Musiker blieb. Er überlegte, an eine Hochschule zu gehen, um Jura zu studieren, doch dann bahnte sich eine für sein Leben wesentliche Veränderung an. Als Sechter ihn in die Lehre nahm, brachte der mittlerweile 31jährige (!) Schüler ein Zeugnis des Komponisten Robert Führer mit, in dem es heißt: »Herr Anton Bruckner, d.Z. Hilfslehrer und Organist an der Chorherrenstiftskirche zu St.Florian in Oberösterreich besitzt eine gründliche Kenntnis in der Harmonie und im Kontrapunkt und verdient mit vollem Recht zu den talentreichsten, fleißigsten und geübtesten Orgelspielern unserer Zeit gezählt zu werden. Nicht minder schätzbar als sein eminentes Talent, ist auch die Ausdauer und rastlose Tätigkeit, womit er sich den Studien der höheren und wissenschaftlichen Tonkunst widmet, wovon bereits mehrere Kompositionsversuche das rühmlichste Zeugnis liefern. Überhaupt ist Herr A. Bruckner unbestritten eine sehr beachtenswerte Persönlichkeit in der Reihe kräftig anstrebender Künstler.«

Linz: Vom Domorganisten zum »vollberechtigten Kompositeur«

Als die Stelle des Dom- und Stadtpfarrorganisten in Linz frei wird, fällt eine Entscheidung. Der zögerliche und ängstliche Bruckner bewirbt sich zwar nicht um die zunächst provisorische Besetzung der Stelle, geht aber als Zuhörer zum für den 13. November 1855 in der Pfarrkirche angesetzten Probespiel der Kandidaten. Als keiner das aufgegebene Thema in einer strengen Fuge ordentlich durchzuführen vermag, fordert der Prüfungskommissionär, Bruckners ehemaliger Lehrer Dürrnberger, den abseits Stehenden auf, an die Orgel zu gehen. Bruckner zaudert, bis ihn Dürrnberger energisch anpfeift: »Tonerl, du mußt!« Bruckner spielt und löst die Improvisationsaufgabe so glänzend, daß einer der Prüfer zu ihm sagt: »Du bist der Tod aller!«

Aber auch dieser Erfolg reichte nicht, um Bruckner zu ermutigen. Zum für den 25. Januar 1856 angesetzten Probespiel für die endgültige Berufung des neuen Domorganisten mußte ein offizielles Gesuch eingereicht werden. Am 17. Dezember indes war von Bruckner noch immer nichts gekommen. Nun mahnte und drängte Dürrnberger, ließ aber auch vorsorglich kritisch verlauten, man habe bemerkt, »daß Sie bei Ablegung des Gelübdes im Oberrocke, an dem noch dazu ein Knopf fehlte, mit einem Schal um den Hals und mit Überschuhen erschienen sind. – Andere Leute machen Schritte, während Sie ruhig zu Hause sitzen und garnichts tun. Domherrn Schiedermayr und Herrn Bürgermeister müssen Sie kultivieren. Vor allem aber reichen Sie bald Ihr Gesuch ein. Mich ärgert Ihre Sorglosigkeit. Sie scheinen die Zeitverhältnisse wenig zu kennen.«

Endlich lieferte der so Gerügte und Gedrängte das geforderte Papier. Beim Ausscheid spielte er dann die drei Mitbewerber mühelos nieder. Wie aus dem erhalten gebliebenen Protokoll hervorgeht, wußte die Prüfungskommission seine Leistung so zu würdigen: »A. Bruckner wurde aufgefordert, ob er das von Paupie <einem der Kandidaten> als zu schwer zurückgelegte Thema in C-minor übernehmen wolle, wozu er sich auch gleich bereit erklärte und dasselbe sowohl in einer strengen Fuge, als auch die ihm aufgelegte schwierige Choralbegleitung mit so hervorragender Gewandtheit und Vollendung zum herrlichsten Genusse verarbeitet und ausgeführt hat, daß dessen ohnedies in der praktischen Behandlung der Orgel wie nicht minder in seinen bekannten, sehr gediegenen Kirchenmusikkompositionen bewährte Meisterschaft sich neuerlich mit aller Auszeichnung fest erprobte. Die Resultate dieser individuellen Leistungen haben sonach von selbst zu oben allseitig gleichem Erkenntnis und zu dem ganz einhelligen Urteile geführt, daß unter allen vorstehenden Konkurrenten dem A. Bruckner in vollster Gerechtigkeit entschieden nicht nur weitaus der Vorzug gebührt, sondern daß auch einzig nur A.Bruckner auf Grund seiner langjährigen, sehr verdienstlichen, ebenso eifrigen Studien als unermüdlichen technischen Ausbildung als für diesen Beruf durchwegs vollkommen geworden und würdig erkannt werden kann.«

Die Linzer Jahre (1856-1868) führen nun den reifen Mann, den die Freunde noch immer »Tonerl« nennen, weiter ins Reich der Musik, in dem er sich sorglich, zögerlich, immer wieder von Zweifeln geplagt, umzutun und einzurichten beginnt. Der Lehrerssohn aus dem ländlich-ärmlichen Windhaag, der Singknabe und dann Organist aus der Weltabgeschiedenheit des Stiftes St. Florian, den die Haltung serviler Unterwürfigkeit nie ganz verlassen wird, der bäurische Dickschädel, der sich aber auch mit erstaunlicher Zähigkeit seinen allmählich klarere Konturen annehmenden musikalischen Zielen verschreibt, bleibt in der bürgerlich-spätfeudalen, frühindustriellen Sphäre der Landeshauptstadt Linz eigentlich immer ein Fremder. Er wirkt auf seine Umgebung skurril, in Habit und Haltung. Ihm fehlt der bürgerlich-sichere, gewandte Umgangston. Das soll sein Leben lang so bleiben. Erfolge machen ihn unsicher, Mißerfolge treffen ihn tief. Er wird mißtrauisch – und ist im Grunde doch der Sonderling nicht, als der er immer wieder angesehen wird. Unbeirrbar hängt er seinem katholischen Glauben an, kann ohne Beichte und Abendmahl nicht leben. Sich durchzusetzen, vertraut er allein auf Leistung, auf Können, das er sich nach wie vor gern und oft in Prüfungen und Zeugnissen bestätigen läßt. Auch der Traum von einem gutbürgerlichen Heim, von Ehe und Familie, wird nie ausgeträumt. Bis ins Alter wird er sich immer wieder aufs neue verlieben und ebenso vergeblich auf weibliches Verständnis hoffen. Er ist zwar devot, vermag sich im Grunde aber nie anzupassen, wirkt darum skurril, unbeholfen und wohl auch störrisch. Durch den Umzug nach Linz ist er jedoch, als immerhin respektabler Domorganist mit 542 Gulden Jahresgehalt, dem Beginn des eigenen schöpferischen Weges nähergekommen. Man kann sagen: In Linz wird der Komponist Bruckner, wie ihn die Welt heute kennt, geboren.

Er bewohnt, für seine Verhältnisse schon sehr beachtlich, im 2. Stock des »Mesnerhäusels« am Pfarrplatz zwei Zimmer nebst Küche. In den letzten drei Linzer Jahren führt ihm seine jüngste Schwester Maria Anna (›Nani‹) die Wirtschaft. Unter ihm, im 1. Stock, wohnt sein Dienstherr, Domkapellmeister und Theater-Musikdirektor Karl Zappe, mit dem er freundschaftlich verkehrt. In den ersten Jahren lebt er in Linz noch ziemlich zurückgezogen. Neben dem Organisten-Dienst, dem täglichen Üben an der Orgel, füllt unvermindertes Studium die Zeit des rastlos Arbeitenden.

An vorderster Stelle stehen die 1855 begonnenen musikalischen Studien bei Sechter, der ihm für die Dauer der ›Lehre‹ das freie Komponieren untersagt (eine Praxis, die dann Bruckner als Lehrer auch bei seinen eigenen Schülern durchzusetzen suchte). Zunächst sendet er dem Lehrer seine Studien per Post nach Wien, dann kann er, gefördert durch das Verständnis des Bischofs Rudigier, während der Advents- und Fastenzeit, auch in den Sommerferien selbst bei Sechter in Wien sein. Daheim in Linz türmen sich derweil die Stöße beschriebenen Notenpapiers. Im Juli 1858 wird Bruckner zum Lehrstoff der ersten beiden Konservatoriumsjahrgänge, zu Harmonielehre und Fundamentalbaß, geprüft. Erneut verlangt er auch ein Zeugnis über sein Orgelspiel, in dem steht, daß er »unter die vorzüglichsten Organisten« gezählt werden könne. Im Sommer 1859 legt er die Prüfung zum »einfachen Kontrapunkt« ab, im April 1860 absolviert er den doppelten, drei- und vierfachen Kontrapunkt. Das Zeugnis bestätigt, daß er »als ein Meister in diesem Fache« zu betrachten sei.

Im November 1860 stirbt Bruckners Mutter. Er hat sie bis zu ihrem Tode finanziell unterstützt. Das Bild der Verstorbenen steht sowohl in seiner Linzer Wohnung als auch später in Wien unter dem Weihwasserkessel. Der tief getroffene Sohn arbeitet rastlos weiter. Als er im Dezember wieder 17 Hefte mit Kontrapunkt-Arbeiten an Sechter nach Wien schickt, warnt ihn dieser vor zu großer geistiger Anstrengung. Er meint, er habe bis dahin »noch gar keinen fleißigeren Schüler« gehabt. Im März 1861 stellt er ihm das Zeugnis über die »vollkommen gut bestandene« Prüfung zu Kanon und Fuge aus. Damit endet die Lehrzeit beim verehrten, 36 Jahre älteren Meister und Freund. Bruckner atmet auf. Er fühlt sich wie *ein Kettenhund, der sich von seiner Kette losgerissen hat.* Aber er sucht auch die offizielle Bestätigung seiner Studien und meldet sich dafür zur Maturitätsprüfung am Wiener Konservatorium. Zu diesem Zweck sendet er alle seine Arbeiten über den Kontrapunkt ein. Die Prüfung im November 1866 findet vor erlauchtem Gremium statt: Der Konservatoriumsdirektor, k.k. Konzertmeister Joseph Hellmesberger gehört ihm an, des weiteren der Kapellmeister Johann Herbeck, Direktor der Gesellschaft der Musikfreunde (später einer der großen Förderer Bruckners), Otto Dessoff, Kapellmeister am k.k. Hofoperntheater und Professor am Konservatorium, sowie Simon Sechter, Bruckners Lehrer, k.k. Hoforganist und Professor für Kontrapunkt ebendort.

Auf eine mündliche Prüfung des Kandidaten wurde angesichts seiner schriftlichen Arbeiten verzichtet. Aber man wünschte die Ausarbeitung eines kontrapunktischen Themas im fugierten Stil auf der Orgel. Wenige Tage später wird diese Prüfung an der Orgel der Piaristenkirche absolviert. Sechter schreibt das viertaktige Thema auf, Dessoff soll es noch verlängern, lehnt das aber ab. Darauf greift Herbeck ein und verlängert das Thema auf acht Takte. Bruckner führt nach kurzem Überlegen Teile dieses Themas in einer Introduktion vor und verarbeitet es danach in einer prächtigen Fuge. Die Kommission beglückwünscht ihn, und Herbeck meint: »Er hätte uns prüfen sollen! Wenn ich den zehnten Teil von dem wüßte, was der weiß, wäre ich glücklich.« Dann wird Bruckner noch um eine freie Improvisation auf der Orgel gebeten. Am Ende entfernen sich die Herren der Kommission: »Wir haben mehr, als wir brauchen.« Schon vor dieser Prüfung hatte Herbeck zu seinen Kollegen gesagt: »Den wollt ihr prüfen? Der versteht von Musik mehr, als wir alle!«

Außer dem Organistenamt und der Bewältigung des gewaltigen musikalischen Studienstoffs sorgt sich Bruckner auch unermüdlich um die Erweiterung seiner Allgemeinbildung. Bei einem Schüler der 7. Klasse vervollkommnet er seine Latein-Kenntnisse, bei einem Priester nimmt er Unterricht in Psychologie. Zugleich beginnt er sich in der »anständigen« bürgerlichen Gesellschaft von Linz Sympathie und Anerkennung als Musiker und Mensch zu sichern. Er war schon 1856 Mitglied der Liedertafel »Frohsinn« geworden, eines Männergesangvereins, dessen Leitung er im November 1860 übernahm, für den er komponierte, in dem er sich vor allem die dirigentischen Sporen verdiente. So eröffnete er April 1861 den Linzer Landtag mit einem Konzert, in dem Mendelssohns Ouvertüre »Meeresstille und glückliche Fahrt« und dessen Schauspielmusik »Athalia« erklangen. Er ging mit dem Verein auch auf Reisen, nahm an Sängerfesten in Krems und Nürnberg – wo insgesamt 6000 Sänger zusammenkamen – teil. Mit der Liedertafel kam er in Linz auch erstmals als Komponist zu Wort, als er am 12. Mai 1861 sein »Ave Maria« F-Dur (WAB 6) für siebenstimmigen Chor a capella dirigierte, als Einlage in eine Messe von Lotti. Die Uraufführung fand in der Presse freundliche Resonanz: »Herr Bruckner hat hierdurch einen glänzenden Beweis seiner besonderen Befähigung für schaffende kirchliche Kunst geliefert.«

Wie in Linz nahm damals allerorts in Österreich das Chorwesen einen beträchtlichen Aufschwung, was zu tun hatte mit den Zwängen der Restauration in der Donau-Monarchie, mit ihren militärischen Niederlagen gegen Italien (1850) und Preußen (1866) sowie zuvor mit der Niederschlagung der Revolution 1848/49 im eigenen Lande. Besonders bürgerliche Schichten der Bevölkerung fanden im Chorwesen ein Refugium angesichts der Enge und Bedrückheit im offiziellen Österreich. Nach einem 1855 zwischen den Habsburgern und dem Vatikan geschlossenen Konkordat erhielt der Klerus außerordentliche Rechte, die seine Stellung im öffentlichen Leben ungemein festigten. Er nahm die oberste Schulaufsicht wahr und besaß weitestgehende Möglichkeiten der Zensur. Literatur beispielsweise, die nach Ansicht der Kirche geeignet war, die Staatsnormen von Religion und Sittlichkeit zu verletzen, ließ sich so mit Hilfe staatlicher Stellen ohne weiteres verbieten. In dieser Situation wurden Sängerbünde und Chorvereine auch Pflegestätten des freien, offenen Wortes, der ungeschminkten Gedanken. Solche Liberalität setzte sich später, gegen Jahrhundertende, in der Arbeiterchorbewegung fort. Andererseits wurde in diesen Kreisen auch Nationalismus gezüchtet; Widersprüche, die sich auch in Bruckners Kompositionen für seine Liedertafel »Frohsinn« finden. Da gab es den 1863 entstandenen »Germanenzug«, nach teutonisch bramarbasierenden Texten August Silbersteins, für vierstimmigen Männerchor und Blechbläser (WAB 70), den Bruckner für einen Wettbewerb beim 1. Oberösterreichischen Sängerfest in Linz 1865 einreichte und der ihm immerhin einen zweiten Preis einbrachte. Die Uraufführung fand am 5. Juni 1865 unter seiner Leitung statt. Dieser »Germanenzug« war übrigens Bruckners erste im Druck vorliegende Partitur. Die Glorifizierung des Sieges der alten Germanen über die Römer paßte gut als künstlerische Korrektur der aktuellen Niederlage der Österreicher gegen die Italiener.

Offenbar ohne Bedenken schrieb Bruckner wenige Monate später auf Verse des gleichen Silberstein auch ein »Vaterlandslied« (WAB 92) und ein »Vaterländisches Weinlied« (WAB 91), die er beide ebenfalls (1868) mit seiner Liedertafel in Linz uraufführte. Hier wird Österreichs aktuelle Niederlage gegen Preußen einfach umgekehrt: Die zuvor als »Germanen« gefeierten Teutonen werden nun verwünscht. Solche politischen Widersprüche bereiteten dem Komponisten offensichtlich keine Kopfschmerzen. Ebensowenig störte ihn zunächst, daß sein oberster Dienstherr in Linz, Bischof Franz Josef Rudigier, als einer der erzreaktionärsten Kleriker der Donau-Monarchie schon zu Lebzeiten verschrieen war. Er widmete diesem Kirchenfürsten Kompositionen, drückte ihm seine Verehrung aus. Freilich bleibt zu bedenken, daß dieses sich reaktionär verengende gesellschaftliche Milieu offenbar ganz wesentlich dazu beigetragen hat, Bruckner immer intensiver vom Abschied aus Linz träumen zu lassen.

Andererseits hat er hier viele Anregungen durch neue Freunde erhalten. Von Alois Weinwurm zum Beispiel, später in Wien Universitätsmusikdirektor, Gründer des dortigen Akademischen Gesangsvereines und Chormeister des Wiener Männergesangvereines. Weinwurm war es, der ihn 1858 zum Orgelspiel vor wichtigen Wiener Musikern einlud. Darüber stand dann in der »Wiener Zeitung« vom 24. Juli zu lesen: »In dieser Zeit musikalischer Trocknis wird man es begreiflich finden, wenn man zuweilen tonkünstlerische Privatgenüsse aufsucht, die man dann, falls sie von einiger Bedeutung, nicht ungern würde öffentlich besprochen sehen. So ward uns jüngst ein ungewöhnlicher Genuß, als wir den Domorganisten von Linz, Herrn Anton Bruckner, der sich zum Zwecke seiner Ausbildung einige Zeit in Wien aufgehalten, in der Josephstädter Piaristenkirche Orgel spielen hörten. Herr Bruckner besitzt über einen vollständig absolvierten Lehrkurs in der Harmonielehre, sowie über seine Fertigkeiten und Kunst im Präludieren die glänzendsten Zeugnisse von Seite des Professors Sechter. Als er sich aber an das schöne Werk in der Piaristenkirche setzte und zu phantasieren begann, da merkten wir sogleich, daß er seine theoretische Schulpraxis weitaus überflügelt habe. Er schlug ein Thema an und führte es nach allen Seiten durch; wie am freien, so zeigte er seine Tüchtigkeit auch am strengen Satz. Bei dem so fühlbaren Mangel an gediegenen Orgelspielern dürfte ihm eine schöne Zukunft nicht fehlen. Daß ein jung und frei aufstrebendes Talent, wie Herr Bruckner, durchaus die Spuren der Mendelssohnschen Richtung an sich trägt, wird ihm schwerlich zum Vorwurf gereichen. Ist doch Mendelssohn der Orgel als ein Befreier erschienen, der sie vom Joch der Pedanterie erlöste, und sie wieder menschlich empfinden lehrte.«

Das war eine erste, für Bruckner wichtige Anerkennung aus der Hauptstadt Wien. Weinwurm war es auch, der ihn mit Musik Robert Schumanns bekanntmachte und der Bruckner schließlich in der Einsicht bestärkte, Linz könne nicht seine endgültige Heimat werden. Schon 1856 hieß es denn auch in einem Brief Bruckners an ihn: *Freund, könnte ich bei Dir sein! Welche Genüsse, welche Ausbildung! Täglich heißer wird meine Sehnsucht und mein Vertrauen auf Dich!*

Nach dem Studium bei Sechter bewarb er sich, freilich vergeblich, um die Dirigentenstelle am Dommusikverein und am Mozarteum in Salzburg. Ebenso vergeblich bemühte er sich um eine Stelle als »Expektant« an der Wiener Hofkapelle. Er begann zu begreifen, daß ihn die strenge Lehre bei Sechter noch nicht an die lebendige Kunst der Gegenwart geführt hatte. So suchte und fand er einen neuen Lehrer, der, immerhin um zehn Jahre jünger, in der lebendigen Kunstpraxis der Zeit aufgewachsen war: Den Kapellmeister am Linzer Theater, Otto Kitzler, Schüler des Brüsseler Konservatoriums, Cellist an der Oper Lyon. Der arbeitete mit Bruckner Instrumentalmusik von der Klassik zur Gegenwart durch. Beginnend mit Beethoven-Sonaten, bereitete es dem 37jährigen viel Spaß, bei Beethoven Passagen zu finden, die der bei Sechter gelernten Theorie zuwiderliefen. Es folgten Instrumentationslehre und Studium der Kompositionen bis Meyerbeer. Entscheidend wurde jedoch die Begegnung mit der Musik Richard Wagners. Bei Kitzler studierte er als erste die Partitur des »Tannhäuser«. Die Aufführung dieser Oper im Februar 1863 in Linz unter Kitzlers Leitung sollte zum Schlüsselerlebnis für die sprunghafte Entwicklung des Komponisten Bruckner werden. Hier begriff er, was er später seine Schüler in Wien lehren würde: *Enharmonische Verwechslungen sind insofern der Schlüssel zur neuen Schule gewesen, als das Hauptgesetz der alten Schule, daß eine Dissonanz nie Konsonanz werden darf, oft durchbrochen erscheint.*

Seitdem er sich für die Musik als Lebensaufgabe entschieden hatte, wollte er seinem Ziel auf zwei Wegen zustreben: Zum einen wollte er vom einstigen Schulgehilfen zum Lehrer, zum Professor für Musiktheorie und Komposition in der Metropole Wien werden. Seine Studien bei Sechter, sein Bildungsweg dahin überhaupt, hatten ihm dafür die Voraussetzungen geschaffen. Zum anderen wollte er sich die Welt des Schöpferischen, des Komponierens, bewußter und gründlicher eröffnen. Das hieß für ihn, Neuland zu betreten, und dieses Neuland eroberte er sich nun, ohne das erworbene theoretische Wissen und Können aus den ›konservativen‹ Studien geringzuachten. Bislang hatte er in den rund zwei Jahrzehnten seines kompositorischen Wirkens das theoretisch Gelernte mehr oder weniger praktisch umgesetzt, nun, an der Schwelle des 40. Lebensjahres, begann er seinen eigenen, seinen neuen Weg. 1866 schrieb er Freund Weinwurm, der ihn animieren möchte, kompositorisch nachdrücklicher auf sich aufmerksam zu machen: *Mit Compositionen kann ich nicht ausrücken, da ich noch studieren muß....Später, künftiges Jahr werde ich wohl fleißig componieren. Jetzt sind's größtenteils nur Schularbeiten. In 3-4 Monaten bin ich fertig.*

Schon bei der Salzburger Bewerbung hatte er geschrieben: *Erst jetzt nach der Prüfung will er sich der freien Komposition widmen. Durch vieles Fantasiren auf der Orgel sucht Gefertigter sich vor Trockenheit zu bewahren, sowie durch vieles Anhören gediegner Musik in Wien.*

Das Leben in Linz wurde immer bedrückender für ihn. Bereits 1861 hatte er Weinwurm mitgeteilt: *Ich freue mich schon herzlich Linz hinter dem Rücken zu haben. Werde dir Manches erzählen worin Du echte Krähwinkler-Charaktere ahnen, ja deutlich erkennen wirst.* Und 1864: *Ich bin hier oft sehr mißmutig und traurig. Falsche Welt – jämmerliche Pagage.* Als die Hoffnungen auf Wien sich zu zerschlagen scheinen, heißt es im Oktober 1864: *Gehen wir nach Rußland und wo immer hin wenn man uns im Vaterland nicht kennen will.*

Zugleich aber dringt er weiter ins Reich der Musik vor. 1863 endet seine Lehre bei Kitzler. Er läßt sich freisprechen und beginnt, noch unter Kitzlers Führung, mit der Arbeit an einer d-Moll-Sinfonie (WAB 100), die deutlicher den Weg zu den kommenden Meisterwerken ahnen läßt. Er wird sie freilich später nicht akzeptieren, sondern die »Nullte« nennen.

Den neuen Weg läßt auch der 112. Psalm für Doppelchor und Orchester von 1863 (WAB 35) erkennen.

Die Musik Wagners bleibt weiter der große Ansporn. Ignaz Dorn, Geiger und 2. Kapellmeister am Linzer Theater, hilft Bruckner beim Studium des »Lohengrin« und des »Fliegenden Holländer«. Dorn macht ihn aber auch mit Musik von Berlioz und Liszt bekannt. Anfang 1865 fährt Bruckner nach Budapest, um Liszts Oratorium »Die heilige Elisabeth« zu hören. Im Mai folgt er einer Einladung nach München, zur Uraufführung von Wagners »Tristan«. Als sich der Premierentermin verschiebt, bleibt Bruckner zwei Wochen in München, interessiert Hans von Bülow für seine Sinfonie, trifft auch Wagner, *der lieb und freundlich zu mir war*. Im Juni ist er wieder in München, erlebt die dritte Aufführung des »Tristan«. Wagners chromatische »Tristan«-Harmonik wird von größter Wirkung auf Bruckners eigene künftige musikalische Sprache sein. Im Dezember 1866 hört er in Wien Berlioz' »Fausts Verdammung«.

Ein Sangesbruder aus der Liedertafel »Frohsinn« hat eine anschauliche Beschreibung Bruckners aus den letzten Linzer Jahren hinterlassen. Darin heißt es: »Bruckner, zu jener Zeit ein stattlicher Vierziger, war ein kerngesunder Mann. Auf dem kräftigen, wohlgenährten Körper saß ein intelligenter Rundkopf mit kurzgeschnittenem braunem Haar. Das freundliche, gut gefärbte Antlitz lächelte jedermann herzlich an. Mit aufrichtigem Behagen blickten die frischen Augen in die Welt. Seinen Anzug aus schwarzem Tuch, weit, bequem und faltenreich, mochte wohl ein sehr bescheidener Kleiderkünstler gebaut haben. Den schlanken Hals umgab ein sehr weiter Hemdkragen, um den ein schwarzes Seidentuch lose geschlungen war. Eine fein gebogene Nase gab dem Antlitz einen würdigen Ausdruck. Glatt rasiert, trug nur die Oberlippe ein englisch zugestutztes, unbedeutendes Bärtchen. Wenn seine Biographen von einem Imperatorenkopf sprechen, so haben sie nicht unrecht, wenn sie den alten Mann im Auge haben. Damals aber hatte der liebe, gute Bruckner gar nichts Cäsarisches an sich. Er war der reine Typus des echten, biederen, fröhlichen Oberösterreichers. Gleichwohl vermochte es seine Persönlichkeit, ungeachtet des bescheidenen Auftretens, in keinem Kreise übersehen zu werden. Die ganze Donaustadt kannte den liebenswürdigen Menschen und jedermann sah ihm gerne nach, wenn er in den Straßen von Linz frischen Schrittes dahineilte. Seiner Schnupftabaksdose sprach er fleißig zu und ein ungewöhnlich großes blaues Sacktuch blähte die Rocktasche. Abends, im Freundeskreise, rauchte er gerne eine Kuba und schwärmte für ein Gläschen guten Weines. Es durften auch mehrere sein. Prächtig war sein Appetit. – Stürzte er an einem Freitag zum ›Bayerischen Hof‹, dann sah er nicht rechts und links die herzlichen Grüße seiner Anhänger, er schritt nur auf den Kellner zu und frug ihn ängstlich: ›Josef, haben S' noch Krebsensuppe?‹ Bejahte es der dienstfertige Ganymed, dann rief er ihm zu: ›Josef, bringen s' mir schnell drei Portionen!‹ Seine Lieblingsspeisen, Lammsbeuschel mit Knödel oder Schöpsenfleisch mit Rüben, begehrte er stets in dreifacher Auflage. Manchmal schaute ich mit dem Orgelmeister nach Tisch zum Gassenfenster hinaus und da geschah es einmal, daß aus dem gegenüberliegenden Wirtshaus holde Dirnlein lustig und auffallend zu uns herüberblickten. Bruckner aber, sehr neugierig, wer die ›Damen‹ seien, erfuhr zu seinem Schrecken, es wären sehr gefällige Mädchen, so man in Linz ›Flitscherln‹ benamset. Und entrüstet trat er vom Fenster zurück.«

Gegen Ende der Linzer Zeit überkreuzen sich die schöpferischen Nöte und Mühen des Lernenden, des Komponierenden, des Dirigierenden mit der Abneigung gegen das gesellschaftliche Leben und mit dem immerwährenden, aber eben auch stets erfolglosen Bemühen um das andere Geschlecht. Groß ist die Zahl der vorwiegend jungen Damen, die das Herz des nun bald 40jährigen entflammen. Das wird bis zum Ende so bleiben, und doch wird er nie ›die Richtige‹ finden. 1866 macht er der 17jährigen Josefine Lange auf seine wortungewandte, umständliche Weise einen seiner vielen Heiratsanträge: *Sehr geehrtes, liebenswürdiges Fräulein! Nicht als ob ich mich mit einer Ihnen befremdenden Angelegenheit an Sie, verehrtes Fräulein, wenden würde, nein in der Überzeugung, daß Ihnen längst mein zwar stilles, aber beständiges Harren auf Sie bekannt ist, ergreife ich die Feder um Sie zu belästigen. Meine größte und innigste Bitte, die ich hiermit an Sie, Frl. Josefine, zu richten wage, ist, Fräulein Josefine wollen mir gütigst offen und aufrichtig Ihre letzte und endgiltige aber auch ganz entscheidende Antwort schriftlich zu meiner künftigen Beruhigung mitteilen und zwar über die Frage: Darf ich auf Sie hoffen und bei Ihren lieben Ältern um Ihre Hand werben? oder ist es Ihnen nicht möglich aus Mangel an persönlicher Zuneigung mit mir den ehelichen Schritt zu thun? Fräulein sehen, daß die Frage ganz entscheidend ist, das eine oder andere bitte ich inständigst mir so bald als möglich eben so entschieden, aber gewiß, ebenso entschieden zu schreiben. Bitte, sagen Fräulein Josefine dieß Ihren lieben Ältern aber sonst Niemanden (bitte das strengste Geheimniß bewahren zu wollen) und wählen Sie einen aus den vorgelegten zwei Punkten der Frage im Einverständniße mit Ihren lieben Ältern. Mein treuer Freund Ihr Herr Bruder hat mich bereits auf Alles vorbereitet und wird auch Sie schon seinem Versprechen gemäß verständigt haben. Nochmal meine Bitte: wollen Fräulein ganz offen und aufrichtig und ganz entschieden schreiben entweder: ich darf um Sie werben, oder gänzlich ewige Absage, (kein Mittelding etwa vertrösten oder umschreiben, da bei mir die höchste Zeit bereits vorhanden ist, zu-*

dem wird sich Ihr Gefühl nicht leicht verändern, weil Fräulein sehr vernünftig sind). Fräulein dürfen die reine Wahrheit mir unbesorgt sagen, weil selbe in jedem Falle mir Beruhigung gewähren wird. Mit Handkuß einer möglichst baldigen entschiedenen Antwort entgegenharrend – Anton Bruckner

Vergeblich das leidenschaftlich-unbeholfene Bemühen. Josefine sagt nein. Sie sei zur Ehe noch zu jung. Bruckners Geschenke, eine goldene Uhr und ein Gebetbuch, sendet sie zurück. Einen Wachsstock, den sie vom Verehrer erhalten hatte, behält sie allerdings, auch noch als nach Neufelden umgezogene Wirtschafts- und Gasthofbesitzerin Josefine, verheiratete Weilnböck. Schon hier sei vermerkt, daß auch Josefines Tochter dereinst Bruckners gealtertes Herz noch einmal in Aufregung versetzen sollte.

Ein anderes Beispiel der so zahlreichen Bemühungen um eine Partnerin zeigt dann wieder den Realisten. Über seine beabsichtigte Werbung um die 18jährige Henriette Reiter hat er sich vorsorglich mit Weinwurm verständigt: *Das Mädchen soll 3000 fl. Vermögen besitzen. Das ist freilich blutwenig. – Da ich schon 42 Jahre alt werde, ist es höchste Zeit. Doch lieber noch warten, bevor ich's übereile. Das Mädchen gefiel mir wohl sehr und da ich sehr ohne – dastehe, so bitte ich doch dringend im Vertrauen auf Deine übergroße Güte, möchtest Du Dich nicht, da der Schritt so nötig ist, – nicht näher um ihre Sitten etc. um ihre pecuniären Verhältnisse erkundigen bei sicheren Quellen, bei Leuten aus der Nachbarschaft, beim Bezirksamte wegen Vermögen etc. – 3000 fl. ist etwas zu wenig; und besonders wenn das Mädchen an ein nobles Leben gewöhnt wäre – (Daß ich 42 Jahre alt wäre, dürfte das Mädchen nicht zuerst wissen, bis sie mich öfter gesehen; denn sie möchte 36 Jahre – ich sehe noch etwas jünger aus). Was wolltest Du mir neulich aus Salzburg sagen? Welches Mädchen? hübsch? reich? lieb? Sei offen – denn der Moment muß nahen.*

Auch hier kam es zu keinem für Bruckner positiven Ergebnis. Zwar bleibt die Hoffnung auf Partnerschaft noch lange lebendig, aber Freund Weinwurm erfährt auch von zunehmender Resignation: *Was meine Heirat betrifft, so habe ich bis dato noch keine Braut; könnte ich doch eine recht passende Flamme finden! Wohl habe ich viele Freundinnen; denn in letzter Zeit setzen mir die Holden sehr viel nach und meinen, idealisch handeln zu müssen.*

Daß Mißgeschicke in Liebesdingen bei Bruckner gelegentlich auch in groteske Situationen ausarten konnten, hat Siegfried Ochs – nach den Erinnerungen Alma Mahlers – berichtet: »Ochs dirigierte in Berlin eine Festaufführung der Brucknerschen Messe. Nachher sollte Bruckner zu Ehren ein großer Abend bei Ochs stattfinden. Am Nachmittag telefonierte Bruckner, er könne nur mit seiner Braut kommen. Braut? Seit wann war er verlobt? Ochs schwante Böses und er stürzte ins Hotel. Er fand einen völlig geknickten Bruckner vor. Abends sei plötzlich das Hotelstubenmädchen gekommen und ... kurz, am Morgen weinte und schrie sie, er habe ihr die Ehre genommen und er müsse sie nun heiraten ... Bruckner hatte ihr die Ehe verprochen und nun sei er eben verlobt. Ochs rief nach dem Mädchen und fragte sie direkt um die Abfindungssumme. Diese war recht beträchtlich. Bruckner aber küßte in überströmender Dankbarkeit Ochsens widerstrebende Hände.«

Zurück nach Linz: Auch die Arbeit mit dem Geiger Ignaz Dorn, dem begeisterten Verehrer der Musik von Berlioz, Liszt und vor allem Wagner, zeigte den Komponisten Bruckner noch immer zögerlich, unsicher. So fragte er den jungen Mentor: *Mein lieber Dorn, geh, schau einmal das an, darf man denn das schreiben?* Der Musikwissenschaftler Friedrich Blume urteilte in unseren Tagen zu Recht: »Skeptischer und furchtsamer hat wohl keiner der großen Meister seinen Weg angetreten, als Bruckner.« Auf dem neuen Weg des Komponisten zeichnet sich der große Umschwung schon in der Wahl der Genres ab. Das bisher vorwiegend bedachte kirchenmusikalische Umfeld tritt allmählich immer mehr zurück. Die Akzente verlagern sich zum rein Instrumentalen, zum Orchester, zur Sinfonik. Die unter Kitzlers Mentorschaft entstehenden Werke, ein c-Moll-Streichquartett (WAB 111), ein Marsch für Orchester d-Moll (WAB 96), drei kleine Orchesterstücke (WAB 97), eine g-Moll-Ouvertüre (WAB 98) und eine Sinfonie f-Moll (WAB 99) dokumentieren Bruckners Streben, sich das handwerkliche Rüstzeug für die neue Richtung seiner kompositorischen Arbeit sicher anzueignen. Die stilistischen Vorbilder reichen von Mendelssohn bis Meyerbeer, klammern bemerkenswerterweise die ja ganz frischen Eindrücke Wagnerscher Partituren noch aus. Sie spielen mit den gestalterischen Möglichkeiten, zum Teil überraschend flexibel. Und sie zeigen nur in gelegentlichen Details die »Klaue des Löwen«. Für Bruckners zukünftigen ausgereiften sinfonischen Stil bleibt ein hier schon erkennbarer Hang zum Verwischen der in der Klassik üblichen Kontraste zwischen den Themen, ein Hang zu permanenter Verwandlung des einmal eingesetzten musikalischen Materials wichtig.

Auf den ›Freispruch‹ bei Kitzler folgt eine Phase übersprudelnder schöpferischer Arbeit, der erste große und originale Schaffensaufschwung des immerhin schon 40jährigen. Nach der im Mai 1864 abgeschlossenen »Nullten« Sinfonie beginnt er mit der Arbeit an seinem ersten großen, rundum nun wahrhaft brucknerschen, Sinfonisches und Vokales zu überzeugender Einheit zwingenden Werk, der d-Moll-Messe (WAB 26). 1865/66 entstehen die 1. Sinfonie c-Moll (WAB 101), die Messe e-Moll (WAB 27). Mit der Messe f-Moll (WAB 28) endet dieser erste große Schaffensabschnitt. Die d-Moll Messe wird am 20. November 1864 im Linzer Dom uraufgeführt – mit beträchtlichem Erfolg, der sich bei einer zweiten Aufführung im gleichen Jahr wiederholt. In einer Rezension des mit Bruckner freundschaftlich verbundenen Beamten und Musikliebhabers Moritz von Mayfeld (er machte ihn durch Transkriptionen erstmals mit der »Tristan«-Musik bekannt) war zu lesen: »Ist es erlaubt, eine Messe in dem Style zu schreiben wie Bruckner es getan? Auf diese Frage lautet die Antwort: Nicht nur erlaubt, sondern unerläßlich geboten, wenn überhaupt ein Werk von wirklicher Bedeutung zustande kommen soll. In keinem Zweige der Kunst haben so viele Flachköpfe gesündigt, wie gerade im kirchlichen. Jeder Schulmeister, mit dem Generalbaß behaftet, glaubt im musikalischen Weinberge des Herrn arbeiten zu dürfen und wählt die Kirche, wo die an anderen Orten lauernde Gefahr eines lauten Fiaskos nicht existiert, zu seinem Sammelplatze. So kommt es, daß die ohnehin schon zum Überdruß breitgetretenen, stereotypen Geleise der Kirchenmusik tunlichst noch mehr ausgefahren werden. – Wenn der Satz richtig ist – und er ist richtig -, daß nur neue Gedanken zur Komposition berechtigen, und daß das handwerksmäßige Erzeugen formgerechter Stücke gar kein Gewinn für die Kunst ist, so ist Anton Bruckner ein vollberechtigter Kompositeur.« Der überzeugte Wagnerianer Mayfeld schließt mit der nun wahrlich in der Sache zutreffenden, die Wirkung bei den Zeitgenossen aber insgesamt beträchtlich überschätzenden Vorhersage, daß Bruckner »schon in nächster Zukunft das Feld der Symphonie, und zwar mit größtem Erfolge bebauen dürfte«. Interessanterweise hat Mayfeld bei der Würdigung einer späteren Aufführung der Messe (Januar 1868) dann selbst Bedenken angemeldet: Er monierte die »gewaltsamen Schlüsse und grellen Dissonanzen« und mahnte: Musik solle »nicht mehr überraschen und staunen machen, sondern erheben und erbauen«.

Der Erfolg der d-Moll-Messe macht Bruckner Mut. Er erhielt Bestätigung, als Johann Herbeck , der ihm hohes Lob bei seiner Eignungsprüfung 1861 gezollt hatte, die Leitung einer Aufführung der Messe am 10. Februar 1867 in der Wiener Hofburg übernimmt, die beträchtlichen Erfolg hat, wenn auch ohne sonderliches Presse-Echo. Als Herbeck im April 1868 zum 1. Hofkapellmeister in Wien ernannt wird, schickt Bruckner ein Glückwunschschreiben und bittet ihn um Hilfe und Einflußnahme in Wien: *In Ihre Hände lege ich mein Schicksal und meine Zukunft! Bitte innigst, retten Sie mich, sonst bin ich verloren!*

Diese Messe, am Anfang des eigentlichen schöpferischen Weges des Komponisten, ist auch eines der wenigen Werke geblieben, das sich rasch und mit großem Erfolg durchsetzen konnte. Schon im Januar 1865 teilte Bruckner Weinwurm mit: *Ich arbeite gerade an einer C-moll Symphonie*

(Nr.2) u. kann da öfter halbe Wochen nichts thun vor Stunden u. dgl. Ich glaube mit dieser (wenn die ferneren Theile nicht auslassen) sollst Du eine Freude bekommen; ich Welt- u. Menschenfeind aufs Neue, suche da einige Linderung über die hübsche Behandlung in Linz. Könnte ich nicht in Deiner Nähe wohnen? Der Himmel gebe es! u. Du wirst mir gewiß helfen – Du bist mein einziger Trost hier. Sei nicht böse. Thue was Du wünschest, ich werde mein aller-Möglichstes auch thun.

Hier ist die Rede von der 1. Sinfonie c-Moll (WAB 101), 1865/66 geschrieben. In München zeigte Bruckner Hans von Bülow Teile des Werkes, und auch Wagner interessierte sich dafür. *Ich hab' mir aber nöt traut, ihm die Symphonie zu zeigen*, erinnerte sich der glühende Wagner-Verehrer Bruckner. Teile der Sinfonie waren noch in München, als Bruckner unter dem Schock-Erlebnis der »Tristan«-Aufführung gestanden hatte, geschrieben oder fertiggestellt worden.

Der Schaffensrausch, die ständige Überarbeitung, das intensive, aber eben immer wieder erfolglose Bemühen um eine Frau, zunehmender Mißmut über die nun als eng und kleinlich empfundenen Linzer Verhältnisse, die vielen vergeblichen Versuche, vorrangig nach Wien, mehrmals aber auch nach Salzburg auszubrechen, all das forderte seinen Tribut. Es kam zu einem Nervenzusammenbruch; Bruckner mußte sich in ärztliche Behandlung begeben. Er fuhr ins oberösterreichische Bad Kreuzen, in eine Kaltwasserheilanstalt. Von dort schrieb er im Juni 1867 an Weinwurm nach Wien, sein langes Schweigen erklärend: *Magst Du Dir denken oder gedacht haben – oder gehört haben was immer! – es war nicht Faulheit! – es war noch viel mehr!!! – es war gänzliche Verkommenheit und Verlassenheit – gänzliche Entnervung u. Überreiztheit! Ich befand mich in dem schrecklichsten Zustande; Dir nur Dir gestehe ich's – schweige doch hierüber. Noch eine kleine Spanne Zeit, u. ich bin ein Opfer – bin verloren. Dr. Fadinger in Linz kündigte mir den Irrsinn als mögliche Folge schon an. Gott sei's gedankt! er hat mich noch errettet. Ich bin seit 8.Mai im Bade Kreuzen (bis 8.Aug.) bei Grein. Seit einigen Wochen geht's mir etwas besser. Darf noch gar nichts spielen, studieren oder arbeiten. Denke Dir welch ein Schicksal! Ich bin ein armer Kerl! Herbeck sandte mir die Partituren meiner Vocal Messe u. Symphonie ohne ein Wort zu schreiben. Ist denn alles gar so schlecht? Erkundige Dich einmal. Liebster Freund schreib mir doch einmal in mein Exil, mir Armen, Verlassenen.*

In dieser Krise traten einige der Merkwürdigkeiten Bruckners erschreckend in Erscheinung. So seine Zählsucht. Er meinte, er müsse die Blätter der Bäume, die Sterne, die Sandkörner zählen. Daraufhin konnte Frau von Mayfeld, eine von Clara Schumann sehr geschätzte Pianistin, wie er Kurgast in Kreuzen, eines ihrer Kleider nicht mehr tragen, denn jedesmal, wenn Bruckner ihr begegnete, begann er, die Perlen auf diesem Kleid zu zählen. Musik brachte ihn zur Verzweiflung. Als eine Zigeunerkapelle zur Unterhaltung der Kurgäste musizierte, sprang Bruckner auf und lief davon. Man fand ihn schließlich auf einem Baumstumpf sitzend, in Tränen aufgelöst. Nach dreimonatiger Kur konnte er jedoch die Anstalt am 8. August 1867 wieder verlassen. Die Pause hatte ihm am Ende gutgetan.

Mit Feuereifer stürzte er sich in die Vorbereitung der Uraufführung seiner c-Moll-Sinfonie. Für die Linzer Musiker war das eine ihre Kräfte überfordernde Aufgabe. Bruckner tobte und flehte während der Proben. Am 9. Mai 1868 fand die denkwürdige Premiere im Linzer Redoutensaal unter Bruckners Leitung statt, mit einfacher Bläser- und reduzierter Streicherbesetzung. Gleichwohl: Sie wurde wohlwollend zur Kenntnis genommen. In der Wiener »Neuen Freien Presse« stand zu lesen, die Sinfonie habe »bei dem zahlreichen, sehr gewählten Publicum wie bei der Kritik außerordentlich günstige Aufnahme gefunden. Wenn die Nachricht von Bruckners bevorstehender Anstellung am Wiener Consvervatorium sich bestätigt, können wir dieser Lehranstalt nur gratulieren.« Eduard Hanslick, der angesehene Wiener Kritiker, hatte die Nachricht offenbar lanciert, denn zum Konzert war er nicht zugegen gewesen. Aber er kannte Brucker, hatte seine Arbeit bislang mit Wohlwollen und Ermunterung zur Kenntnis genommen, ihm Schumann-Noten zum Geschenk gemacht.

Zum Ende der Linzer Zeit gab es noch ein für Bruckner persönlich großes Erlebnis. Im Streit mit seiner Liedertafel hatte er deren Leitung niedergelegt. Nun rief man ihn wieder, bat ihn um Vorbereitung eines Festkonzertes anläßlich des »Frohsinn«-Gründungsjubiläums. Der Verein schrieb an Wagner, sicher nicht ohne Zutun Bruckners, und erbat die Überlassung eines Festchores. Wagner reagierte überraschend positiv und bot den Schluß seiner soeben beendeten, aber noch nicht aufgeführten »Meistersinger von Nürnberg« an. So kam es, daß Hans Sachsens berühmte Ansprache und der große »Wach auf«-Chor am 4. April 1868 unter Bruckners Leitung in Linz zur Uraufführung gelangten. Von Bruckner als Dirigenten wird berichtet, daß er kein Routinier in diesem Metier gewesen wäre, sich ungeschickt aufgeführt, Probleme mit der Disziplin gehabt hätte. Es ist aber auch überliefert, daß er, wenn ihn die Begeisterung packte, ein fulminantes Temperament zu entwickeln vermochte, das die Musizierenden und die Sänger mitriß. An jenem Abend dürfte das der Fall gewesen sein. Übrigens: Richard Wagner wurde daraufhin Ehrenmitglied der Liedertafel »Frohsinn«!

Der Linzer Lebensabschnitt Anton Bruckners, der ihm den Weg gewiesen hatte vom komponierenden, lernenden und studierenden Domorganisten zum Kapellmeister, zum Komponisten vor allem, ging nun zu Ende. Er war sich seines künftigen Weges als Meister der Sinfonie bewußt geworden, hatte aber noch kein sicheres Gefühl darin erlangt. Freilich, der weitere Weg wurde wieder unsicher und er suchte hektisch und fand endlich nur mit kräftiger Nachhilfe durch Freunde: In Wien war Bruckners verehrter Lehrer Simon Sechter am 19. September 1867 gestorben. Sein Meisterschüler bewarb sich einen Monat später um Sechters Stelle als Professor am Wiener Konservatorium. Zugleich empfahl er sich der Universität für einen Lehrauftrag in Musiktheorie. Sicherheitshalber bewarb er sich auch noch um die Direktorenstelle des Dom-Musikvereins und des Mozarteums in Salzburg, und von Hans von Bülow erflehte er die Chance zu einem Orgel-Vorspiel vor König Ludwig II. von Bayern, durch das er sich eine Tätigkeit am Münchner Hofe zu verschaffen hoffte. Salzburg und München erledigten sich freilich rasch. Die Verhandlungen mit Wien zogen sich hin, nicht zuletzt aufgrund der übergroßen Zögerlichkeit des Bewerbers. Herbeck war es, der hier mit viel Geduld die Interessen Bruckners vertrat und den immer wieder Bedenklichen geradezu antrieb. Als der nämlich in einem verzweifelten Brief schrieb, er wolle aus der Welt gehen, gab ihm Herbeck den nötigen Tritt per Brief: »In die Welt sollen Sie gehen!«

Komponist, Professor und Orgelvirtuose in Wien

Herbeck setzte die Gehaltsforderung von 800 Gulden und auch die sonstigen Ansprüche Bruckners durch, so daß der am 6. Juli 1868 seine Anstellung als Professor für Generalbaß, Kontrapunkt und Orgel am Wiener Konservatorium erhielt. Dank Herbecks Fürsprache wurde er auch noch »Expektant« für das Amt des Hoforganisten. Zum »Wirklichen Mitglied der Hofkapelle« mit dazugehörigen weiteren Bezügen ernannte man ihn erst später, am 19. Januar 1878. Unerfüllt blieb zunächst auch der Wunsch, an der Wiener Universität »Lehrer für Komposition« zu werden. Hanslick, dort Professor für musikalische Ästhetik, hatte in einem Gutachten gegen dieses Vorhaben gesprochen. Das war ein erster Grund für Mißhelligkeiten zwischen den beiden. Bruckner fühlte sich zu Unrecht gekränkt, denn seine Absicht, kompositorisches Handwerk zu lehren, war damals (noch) kein Vorlesungsgegenstand der Universität.

Am 1.Oktober 1868 begann Bruckner, 44jährig, seine Lehrtätigkeit als Professor am »Konservatorium der Gesellschaft der Musikfreunde« im Mattoni-Hof unter den Tuchlauben in Wien. Nicht weit davon fand er eine kleine Zweizimmer-Wohnung im 3. Stock des Höhne-Hauses, Währingerstraße 41. Bis zum Frühjahr 1870 führte ihm dort seine Schwester Anna (Nani) wie zuvor in Linz den Haushalt. Nach ihrem Tod behalf sich Bruckner mit einer Bedienerin, die ihm an Schrulligkeit nicht nachgestanden haben soll. Übrigens: Erst am 18. Juni 1870, nachdem er sich in Wien eingerichtet hatte, verzichtete der Vorsichtige auf seine Stelle als Domorganist in Linz!

Zur Zeit von Bruckners Übersiedlung nach Wien befand sich die Donau-Metropole in jähem und grundlegendem Umbruch. Es waren die Jahre der Gründerzeit. Österreichs Kaiser Franz Joseph hatte, als zäher Traditionalist freilich widerwillig, gewaltige städtbauliche Veränderung eingeleitet: Er ließ anstelle der geschleiften alten Stadtbefestigung die Ringstraße bauen. In Doppelreihe, als Bogen geführt, reihten sich da die neuen Monumentalbauten aneinander. »Der Stil eines jeden Gebäudes bestimme sich durch historische Assoziation«, befand der Planer Gottfried Semper. In der Votivkirche kopierte Heinrich Ferstel die hochgotische Kathedrale des französischen Mittelalters. – Die Wiedergeburt der heidnischen Antike hatte derselbe Ferstel vor Augen, als er die Universität im Stil der italienischen Renaissance errichtete. – »An die griechische Demokratie dachte Theophil Hansen, als er den Parthenon des Parlaments hinstellte. – Gottfried Semper und Karl Hasenauer bedienten sich im Arsenal des Barock, imitierten die Kuppel von Val-de-Grace in Paris und die Treppenhäuser des Schlosses von Ceserta bei Neapel, zimmerten die Archen des Kunsthistorischen und des Naturhistorischen Museums, in denen Nachfahren ererbte Kleinodien über die Sintflut der Massenproduktion hinwegzuretten suchten.« (Franz Herre)

Die Ringstraße mit ihren palastähnlichen Bauten, die auch das Burgtheater, die Neue Hofburg, die Hofoper umschloß, wurde so zur Repräsentantin einer neu anbrechenden Periode großbürgerlicher Pracht- und Machtentfaltung. Allerdings unter speziellem österreichischen Vorzeichen: Es kam zum historischen Kompromiß zwischen der absolutistischen Kaiserherrschaft und dem finanzkräftigen Bürgertum; 1867 brachte die »Dezember-Verfassung« Österreich die konstitutionelle Monarchie. Die Gewaltenteilung zwischen Kaiser, Parlament und Reichsrat beließ dem Kaiser allerdings bis zum bitteren Ende das Recht der letzten Entscheidung. Der Ausgleich war die ›österreichische Lösung‹ der anstehenden politischen und gesellschaftlichen Probleme, resultierend nicht nur aus der militärischen Niederlage der Monarchie gegen Preußen 1866, die zum Ausscheiden Österreichs aus dem Deutschen Bund geführt hatte und zur Vormachtstellung Preußens unter den deutschen Staaten. Die sprichwörtliche Politik des »Fortwurstelns« bewirkte dennoch eine Stärkung kapitalistischer Verhältnisse. Im Laufe der siebziger Jahre zerfielen die alten

Gruppierungen der Parteien in Liberale und Konservative. In den Achtzigern formierten sich Georg Schönerers »Deutschnationaler Verein«, Karl Luegers »Christlich-soziale Partei« und die »Sozialdemokratische Partei« unter Victor Adler. Die zunehmenden Spannungen zwischen den Völkern der österreichischen Doppelmonarchie (seit 1867 mit Österreichern und Ungarn als »Staatsvölkern« und den immer wieder aufbegehrenden Tschechen, Slowaken, Rumänen, Kroaten) wurden durch eine raffinierte Schaukelpolitik beruhigt, insbesondere unter der konservativen Regierung des Grafen Eduard Taaffe (1879-1893). Taaffe selbst nannte das ironisch den »Zustand wohltemperierter Unzufriedenheit«.

Diese »Ruhe vor dem Sturm«, der unschwer zu gewärtigen war, prägte das immer mühseligere Taktieren der Bürokratie. Kultur, Künste und Wissenschaft erlebten aber dabei eine farbig schillernde Spätblüte. Geprägt von Illusionen, von der »Legende Alt-Österreich«, einer von Gerechtigkeit geprägten Völkerkonföderation, wie sie auch in der Musik der drei Großen – Johannes Brahms, Anton Bruckner und Gustav Mahler – Widerhall fand. »Wien war die Hauptstadt eines großen Reiches, und gerade diese Tatsache, verbunden mit seiner Größe und kulturellen Tradition, zog immer wieder die besten und fähigsten Menschen aus der ganzen Monarchie dorthin. Und jeder, der kam, fand nicht nur früher oder später sein Auskommen, sondern vor allem seine Ecke, seinen Kreis von Gesinnungsgenossen, weil es – ob es sich nun um Archäologie, um den Brunnenbau in Galizien, um Heilung durch Hypnose oder um Bodenreform handelte – eben nichts gab, wofür man sich in Wien nicht interessiert hätte. Es war diese Buntheit und Vielseitigkeit, diese neuen Menschen und neuen Gedanken, die ständig hereinströmten, die Wien seinen Glanz und seine Größe gaben.« (Eva Priester)

Bruckner kam nach Wien in dieser Phase liberalen Aufschwunges. Sie half ihm, sich seinem Lebensziel weiter anzunähern. Dabei rückte das Bemühen, seine kompositorischen Visionen zu verwirklichen und in der Praxis öffentlich zu erproben, immer mehr in den Vordergrund. Verbunden mit der ständigen Sorge um die materielle Absicherung, mit dem sehr intensiven, teilweise sogar exzessiv betriebenen Bemühen, seine Stellung als Lehrender zu festigen. Er erteilte nun am Konservatorium Unterricht auch als Professor im Orgelspiel, die Klasse war eigens für ihn erstmals eingerichtet worden. Nachdem es Schwierigkeiten mit der Benutzung von Kirchenorgeln gab, wurde auf Bruckners Betreiben sogar eine provisorische Konservatoriumsorgel angeschafft. Von Oktober bis Juli hatte er je drei Wochenstunden abzuhalten, drei weitere Stunden Musiktheorie. Als Nachfolger Simon Sechters unterrichtete er in den Fächern Harmonielehre und Kontrapunkt, streng nach der Methode des Vorbilds: als Handwerksübung, unter Verzicht auf jede kompositorische Ambition. Unter seinen ersten Schülern am Konservatorium sind nachmals große Namen der Musikwelt zu finden: Josef Mottl oder Josef Pembaur zum Beispiel.

Bruckners Dienst als Organist der traditionsreichen »Kaiserlichen Hofkapelle«, unbesoldet zunächst, fügte sich den Anforderungen der Liturgie. Bruckner hatte die Aufgabe als »mittlerer Bediensteter« mit weiteren Organisten zu teilen, empfand sie auch als nicht allzu anspruchsvoll.

Im Sommer 1869 verbrachte er die Ferien in Linz und St. Florian. Vom Kultus- und Unterrichtsministerium erhielt er ein einjähriges Stipendium »zur Herstellung größerer Werke«. An der Universität besuchte er Vorlesungen, wie die seines späteren Widersachers Eduard Hanslick, mit dem ihn während der ersten Wiener Jahre noch ein freundschaftlich-verständnisvolles Verhältnis verband. Auch in der Hauptstadt suchte er die Nähe der Kirche, seines Glaubens. Hofkapellmeister Josef Hellmesberger machte ihn auf das unweit gelegene Stift Klosterneuburg aufmerksam. Dort fand Bruckner an St. Florian erinnernde Strukturen und Lebensweisen, vor allem auch eine große, vielbewunderte Orgel. Klosterneuburg wurde eine Art Zufluchtsstätte.

In Wien begegnete man Bruckner während der ersten Jahre durchaus verständnisvoll. Er fand Freunde und Verehrer, auch wenn man ihn gelegentlich schrullig fand, sich über seine Kleidung mokierte, den eleganten Wiener Charme an ihm vermißte.

Der Meister des Orgelspiels

Weihnachten 1868 wurde die schon in Linz vollendete f-Moll-Messe verbessert. Proben in der Wiener Augustinerkirche führten aber zunächst noch zu keiner Aufführung. Bruckner feilte weiter an seiner d-Moll-Sinfonie. Später, im Alter (1895), hat er die Noten wiedergefunden und vermerkt: *Diese Symphonie ist ganz ungültig (nur ein Versuch).* Wegen der Entstehung vor der 1. Sinfonie in c-Moll bezeichnete er sie als »Nullte«. Skizzen einer B-Dur-Sinfonie blieben liegen. Dafür zeigte Bruckner zum ersten Male im Ausland seine damals auf voller Höhe entwickelte Meisterschaft an der Orgel. Eduard Hanslick hatte ihm geraten, eine Einladung zu Orgelkonzerten in Nancy anzunehmen, und Ende April 1869 war Bruckner dann dort. Eine schöne neue Orgel der Pariser Firma Merklin-Schütze sollte in der Kirche St-Epvre eingeweiht werden. Die musikalische Prominenz Frankreichs, die bedeutendsten Organisten von dort waren eingeladen. Auf der Orgel, die zur Weltausstellung 1867 in Paris eine Goldmedaille errungen hatte, war ein Organistenwettbewerb geplant. Die

Offerte an den Österreicher Bruckner kam zustande, weil in St-Epvre die lothringischen Ahnen der Habsburger bestattet sind. Auf Hanslicks Empfehlung ließ sich der Wiener Hof hier durch Bruckner vertreten, und mit seinem grandiosen Spiel errang er den größten Erfolg. Er spielte Bach und phantasierte. Am zweiten Abend erregten seine Improvisationen über die österreichische Kaiserhymne großes Aufsehen. Der Organist aus Wien wußte sehr wohl, daß Kaiser Franz Joseph I. und Kaiserin Elisabeth von Österreich Schirmherren des Gotteshauses waren, dessen Bau der Kaiser sogar zwei Jahre zuvor höchstselbst in Augenschein genommen hatte.

Aufgrund seiner Erfolge in Nancy, die sich auch in Presseberichten widerspiegelten, lud die Firma Merklin-Schütze Bruckner nach Paris ein. Er wandte sich an Herbeck, um von der Wiener Behörde die Genehmigung zur Reiseverlängerung zu erbitten: *Die Herren, die für mich zahlen, bathen mich, doch ja nach Paris zu gehen u. dort noch eine neue fertige Orgel zu spielen. Ich sagte wiederholt Allen daß mein Urlaub am Montag zu Ende sei. Man hört aber nicht auf zu bitten von allen Seiten u. wirkte so stark auf mich ein, ich soll Euer Hochwohlgebohren inständigst bitten, daß die hohe Direction des Conservatoriums so gnädig sein wolle, mir den Urlaub um drei Tage zu verlängern. Ich trage Hochselben hiemit, obwol mit sehr schweren Herzen, diese meine und aller dieser Herren Bitte unterthänigst vor, u. bitte ergebenst Ihre so viel vermögende Einwirkung für mich bei meinen hohen Vorgesetzten mir angedeihen zu lassen. Meinen Schülern bitte ich es dann gnädigst wissen zu lassen.* Im Hause der einladenden Firma fand eine Sitzung statt, von der die Pariser »Gazette musicale« berichtete: »Er (Bruckner) gab mehrere Proben verschiedener Stilarten, tiefer Gelehrsamkeit, gewählten Geschmacks und ungewöhnlicher Bravour.« Dann spielte er auf der Cavaillé-Coll-Orgel zu Notre-Dame. Zugegen war die musikalische Prominenz Frankreichs: César Franck, Camille Saint-Saëns, Auber, Gounod. Auch hier feierte Bruckner Triumphe. Man nannte ihn unter den Organisten den »Besten seiner Zeit«. Bruckner selbst berichtete an Herbeck: *Meine Produktion wurde in einer Weise aufgenommen, die mich nur gerührt hat, aber die ich nicht beschreiben will. Der hohe Adel, die Pariser, die Deutschen und Belgier wetteiferten in ihren Anerkennungen.*

Im Mai 1869 war Bruckner wieder in Wien. Den um Anerkennung so sehr Bedachten erfreuten die Ernennungen zum Ehrenmitglied seiner Linzer Liedertafel »Frohsinn«, des Salzburger Mozarteums, des Welser Männergesangvereins, des »Linzer Diözesen-Kunstvereins«. 1870 wurde er auch Ehrenbürger seines Geburtsortes Ansfelden. Im Juli berichtet er zufrieden an Mayfeld über das erste Jahr seiner Arbeit am Konservatorium: *Meine Prüfungen sind vorüber. Außerordentliche Sensation erregte meine Kontrapunkt-Prüfung. Alles staunte, daher Gratulation von allen Seiten.*

Während des Sommers in Linz nahm er an der Einweihungsfeier der Votivkapelle des neuen Domes teil und brachte nach 28 Proben am 29. September auf dem Domplatz seine e-Moll-Messe zur Uraufführung. Mit beträchtlichem Erfolg, denn Bischof Rudigier übersandte ihm für Widmung und Aufführung des Werkes ein Ehrenhonorar von 200 Gulden, für das sich der Komponist untertänigst bedankte.

Traurig beginnt das Jahr 1870: Die Schwester Anna stirbt. Dem Domdechanten Schiedermayer schreibt er: *Zu meinem größten Schmerze hat der Ewige meine gute Schwester Anna am 16.d.M. von dieser Welt abberufen. Ich mache mir die größten Vorwürfe, daß ich ihr alle Hausarbeit verrichten ließ. Hätte ich das geahnt, so hätte ich die Unvergeßliche um keinen Preis der Welt mit mir nach Wien ziehen lassen, ja ich selbst wäre eher in Linz geblieben. Was ich jetzt gelitten habe, können Euer Gnaden, da Hochselber meine Nerven kennt, am besten beurteilen.*

1871 erhielt er wieder eine Einladung zu einem Orgelgastspiel. Sie kam von einer Ausstellungskommission in London und ging an die Handelskammern aller Länder. Man wollte die bedeutendsten Organisten für Konzerte an der riesigen Orgel in der neuerbauten Royal Albert Hall einladen. In Wien wurden drei Kandidaten aus Österreich zum Probespiel geladen. Bruckner blieb Sieger und wurde nach London delegiert. Er gab, wiederum mit beträchtlichem Erfolg, ein rundes Dutzend Konzerte. Seine Programme waren charakteristisch. Das Repertoire wurde sparsam ausgewählt: Toccata in F und Fuge in E von Bach, eine d-Moll-Fuge von Händel und Mendelssohns Orgelsonate in f. Ansonsten improvisierte er, über Themen aus den auch gespielten Werken, über Schubert-Lieder, über englische Volkslieder, die österreichische und die englische Hymne. Auch in Frankreich hatte er nur wenige Werke (u.a. Bachs Präludium und Fuge cis-Moll) vorgetragen und den meisten Erfolg mit seinen Improvisationen errungen. Als Improvisator auf der Orgel hat man ihn mit Liszt am Klavier verglichen. Übrigens: England sah er nach diesen Orgeltriumphen nicht wieder. Verhandlungen für eine Konzertreise 1872 scheiterten. Die Insel blieb jedoch in seinen Gedanken. 1874, in Zeiten tiefer Depression, wandte er sich an den österreichischen Botschafter in London mit der Bitte, ihm zu einem britischen Mäzen und möglichst auch zu einer Anstellung dort zu verhelfen. Später, 1886, hoffte er noch, allerdings vergeblich, auf eine Aufführung seiner 7. Sinfonie in England.

Wichtig ist zu verstehen, daß Bruckner, der nur wenig und nicht sonderlich Bedeutendes für die Orgel geschrieben hat, sein souveränes, brillantes und phantasievolles Orgelspiel im Grunde als ›Lockerungsübung‹, als Experimentierfeld für das Komponieren betrachtete. Natürlich kann man im Brucknerschen Orchestersatz der Meisterzeit auch Reminiszenzen an die Klangregie bei der Orgel, die Registrierung, erkennen. Mehr sagt uns eine Erinnerung seines Schülers Karl Waldeck. Dem hatte Bruckner 1867 auf dem Klavier die f-Moll-Messe vorgespielt. Waldeck zeigte sich beeindruckt, kritisierte aber das »Et incarnatus est«. Bruckner improvisierte sofort eine neue, ganz originale Fassung dieses Satzes. Waldeck: »Und so ist es auch geblieben und in dieser Form niedergeschrieben und aufgeführt worden.« Mathias Hansen kommentiert das zu Recht so: »Es scheint nicht übertrieben, aus diesem Bericht über die Umwandlung einer Improvisation in einen definitiven Notentext den Schluß zu ziehen, daß solche Umwandlung keinen Einzelfall bildet: Daß die Improvisation als eine kompositionstechnische Schmiede oder Rüstkammer angesehen werden muß, in der wesentliche Elemente der späteren Werke ihre charakteristische Gestalt erhielten.« So haben sich im Orgelspiel Bruckners mindestens seit den Jahren in St. Florian die Keime seiner kompositorischen Visionen gebildet, und seine Erfolge als improvisierender Orgelvirtuose fallen nicht zufällig mit den ersten befreienden kompositorischen Schaffensjahren in Wien zusammen. Nicht zufällig auch begann dann wohl während des Orgelgastspiels in London die Arbeit am Finale der 2. Sinfonie c-Moll (WAB 102).

Kampf um Ansehen und materielle Existenz

Zuvor hatte es ein deutliches Ritardando der schöpferischen Arbeit gegeben, bis in den Herbst 1870 hinein. Außer dem vergeblichem Bemühen um Überarbeitung der »Nullten« Sinfonie, den Revisionen der f-Moll-Messe und dem bald wieder fallengelassenen Plan einer B-Dur-Sinfonie pausierte die Komponisten-Feder, obgleich ein einjähriges Stipendium »zur Herstellung größerer sinfonischer Werke« vom Kultus- und Unterrichtsministerium an ihn gezahlt wurde. Auffällig dagegen, wie emsig sich Bruckner nun mit zunehmend dringenderen Gesuchen um eine Verbesserung seiner finanziellen Lage mühte. Die für ihn charakteristische Mischung von Ergebenheitserklärung und massiver Drohung hat ihm dabei wenig Sympathie auch bei wohlwollenden Zeitgenossen eingetragen. So teilte im nachhinein die Witwe des Obersthofmeisters Hohenlohe-Schillingsfürst, eine Liszt-Tochter, dem Bruckner-Biographen Göllerich mit: »Mein Mann trennte sehr scharf den Künstler Bruckner, dem er als einheimischen Komponisten alle Geltung zu verschaffen suchte, von dem Menschen, der wegen seiner biedermeierlichen Pose viel Beliebtheit in einigen Hofkreisen genoß ... Diese Art war Liszt in Besonderheit zuwider – aber mein Mann und ich fanden auch, daß Bruckner mit seinen Beziehungen zum

Hof recht gut Reclame zu treiben verstand. Viele seiner Äußerungen darüber, die in der Öffentlichkeit colportiert wurden, entbehren jeder Spur von Wahrheit ... Sie werden auch Gelegenheit haben, den Komponisten in vollster Natürlichkeit zu kennen – und ein so gewaltiges Talent muß auch Urwüchsiges an sich gehabt haben. Uns zeigte er sich leider in garstiger Vermummung, – es lag eine gewisse Berechnung der selbstgefälligen Plumpheit seinen Hofmanieren zugrunde.«

Die »Berechnung« zielte zum einen eben auf die lebensnotwendige List, die eigene finanzielle Existenz zu sichern, auf das unverkennbare Streben nach Ansehen und Anerkennung, das aus dem Bewußtsein der eignenen Leistung resultierte. Zum anderen vor allem aber auch darauf, sich den Spielraum für die immer mehr ins Zentrum rückende kompositorische Arbeit zu schaffen. Dahinter steckte ein sehr gesunder Ehrgeiz. Bruckner kehrte Ecken und Kanten nach außen, um seinen Ansprüchen Gewicht zu verleihen, diente sich aber auch zum gleichen Zwecke »ergebenst« an. In wesentlich bescheidenerem Maße sehen wir ihn auf ähnlichen Pfaden wandeln wie den von ihm so angebeteten, weitaus gerisseneren und auch anspruchsvolleren Richard Wagner. Der dritte große komponierende Zeitgenosse, Johannes Brahms, unterschied sich dagegen grundsätzlich von den beiden. Er ließ sich viel weniger in die kompositorischen Karten schauen, indem er mit virtuoser Selbstverständlichkeit seinen Platz in der gehobenen Bürgerwelt einnahm.

Auch vor außerordentlichen Maßnahmen für seine finanzielle Sicherung schreckte der Professor Bruckner nicht zurück. So nahm er 1870 eine Stelle als Hilfslehrer an der Lehrerbildungsanstalt St. Anna an, gab dort bis 1874 zusätzlich zu seinen anderen Verpflichtungen für jährlich 540 Gulden Unterricht im Klavier- und Orgelspiel sowie in Musiktheorie. Bedenkt man, daß damals für eine vierköpfige österreichische Familie ein Jahresbedarf von 600 bis 800 Gulden angenommen wurde, so hat Bruckner als »Single« während der Wiener Jahre dieses finanzielle Niveau jederzeit mühelos erreicht und beträchtlich übertroffen. Als er starb, konnte er gar ein kleines Vermögen von 10.000 Gulden hinterlassen.

Für 1874 erhielt er nach mehrfachen Gesuchen ans Unterrichtsministerium ein weiteres Kompositions-Stipendium von 500 Gulden bewilligt. 1875 haben dann auch seine Anstrengungen, neben der Professur am Konservatorium einen Lehrstuhl an der Universität zu bekommen, endlich Erfolg. Er hat dieses Ziel mit erstaunlicher Zähigkeit und beträchtlichem Geschick verfolgt und dabei bemerkenswerte Eloquenz des Argumentierens entwickelt. In seiner Bewerbung vom April 1874 heißt es: *Hohes k.k.Ministerium für Cultur und Unterricht! – Der ehrfurchtsvollst Gefertigte war so glücklich, nicht nur in Österreich, sondern auch in Frankreich und*

England durch sein Orgelspiel ganz ungewöhnlich ausgezeichnet zu werden. Was aber für ihn noch viel höhere Bedeutung hat, ist insbesondere die Auszeichnung in der Composition durch Richard Wagner und Liszt, sowie durch viele der hiesigen Notabilitäten der Tonkunst, wie nicht minder durch das musikalische Publikum. Da erlaubt er sich zu erwähnen der äußerst aufmunternden hohen Anerkennung Sr. Excellenz des Herrn Ministers selbst, bei Gelegenheit der ersten Aufführung seiner großen Messe N 3. Ferner erlaubt er sich auf die enthusiastische Anerkennung bei Gelegenheit seines Konzertes am 26.Oktober v.J. von Seite des Publikums sowohl als auch besonders von den Philharmonikern selbst, die ihm zu seiner größten Überraschung, nachdem das Publikum sich entfernt hatte, eine großartige Ovation bereiteten.

Der unterthänigst Gefertigte steht bereits im fünfzigsten Lebensjahr. Die Zeit des Schaffens für ihn ist daher eine sehr kostbare. Um dahin seine ihm vor Augen gestellte Aufgabe zu erreichen, Zeit und Muse zur musikalischen Composition gewinnen und im geliebten Vaterland bleiben zu können, erlaubt sich der Unterzeichnete ehrfurchtsvoll um Creirung einer k.k. fixen Anstellung (mit Gehalt und Pensionsfähigkeit verbunden) wo möglich an der k.k. Universität für Theorie der Musik, als Harmonielehre etc. und zwar für sämmtliche Studirenden an den k.k. Hochschulen, Gymnasien etc. zu bitten.

Da an der k.k. Universität Geschichte der Musik und Gesang gelehrt wird, und auch in Berlin erst unlängst für einen Collegen eine solche Stelle an der dortigen Universität creirt wurde, ferner für einen anderen Collegen Ähnliches in Paris für Ähnliches (am dortigen Ministerium) gegründet worden ist, so gibt sich der unterthänigst Gefertigte der tröstlichen Hoffnung hin, daß auch er in seinem Vaterlande bei seiner höchsten k.k. Staatsbehörde nicht umsonst um Hochdero Gnade gebeten hat, weil er überzeugt ist, daß diese Höchste Behörde, an deren Spitze ein so bedeutender Kunstfreund und Kunstkenner in Hoher Person Sr Excellenz steht, nun auch neben der Wissenschaft die Kunst sehr fördert.

Nachdem auch anderwärts über die Vorurtheile, daß dieß kein Universitäts-Gegenstand sei, weggeschritten wurde; ferner der Unterricht ja für alle Hochschulen Statt fände; nachdem jene Studenten, die so etwas studieren, ohnedieß die ernstesten und fleißigsten sind, bei denen keinswegs zu befürchten steht, daß selbe ihr Hauptfach vernachlässigen; nachdem auf diese Weise viele oft ganz bedeutende Talente gefördert, und von nutzlosen und gefährlichen Unterhaltungen abgezogen werden; nachdem gewöhnlich obendrein, die meisten Studenten nicht die Mittel und auch die Zeit haben, das Conservatorium besuchen zu können: so glaubt der unterthänigst Gefertigte, daß er nicht vergebens um Gnadewaltung an der Pforte des Hohen k.k. Minsteriums gepocht haben dürfte.

Hanslick allerdings hat wohl Bruckners eigentliche Absicht durchschaut und sich noch einmal als Gutachter ganz sachlich gegen diesen Antrag gestellt: »Man sieht, daß Herr Bruckner über das Fach, das er lehren will, sich selbst nicht ganz klar ist, sondern nur über den Zweck, zu welchem das Ministerium ihm eine Lehrkanzel gründen soll, nämlich damit Herr Bruckner sich ungestört dem Componiren hingeben könnte.«

Der wendet sich dann mit neuem Antrag direkt an das Professorenkollegium der Philosophischen Fakultät. Hanslick repliziert, er vermisse »auch hier jeglichen Nachweis, daß Hr. Bruckner als Compositionslehrer irgendwo ersprießliche Resultate aufzuweisen habe oder hatte«. Der solchermaßen erneut Abgewiesene reicht daraufhin eigene Werke ein, seine f-Moll-Messe, die 2. Sinfonie, den 1. und 2. Satz der 4. Sinfonie. Aber am 31. Oktober 1874 treffen auch die Professoren eine negative Entscheidung. Bruckner, mitten in der Arbeit an seiner 5. Sinfonie, beschwert sich brieflich, im Februar 1875, bei Freund Mayhofer: *Eine Sinfonie, meine ich, hätte ich in der Zeit schreiben können, die ich ganz unnützer Weise hier zu solchen Zwecken verlaufern habe.* Und mit deutlich bissigem Unterton: *Für mich gab es nur zwei Wege: England in Betreff der Orgel; Theaterkapellmeister in Österreich. Beides habe ich nicht verstanden, bin auch nie aufmerksam gemacht worden, einen der 2 Wege zu betreten. – Alles ist zu spät. Fleißig Schulden machen und am Ende im Schuldenarrest die Früchte meines Fleißes genießen, und die Torheit meines Übersiedelns nach Wien eben dort besingen, kann mein endliches Los werden.*

Doch im Juli des gleichen Jahres, als Bruckner sich noch einmal um das Amt an der Universität bewirbt, stimmt dann auch Hanslick zu: »Gegen die Bestellung Bruckners als unbesoldeter Lehrer der Harmonielehre und des Contrapunktes an der Wiener Universität obwaltet kein Bedenken.« Dieser Kompromiß hebt Bruckner zwar nur auf die unterste Stufe der Universitätslehrer-Hierarchie, aber das Ziel hat er dennoch erreicht.

Freunde und Feinde

Nach den Orgel-Triumphen in Frankreich und England erhielt Bruckners Name über Österreich hinaus guten Klang. Zuhause brachten die beginnenden siebziger Jahre auch den ersehnten kompositorischen Erfolg. Im Juni 1872 erklang in der Wiener Augustinerkirche seine f-Moll-Messe. Bruckner hatte auf eigene Kosten – für 300 Gulden – das Hofopernorchester gemietet. Herbeck dirigierte die Generalprobe im Musikverein bis zum Credo, gab aber dann die Leitung an den Komponisten ab. Hanslick urteilte in der »Neuen Freien Presse«: »Bruckners f-Moll-Messe erregte

Aufsehen durch ihre kunstvolle Kontrapunktik und Fugenarbeit wie durch einzelne ergreifende eigentümliche Schönheiten. Durch Stil und Auffassung – nicht nur durch ihre großen Dimensionen und ihre schwierige Aufführbarkeit – verrät sie als Vorbild die Missa solemnis, nebenbei auch starke Einflüsse von Richard Wagner. Es wäre interessant, wenn die Messe in einer guten Konzertaufführung zu Gehör gebracht würde.« Gelegentlich späterer Aufführungen äußerte sich Hanslick übrigens wesentlich kritischer. Bruckner selbst wußte wohl, daß diese Musik den Rahmen des Kirchlich-Liturgischen sprengte. Gerade darum berichtete er Freund Schiedermayr über den Erfolg der Uraufführung: *Dem Höchsten zur Verherrlichung wollte ich das Werk zuerst in der Kirche aufführen. Die Begeisterung von Seiten der Künstler sowohl als der übrigen Anhörer war beinahe namenlos.*

Im Sommer 1872 wurde die ein Jahr zuvor noch in London mit dem Finale begonnene 2. Sinfonie c-Moll (WAB 102) vollendet. Bruckner bemühte sich im Vergleich zu seiner 1. Sinfonie, die er »das Beserl« nannte, um größere Einfachheit. Zum ersten Male erscheinen in dieser Sinfonie die berühmten Brucknerschen Generalpausen. Die Musiker gaben ihr denn auch den Spitznamen »Pausensymphonie«. Weil in ihr, zumal im Scherzo, oberösterreichische Intonationen besonders hervortreten, nannte man sie auch die »Oberösterreichische«. Bruckner wollte seine 2. Sinfonie, weil sie doch seiner Meinung nach *einen ordentlichen Vater brauche*, zunächst Franz Liszt widmen. Der aber hatte sie, bei eiliger Abreise aus Wien, im Hotel liegenlassen. Das kränkte den Komponisten tief, und so unterblieb bei der Drucklegung dann die Widmung. Das Werk wurde den Wiener Philharmonikern unter dem damaligen Leiter Otto Dessoff zur Uraufführung angeboten. Die aber lehnten es im Herbst 1872 als »unspielbar« ab. Bruckners Freunde halfen, indem sie einen Mäzen fanden, der die Uraufführung am 26. Oktober 1873 im Großen Musikvereinssaal, zum Ende der Weltausstellung, finanzierte. An einem der Streicher-Pulte der Philharmoniker saß damals Arthur Nikisch, der spätere große Dirigent und Bruckner-Interpret. Er war im gleichen Jahr wie Bruckner nach Wien gekommen und hatte dort die Kompositionsklassen des Konservatoriums absolviert. Die Proben für die 2. Sinfonie unter Bruckner hatten seine lebenslange Begeisterung für den Komponisten geweckt. 1919 erinnerte er sich daran: »Da die Philharmoniker unter Hans Richter infolge fortgesetzter Wühlereien aus dem Kreise um Brahms – er selbst stand, wie ich von ihm selbst weiß, diesem Treiben ganz ferne – für Bruckner in keiner Weise zu haben waren, bewogen seine Verehrer den Fürsten Liechtenstein, die Mittel zu einem Sonderkonzert zur Verfügung zu stellen, in dem das Hofopernorchester unter Bruckners Leitung dessen Zweite spielte, die erste seiner Sinfonien, die in Wien erklang. Ich höre noch, wie Bruckner, als er an das Pult trat, zu uns sagte: *Alsdann, meine Herren, wir können probieren, so lang' wir wollen; ich hab' an'n, der's zahlt!* Die Sinfonie erweckte beim Mitspielen sofort jene Begeisterung in mir, die ich jetzt, nach 46 Jahren, noch ebenso für sie und ihre Schwestern empfinde.« Damals soll Bruckner Nikisch gegenüber die Generalpausen im Stück so erläutert haben: *Ja, sehen's, wenn i etwas Bedeutungsvolles zu sagen hab', muß i doch vorher Atem schöpfen.*

Waren die Musiker, Nikisch anscheinend ausgenommen, zwar wenig begeistert, mißtrauisch und wohl auch spöttisch zu den Proben gekommen, so gab es doch, wie die Presse berichtete, eine sehr erfolgreiche Uraufführung. Bruckner eröffnete den Abend als Organist: Mit der d-Moll-Tokkata Bachs und einer freien Improvisation. Sein Orgelspiel löste Begeisterungsstürme aus, aber ebenso seine neue Sinfonie. Nachdem sich das Publikum aus dem Saale entfernt hatte, feierten die offensichtlich nun doch inflammierten Philharmoniker ihren total verdutzten Komponisten-Dirigenten mit rauschender Ovation. Im »Fremdenblatt« hieß es: »Der Applaus und der Hervorruf wollten kein Ende nehmen. Es ist kein gewöhnlicher Sterblicher, der aus dieser Musik spricht. – Was die Stilrichtung dieser Symphonie betrifft, so ist sie bestrebt, die neuen und neuesten musikalischen Errungenschaften mit der klassischen Tradition zu verweben. Jedenfalls tritt uns aus dieser Symphonie eine musikalische Persönlichkeit entgegen, welcher die zahlreichen Gegner, die sie gefunden, nicht würdig sind, die Schuhriemen aufzulösen. Er kann lächeln über seine Widersacher, denn an Wissen und Können stehen sie unendlich weit unter ihm.« In der »Neuen Freien Presse« kritisierte Hanslick zwar die »unersättliche Rhetorik, und die mitunter haltlos zerfallende musivische Form«, mußte aber auch zugeben, daß »das in größten Dimensionen ausgeführte Tonwerk, welchem sehr ernster, pathetischer Charakter ebensowenig abzusprechen ist als zahlreiche schöne bedeutende Einzelheiten« eine »geradezu enthusiastische Aufnahme« gefunden habe, »welche dem bescheidenen, energisch strebenden Komponisten von Herzen zu gönnen ist«. Der glückliche Komponist wollte seine Sinfonie den Philharmonikern widmen, hatte damit aber kein Glück. Durch seinen Beitritt zum Wiener »Akademischen Richard Wagner-Verein« hatte er es bei vielen Musikern und Musikbeamten der österreichischen Metropole wieder einmal verdorben.

Derweil war Bruckner aber unverdrossen schon zu neuen Taten geschritten. Bereits im Februar 1873 hatte er die Skizzen zum ersten Satz seiner 3. Sinfonie d-Moll (WAB 103) beendet, und am 31. Dezember 1873 *nachts war das Werk ganz fertig*. In ihm ist Bruckner wieder ganz und ohne Rücksicht er selbst. Die Grundtonart erinnert nicht zufällig an Beethovens 9., weist aber auch schon auf Bruckners spätere 9. Sinfonie voraus. Der Blechbläser-Choral, die Koppelung drei- und zweigeteilter Takthälften im Themenmaterial sind und bleiben nun ›brucknerisch‹. Schon während des Entstehens dachte der Komponist bei dieser Sinfonie an eine Widmung für Wagner. In ihrer Urgestalt barg sie schließlich auch mehrfach Wagner-Zitate (aus »Tristan und Isolde«, »Walküre«, »Tannhäuser«, den »Meistersingern«). Nach der Beendigung der Skizzen zum letzten Satz reiste der Komponist über Karlsbad und Marienbad denn auch nach Bayreuth, um den verehrten Meister um Annahme der Widmung seiner 2. oder der neuen 3. Sinfonie zu bitten. Er hat später darüber selbst ausführlich berichtet, 1891, in einem Brief an den Baron Wolzogen: *Es war circa anfangs Sept. 873, (Kronprinz Friedrich war eben in Bayreuth), als ich den Meister bath, meine 2. Cmoll und 3. Dmoll vorlegen zu dürfen. Der Hochselige weigerte sich wegen Mangel an Zeit (Theaterbau) und sagte, er könne jetzt die Partitur nicht prüfen, da selbst die ›Nibelungen‹ auf die Seite gelegt werden mußten. Als ich erwiderte: ›Meister, ich habe kein Recht, Ihnen auch nur ¼ Stunde zu rauben, und glaubte nur bei dem Hohen Scharfblick des Meisters genüge ein Blick auf die Themen, und der Meister wissen, was an der Sache ist.‹ Darauf sagte der Meister, mich auf die Achsel klopfend: ›also kommen Sie‹, ging mit mir in den Salon u. sah die 2. Sinf. an. ›Recht gut‹, sagte er, schien ihm aber doch zu zahm gewesen zu sein, (denn in Wien hatte man mich anfangs ganz zusammengeschreckt), und nahm die 3. (D-moll) vor; u. mit den Worten ›schau, schau – a was, a was‹ – ging er die ganze 1. Abteilung durch, (die Trompete hat Höchstderselbe besonders erwähnt), und sagte dann: ›lassen Sie mir dieses Werk hier, ich will es nach Tisch (es war 12 Uhr) noch genauer besichtigen.‹ Darf ich meine Bitte vorbringen, dachte ich mir, wozu mich der Wagner aufforderte. Recht schüchtern und pochenden Herzens sagte ich dann zu dem heißgeliebten Meister: ›Meister! ich habe etwas am Herzen, was ich mir nicht zu sagen getraue!‹ Der Meister sagte: ›heraus damit, Sie wissen doch, wie lieb ich Sie habe‹. Hierauf brachte ich meine Bitte vor, aber nur für den Fall, daß der Meister einigermaßen zufrieden sein sollte, da ich Seinen Hochberühmten Namen nicht entheiligen wolle. Der Meister sagte: ›Abends 5 Uhr sind Sie im Wahnfried geladen, da werden Sie mich treffen, u. nachdem ich die Dmoll Sinfonie bis dahin genau angesehen haben werde, wollen wir dann über diesen Punkt sprechen.‹*

Jene Momente, da Wagner seine Partituren durchsah, beschrieb der Komponist so: *Mir ist dabei gerade so gewesen, wie einem Schulbuben, dem der Lehrer das Heft korrigiert, und jedes ›Schau, schau‹ habe ich für einen roten Strich gehalten. Weil ich aber schon einmal im Bitten darin war, so habe ich halt auch noch das herausgestottert, daß er die Widmung der Sym-*

phonie annehmen möge, denn das sei die einzige, aber auch die größte Auszeichnung, die ich von der Welt verlange.

Die Stunden bis zum Treffen bei Wagner um Fünf wurden Bruckner lang. Er trieb sich in den Straßen Bayreuths herum und landete endlich auf der Baustelle des Wagner-Theaters auf dem Grünen Hügel. Die Arbeiten dort interessierten ihn so, daß er den Termin beim »Meister« völlig verschwitzte. Der wartende Wagner schickte einen Diener nach ihm. Der fand Bruckner zwischen den Baugerüsten – mit stark verschmutztem, schwarzem Anzug. Natürlich war der Säumige nun entsetzt. Den Arbeitern rief er verzweifelt zu: *Putzt's mi ab, Leutl'n, putzt's mi ab!,* um nach der oberflächlichen Reinigung dann zu Wagners Domizil zu eilen. Im Brief erzählt Bruckner weiter: *Zuerst hat er gar nichts g'redt, nur um den Hals is er mir g'fall'n und abküßt hat er mich ein übers andere Mal. Ich hab' natürlich gleich weinen müssen und das ist auch dann nicht besser geworden, wie er mir endlich gesagt hat: ›Lieber Freund, mit der Dedikation hat es seine Richtigkeit, Sie bereiten mir mit dem Werke ein ungemein großes Vergnügen.‹ – 2 ½ Stunden bin ich dann so glücklich gewesen, neben dem Meister zu sitzen, wo er die musik. Verhältnisse Wiens besprach, mir Bier entgegen brachte, mich in den Garten führte und mir sein Grab zeigte!!! Dann mußte (vielmehr) durfte ich, der Hochbeglückte, den Meister in ein Haus begleiten.*

Von diesen Stunden in »Wahnfried« wußte ein Zeuge, der Bildhauer G.A.Kietz, in seinen Wagner-Erinnerungen zu berichten: »Als ich gestern nachmittag bei meinen Arbeiten noch allein war, brachte der Diener Wagners ein Fäßchen Bier herein und stellte es auf. Ich fragte: ›Was soll das?‹ – ›Es kommt Besuch‹, antwortete er. Nicht lange darauf kamen Wagner, dessen Frau und ein kleiner Herr, den mir Wagner als Herrn Anton Bruckner vorstellte. Obgleich nun die folgende Unterhaltung sehr lebhaft wurde, achtete ich nicht viel darauf, da ich mit meiner Büste, zu der Frau Cosima stand, beschäftigt war. Ich hörte nur, daß von Musik gesprochen wurde, der fremde Herr von der Begeisterung der Wiener über den ›Lohengrin‹ erzählen wollte und Wagner immer abwehrend sagte: ›Ach, lassen Sie das, ich kenne das, da kommt ein Schwan mit einem Ritter, das ist einmal etwas Neues und anderes, hier, trinken Sie lieber, das ist ein herrlicher Trunk, ›Weihenstephan‹, und dabei hielt ihm Wagner ein volles großes Glas hin – ›auf Ihr Wohl!‹ – ›Um Gotteswillen, Meister, das kann ich ja nicht und wäre es mein Tod, ich komme ja soeben aus Marienbad!‹ – ›Ach was‹, rief Wagner, ›das macht Sie gesund, trinken Sie!‹ Und er schenkte von Neuem ein Glas voll und der gute Bruckner trank und trank, trotz Jammer und Gegenwehr, die seine musikalischen Gespräche immer von neuem in komischer Weise unterbrachen. Als ich früh am anderen Morgen in meinem Hotel im Gastzimmer beim Frühstück saß, trat Bruckner herein. Sowie er mich erblickte, stürzte er auf mich zu mit den Worten: ›Ach, Herr Hofrat, welches Glück, daß ich Sie sehe – ich bin der unglücklichste Mensch! Sie haben doch gestern gehört, daß ich dem Meister mehrere Symphonien zur Auswahl für eine Widmung geschickt habe und nun bin ich in der fürchterlichen Lage, daß ich mich durchaus nicht besinnen kann, welche davon der Meister gewählt hat. O das Bier, das schreckliche Bier!‹ ›Es tut mir leid‹, sagte ich, ›ich habe bei meiner Arbeit nicht auf das Gespräch achten können. Ich entsinne mich nur, daß ich von einer Symphonie in D-Moll sprechen hörte, weil ich sofort dachte, es sei von der Beethovenschen Neunten die Rede, und dann wurde auch einmal von einer Trompete gesprochen.‹ Da kam wieder das echte Wiener Kind heraus. Bruckner umarmte mich stürmisch, küßte mich und rief immer dazwischen: ›Ach, Herr Hofrat, lieber Herr Hofrat (wie ich zu diesem Titel kam, weiß ich heute noch nicht), wie danke ich Ihnen! Jawohl, die D-Moll hat ja der Meister angenommen! ach, welches Glück, daß ich nun weiß, welche von den zweien.‹«

Aber noch immer plagten Bruckner Zweifel, und so schickte er auf einem blauen Blatt Papier selbst noch einmal die Frage nach, ob die für die Widmung gewählte die 3.Sinfonie sei: *Symfonie in Dmoll, wo die Trompete das Thema beginnt.* Und Wagner schrieb darunter: »Ja! Ja! Herzlichen Gruß! Richard Wagner.«

Unter dem 14. Juni 1874 bedankt sich dann Cosima Wagner für die an ihren Gatten übersandte Partiturabschrift und bemerkt: »Er hat mit Direktor Hans Richter Ihre Symphonie durchgenommen und sich der Arbeit selbst, sowie der Widmung derselben ungemein gefreut und um Ihnen seinen Dank kund zu geben, so ladet er Sie freundlichst zu den Aufführungen, welche – so Gott will – im Jahre 1876 stattfinden werden, ein. Bis dahin aber hofft er noch einen Augenblick zu finden, um Ihnen mit eigenen Worten zu sagen, was ich ungenügend hier ausgedrückt habe.«

Bruckners Wagner-Verehrung – man hat deswegen schon zu seinen Lebzeiten einen bedingungslosen Wagnerianer aus ihm machen wollen. Solcher Vereinfachung sollte indes mit Vorsicht begegnet werden. Sicher hat Wagner sich die Verehrung des Österreichers wohlwollend gefallen lassen. Er hat sie, wie es so seine Art war, genutzt, hat sich auch gelegentlich großzügig revanchiert durch vollmundige Versprechungen, indem er zum Beispiel Aufführungen Brucknerscher Werke unter seiner eigenen Leitung verhieß. Dazu kam's jedoch niemals. Gewiß hat er bei der Durchsicht Brucknerscher Partituren seinen Einfluß auf Klang und Instrumentarium des Jüngeren gnädig vermerkt. Ob eine »Zitadelle« aus Themen seiner eigenen Arbeiten ihm besonderes Vergnügen bereitete, darf füglich bezweifelt werden. Ansonsten konnte er mit dem seltsamen Kauz und Professor aus Wien wohl nicht allzuviel anfangen. Durchaus charakteristisch ist jene Notiz, die sich unter dem 22. April 1881 in Cosima Wagners Tagebüchern findet: »Richard träumt, daß ein Papst mit dem Aussehen von dem Musiker Bruckner ihn besuche, durch meinen Vater eingeführt (ungefähr Kaiser von Brasilien), und wie Richard ihm die Hand küssen will, küßt sie ihm S.Heiligkeit und nimmt darauf eine Flasche Cognac mit.«

Bruckner wiederum ist bei persönlicher Begegnung dem eloquenten und verführerisch liebenswürdigen Charme des Meisters vom Bayreuther Grünen Hügel zwar total erlegen gewesen, aber mit gesundem Instinkt hat er aus dessen Werk Anregungen genommen, die dann doch in seine ganz andere, eigene Klangwelt eingeschmolzen wurden. Der Musikdramatiker Wagner und der Sinfoniker Bruckner, der Ketzer und der Katholik, hatten sich ansonsten im Grunde wenig zu sagen. Sie gingen sehr getrennte Wege. Sicher hat die »Tristan«-Chromatik, haben die Wagnerschen Bläserklänge ihren wichtigen Nachhall in den Brucknerschen Partituren gefunden. Aber der Organist, Messen-Komponist und Sinfoniker Bruckner hat auch aus solchen Anregungen Eigenes gemacht. Er hatte nicht den nötigen Sinn für Wagners Musikdramatik, er hörte und erlebte Wagner-Musik »an sich«, nicht in ihrer funktions- und gestaltbildenden Beziehung zur Bühne. Freilich ist er bei den Zeitgenossen ungewollt und ungewünscht im ›neudeutschen‹ Lager gelandet, in dem – zumal seit Liszt und Berlioz – aus der Sinfonie die Sinfonische Dichtung wurde. Aber Bruckner war kein ›Programm-Musiker‹. Und wenn er gelegentlich den Versuch machte, seine Sinfonien ›programmatisch‹ zu erklären, dann blieb das aufgesetzt und unbeholfen, wenn auch nicht uninteressant.

Für Wagner war der Weg der Sinfonik aus den Gefilden der Klassik mit Beethovens 9. Sinfonie abgeschlossen, Vorstufe zu seinem ›Kunstwerk der Zukunft‹. Bruckner dagegen führte die Sinfonik der Klassiker über Schubert hinaus auf neue Weise weiter. Er nutzte die Künste der Alten in Klang und kontrapunktischem Linienspiel, revolutionierte die Orchestermusik, indem er aus dem klassischen Formschema, insbesondere der Sonatenform, ausbrach, zu neuen strukturellen Ordnungen fand, die neuen, chromatisierten Klänge seiner Zeit einbaute. Das war kühn, mutig und revolutionär auf eigene Weise. Es trug aber wohl auch das Kainsmal einer zu Ende gehenden musikalischen und politischen Epoche, für die Bruckners österreichische Heimat das ideale Feld war. An die Stelle der instrumentalen Dramaturgie der Klassiker mit ihrer Themen-Dialektik und der Durchführung, ihren humanen Visionen, trat bei Bruckner der ringende Glaube, die gebetartige, beschwörende Suche nach Erlösung, nach menschlicher Befreiung, die aus Zweifeln und Bedrohungen der Welt Bestätigung und

Halt suchte bei höherer Instanz, zugleich aber in Schmerz und Ringen der Menschenwelt doch unlösbar verbunden blieb.

Dieses brucknersche Musikerbe sollte denn auch künftig wirksam werden. Wir treffen es wieder im 20. Jahrhundert in den Sinfonien Paul Hindemiths oder denen Dmitri Schostakowitschs. Ganz unmittelbar ist es auch aufgehoben in der Musik eines Komponisten, der als junger Mann in Wien engen Kontakt zu ihm hatte und der einer der bedeutendsten schöpferischen Musiker am Ende des vorigen und am Beginn dieses Jahrhunderts war: Gustav Mahler. Mahler war als junger Mann oft mit Bruckner zusammengekommen. Er hatte zu einem Kreis junger Musiker gehört, mit denen Bruckner mittags gern verkehrte und sich unterhielt. »Bruckner zahlte das Bier, und Mahler mußte sich die Semmeln selbst zahlen, und da Mahler damals nie Geld hatte, so war damit sein Mittagessen erledigt«, erinnerte sich Alma Mahler. Von ihrem Mann hörte sie viel über die drastischen Unterrichtsmethoden Bruckners: »Diese Methoden waren äußerst naiv, aber anschaulich. Er fragte seine Schüler: ›Wißt's, was a Vorhalt in der Musik ist? Also, nachher schaugts her!‹ Er zog ein ungeheuer schmutziges Sacktuch aus der Hosentasche. ›Das is dreckig, was? Is a unreiner Akkord.‹ So, und nun zog er ein reineres hervor. ›Das is also besser – leitet scho über.‹ Und nun kam ein blütenweißes Tuch zum Vorschein. ›So, und jetzt san mar in der Tonika.‹«

Als erste Veröffentlichung Mahlers erschien übrigens 1878 ein im Auftrage Bruckners angefertigter Klavierauszug von dessen 3. Sinfonie. Alma Mahler berichtete: »Als Mahler mit dem fertigen ersten Satz ankam, freute sich Bruckner kindisch und sagte verschmitzt lächelnd: ›Jetzt brauch 'i die Schalks nimmer!‹ – Dieser Satz wurde bei allen möglichen und unmöglichen Gelegenheiten im Hause Mahler angewandt.« Von Mahler hatte Alma auch den Bericht über ein Erlebnis der Mutter seines Jugendfreundes Hans Rott, eines Bruckner-Schülers. Diese Dame, so Alma Mahler, »klopfte einst an einem heißen Sommertag bei Bruckner an, um sich über die Fortschritte ihres Sohnes zu erkundigen. Lautes ›Herein‹, und sie stand im Zimmer. Bruckner aber kam ihr, splitternackt aus einem Tub gestiegen, entgegen, um ihr die Hand zu schütteln. Sie entfloh schreiend. Er aber konnte lange nicht begreifen ›was die Frau denn habe‹? Er hatte in der Arbeit die Außenwelt vergessen. An heißen Tagen pflegte er in der Badewanne – daneben einen Sessel, auf dem die Partitur lag – zu komponieren.«

Mahler hat sich als Musiker lebenslang für die Musik Bruckners eingesetzt. Um 1890 schrieb er an Bruckner: »Sehr lieber, verehrter Herr Professor! Ich weiß, Sie sind schon seit langem böse auf mich – aber glauben Sie mir es, Sie tun mir Unrecht. Ich bin nur ein wenig auf den Wogen des

Lebens umhergetrieben und jetzt noch immer auf hoher See! Aber in alter Verehrung und Freundschaft denke ich an Sie und es gehört mit zu meinen Lebenszielen, Ihrer herrlichen Kunst und Meisterschaft zum Siege zu verhelfen! Bald hoffe ich das beweisen zu können! Ihr treu ergebener Mahler.« Und er hat dem Taten folgen lassen. Er setzte sich für Bruckners Sinfonien in New York ein. 1892 schrieb er aus Hamburg an Bruckner: »Endlich bin ich so glücklich, Ihnen schreiben zu können: ich habe ein Werk von Ihnen aufgeführt. Gestern (Karfreitag) dirigierte ich Ihr herrliches und gewaltiges ›Te Deum‹ – An der Aufführung hätten Sie Ihre Freude gehabt. Ich habe selten ein Personal in solcher Begeisterung gesehen, wie gestern. – Bruckner hat nun seinen siegreichen Einzug in Hamburg gehalten.« Im Februar 1899 brachte er, freilich in stark gekürzter Fassung, Bruckners 6. Sinfonie zur Uraufführung. 1902 teilte er dem Bruckner-Biographen August Göllerich mit: »Bis zur Vollendung seiner VII. (Bruckners, H.Sch.) hat mein Verkehr mit ihm gedauert. Ich erinnere mich noch heute mit Vergnügen, daß er mich eines schönen Morgens, während einer Vorlesung an der Universität aus dem Hörsaal rief (zum Erstaunen der Kollegen) und mir auf einem sehr verstaubten Klavier das wundervolle Thema des Adagios vorspielte. – Nach seiner Art, die Sie ja kennen, und die damals noch durch jugendliche, beinahe kindlich ungetrübte Heiterkeit und die ihm innewohnende Vertrauensseligkeit trotz des großen Altersunterschiedes den Charakter eines Freundschaftsverhältnisses zuließ, war es natürlich, daß ich zu einer Kenntnis und Erkenntnis seines Lebens und Strebens gelangen mußte, die andererseits auf meinen Bildungsgang als Künstler und Mensch nicht ohne Einfluß geblieben sein kann. Und so darf ich mich allerdings mit mehr Recht als die meisten Anderen seinen ›Schüler‹ nennen, und werde dies immer in dankbarer Verehrung tun.«

Bruckner-Musik hat schließlich auch zum produktiven Streit in der Familie Mahler geführt. Gustav spielte der Gattin seine soeben vollendete 5. Sinfonie vor. Alma kritisierte den Choral am Schluß des Werkes. Mahler: »Aber Bruckner!« Darauf Alma: »Der darf, du nicht!« Nicht vergessen werden sollte schließlich auch der materielle Einsatz Mahlers für seinen ›Meister‹: Als die Universal-Edition Bruckners Werke in Verlag nehmen wollte, informierte man Mahler und teilte ihm mit, das könne nur geschehen, wenn Mahler ihr auch seine Sinfonien überließe und bereit sei, den Ertrag aus seinen Werken mit den für die Bruckner-Ausgaben zu zahlenden Geldern (50.000 Kronen) zu belasten. Alma erinnerte sich: »Mahler fand das gut und richtig. Er übernahm das neue Passivum aus Liebe zu Bruckner, ohne einen Moment darüber nachzudenken, daß er sich dadurch auf weitere 15 Jahre um jeden Gewinn geschädigt hatte. Es ist ›selbstverständlich‹, daß Mahler aus dem Gewinn bei den Werken Bruckners nie einen

Kreuzer bekam, – und auch nie erwartet hat. Das war ein großes Geschenk an seinen tiefverehrten toten Freund.« In sein Handexemplar des Brucknerschen »Te Deum« strich Mahler übrigens auf der Titelseite die Besetzungsangaben dick durch und schrieb daneben die schönen Worte: »für Engelzungen, Gottselige, gequälte Herzen und feuergeläuterte Seelen«.

Dabei stand er dem Älteren durchaus nicht unkritisch gegenüber. So ist in einem Brief an seine Frau Alma 1904 zu lesen: »Nachdem ich den ganzen Brahms durchhabe, bin ich wieder zu Bruckner übergegangen. Sonderbare Mittelmaß-Menschen. Der Eine war zu lang ›im Löffel‹, der Andere muß erst hinein. Jetzt halte ich bei Beethoven. Es gibt nur *den* und *Richard* – und sonst *Nichts*! Merk Dir's!« Zudem nahm Mahler bei Bruckner einen freilich meist schamhaft verborgenen Antisemitismus war, der im damaligen Linzer und auch Wiener Milieu keine Seltenheit war. Jüdischen Musikern, den »Herren Israeliten«, begegnete er mit vorsichtiger Reserve. Was ihn nicht hinderte, wie sein verehrter Meister Wagner die Leistungen bedeutender jüdischer Musiker, Dirigenten zumal, hochzuschätzen und anzuerkennen.

In Wien sind es vor allem jüngere Musiker gewesen, die sich rasch um den Sinfoniker Bruckner geschart haben. Neben Gustav Mahler ist da vor allem Hugo Wolf zu nennen. Im Umkreis der 3. Sinfonie, die Bruckner selbst gern »die Wagner-Sinfonie« nannte, kam es auch zu den ersten Versuchen von Schülern und durchaus verantwortungsbewußten Dirigenten, Wege zu finden, um die den damaligen Hörern wie auch den Musikern zu kompakt, zu harmonisch exzessiv, zu umfänglich erscheinenden Werke zu ›glätten‹, konservativeren Hörgewohnheiten anzupassen. Seine 3. Sinfonie hat Bruckner in ihrer ersten Fassung nie gehört. Er selbst war es, der bereits 1874 eine Überarbeitung der Partitur vornahm. 1878 und 1890 entstanden eine zweite und eine dritte Fassung, in denen er fast alle Wagner-Zitate strich. Änderungsvorschläge kamen hier auch von Franz Schalk. Der wie auch sein Bruder Josef und dazu noch manch anderer versuchten immer wieder, mit entsprechenden Vorschlägen Bruckner zu bewegen, seine Musik den herrschenden Vorstellungen anzupassen. Oft ist der immer unsichere Komponist solchen Anregungen gefolgt. Im Falle der 3. Sinfonie kam ihm aber auch Mahler zu Hilfe, wie ein Brief Josef Schalks an seinen Bruder vom 13. Juli 1888 belegt. Dort hieß es, Bruckner sei »durch den zufällig in Wien anwesenden Herrn Mahler kopfscheu« gemacht worden und wolle »jetzt wieder die alte Partitur drucken lassen«. Josef rät dem Verleger, den Druck hinauszuschieben. »Von der bereits begonnenen Ausgabe mußten 50 Platten infolge der durch Mahler verursachten Sinnesänderung Bruckners wieder vernichtet werden.«

Hier ist es Mahler gewesen, der Bruckner vor den sicherlich wohlmeinenden Ratschlägen seiner Freunde und Schüler in Schutz genommen hat. In anderen Fällen hat sich Bruckner auch selbst gegen gutgemeinte Empfehlungen gewehrt und zum Beispiel eine von Ferdinand Löwe angefertigte Fassung der späteren 4. Sinfonie abgelehnt.

Die 3., die »Wagner-Sinfonie«, bescherte ihm in Wien den ersten großen Konzertskandal. Bruckner hatte auch dieses Werk bei den Wiener Philharmonikern eingereicht. Wieder gab es ein Probespiel, das von den Musikern negativ beschieden wurde. Auch ein überzeugter Wagner-Anhänger, Hans Richter, der dann die Direktion der Philharmoniker übernommen hat, brachte nicht den Mut auf, eine Aufführung gegen das Orchester durchzusetzen, obgleich er sich, von Wagner bestärkt, für das Werk ausgesprochen hatte. Bruckners Freund Johann Herbeck wollte die Aufführung wagen, starb aber am 28. Oktober 1877. Nun trat Bruckner selber ans Pult und stellte die im April abgeschlossene 2. Fassung seiner »Wagner-Sinfonie« vor. Die Uraufführung am 16. Dezember geriet jedoch zur Katastrophe. Aufsässigkeit und Mißmut des Orchesters teilten sich auch den Hörern mit. Schließlich ergriff das Publikum unter dem Gelächter der Musiker die Flucht. Nur wenige Anwesende, Mahler unter ihnen, hielten zu dem verzweifelten Komponisten. Hanslick beschrieb unter dem Eindruck dieser Premiere, die neue Bruckner-Sinfonie sei ihm als Vision erschienen, »wie Beethovens 9. mit Wagners ›Walküre‹ Freundschaft schließt und endlich unter die Hufe ihrer Pferde gerät«.

Sowohl die Vorschläge zur Bearbeitung und Glättung des grandiosen sinfonischen Kolosses als auch der Mißerfolg der Uraufführung machen aus heutiger Sicht deutlich, daß wohlwollende wie mißgünstige Zeitgenossen gefühlt haben, hier ist ein neuer, Traditionen nicht verlassender, aber gründlich umschmelzender sinfonischer Weg begonnen worden. Bruckner indes geriet in Isolierung, und er geriet in den Streit zwischen Wagnerianern und Konservativen. Dazu kam, daß in Wien zur gleichen Zeit Johannes Brahms sich erfolgreich durchsetzte, der von seinen Verehrern und Propagandisten (Hanslick zum Beispiel) zu Bruckners Antipoden aufgebaut wurde. Daß Brahms selbst sich aus solchen Konfrontationen nobel heraushielt, ist nicht nur durch Arthur Nikisch bezeugt. Er war ja mit manchem Propheten seincs eigenen Ruhmes, so auch Hanslick, durchaus nicht immer glücklich. Der verschlossene Norddeutsche Brahms, der sich der Welt gleichwohl entgegenkommender zeigen konnte als der bäurisch ungelenke, ebenso schnell zu begeisternde wie zu enttäuschende, naivere und zugleich stets mißtrauische Bruckner – die beiden waren nach Herkunft und Charakter ohnehin kein gutes Paar. Bruckner neigte bald dazu, in Brahms wie in Hanslick unversöhnliche Feinde zu sehen. Die beiden ›Kontrahenten‹ litten zudem unter der auch im heutigen musikalischen Wien durchaus noch lebendigen Kolportage-Sucht. Bemerkungen des einen über den anderen wurden zugespitzt weitergetragen, provozierten so bittere Repliken und schufen zwischen ihnen, die offiziell durchaus sachlich miteinander verkehrten, eine Grundstimmung des Mißtrauens, der vorsichtigen Abwehr.

In Wien sind sie sich öfter begegnet. Es soll auch einmal ein ›zwangloses‹ Treffen im Gasthaus »Roter Igel« gegeben haben. Aber die Anekdote berichtet, daß sie sich nur sehr zurückhaltend und wortkarg gegenübergesessen hätten. Belegt ist ein gemeinsames Musizieren im November 1872. Brahms war neuernannter Leiter der »Gesellschaft der Musikfreunde« und gab im Musikvereinssaal ein Konzert, an dem auch Bruckner mitwirkte. Er spielte im »Te Deum« Händels die Continuo-Orgel. Wenige Tage später wurde in diesem Saal auch eine neuerbaute Orgel eingeweiht. Brahms bot mit seinem Chor Motetten alter Meister, und Bruckner hatte die verschiedenen Register der neuen Orgel improvisierend vorzuführen. Nach seiner Gewohnheit suchte er in kühnem Zugriff auf ungewohnte Harmonien den Klangreichtum des Instruments zu demonstrieren, fantasierte über Wagnersche Themen und unbedenklich auch über ›vaterländische‹ Lieder. Das ging dem stilistisch empfindsamen Brahms gegen den Strich. Bruckner wiederum fühlte sich beim Händel-Werk in der Rolle des Continuo-Spielers absichtlich unterfordert. Also auch hier keine Harmonie.

Andererseits berührte Bruckners manchmal geradezu devotes Auftreten bei Begegnungen mit Brahms oder auch Hanslick die Betroffenen peinlich. Als Bruckner bei der Generalprobe für sein Streichquintett dem ebenfalls geladenen Hanslick entgegeneilte, ihm aus dem Pelz half, während des Spieles kein Auge von ihm ließ und beim Abschied seine Hand zu küssen suchte, stieß solches Gebaren auf Unverständnis und Abwehr.

Der Leidensweg

Die permanente Hoffnung auf kompositorischen Erfolg und immer wieder die Enttäuschung einerseits, die ständigen Mühen der Lehrtätigkeit auf der anderen Seite, dazu aber eben auch die unermüdlich weitergeführte, anstrengende kompositorische Arbeit machten Bruckner das Leben schwer. Er arbeitete bis in die Nacht und ging dann trotzdem regelmäßig früh zur Messe. Geselligkeit in kunstverständigen Kreisen fand kaum statt. Dort präsentierte sich der Mann aus Ansfelden eher als Kuriosum, als dankbares Streitobjekt in Ablehnung und Verehrung. Gelegentliche Gasthausbesuche mit gutem Essen, dort – wie schon beschrieben – im

Kreise von Schülern, bot die wenigen Abwechslungen. Mit viel Vergnügen soll er auf Bälle zur Faschingszeit gegangen sein. Man sah ihn auf dem »Juristenball«, den Veranstaltungen des Schriftstellervereins »Concordia«, dem »Ball der Industriellen« und auf den »Künstlerabenden« als unentwegten Bewunderer des schönen Geschlechts. Mit Vorliebe freilich der hübschen jungen Mädchen, die immer weniger zu dem älter werdenden »Herrn Professor« passen wollten.

1877 wechselte Bruckner die Wohnung. Ein Verehrer, Dr. Oelzelt, wohlhabender und gebildeter Wiener Bürger, verhalf dem Komponisten zur neuen Wohnung in seinem Haus Hessgasse 7. Im 4. Stock bezog Bruckner dort ein im Vergleich zum alten wesentlich komfortableres und zugleich billigeres Domizil, in dem er sich wohlfühlte. Er bewohnte es bis 1895. Die erste wichtige Komposition, die in dieser neuen Wohnung begonnen wurde, war das Streichquintett F-Dur (WAB 112). Die Anregung dazu hatte der bedeutende Geiger Joseph Hellmesberger gegeben, Primarius eines berühmten Quartetts und zugleich Direktor des Wiener Konservatoriums. Bruckner griff Hellmesbergers freundliche Anregung, er möge doch auch einmal etwas für Kammerbesetzung komponieren, unverzüglich und begierig auf. Für ihn war die freundlich gemeinte Anregung sogleich dringlicher Wunsch eines heißen Verehrers. Aber auch in diesem Falle wurde seine Geduld auf harte Proben gestellt. Hellmesberger zögerte die Aufführung hinaus, fand den Scherzo-Satz zu schwierig, so daß der gefügige Bruckner statt dessen ein Intermezzo komponierte. Dieses wurde dann wieder durch das originale Scherzo ersetzt. Die Uraufführung überließ Hellmesberger im November 1881 dem Akademischen Wagner-Verein, und erst im Januar 1885 spielte er es mit seinen Musikern selbst.

Erst vier Jahre nach der Katastrophe der Uraufführung seiner 3. Sinfonie kam es zu einer neuen sinfonischen Bruckner-Premiere, der 4. Sinfonie Es-Dur (WAB 104). Bruckner war ein gründlicher, langsam vorgehender Komponist. 1874 hatte er diese Sinfonie in erster Fassung abgeschlossen. Dann revidierte er die Partitur bis 1880 (2. Fassung unter Einbeziehung einer Baß-Tuba im Orchester), während er auch am Streichquintett arbeitete. Eine weitere Umarbeitung folgte 1881. Schließlich veranlaßte die Anfrage des in New York als Dirigent wirkenden Bruckner-Schülers Anton Seidl 1886 eine neuerliche Revision, aus der nach der Meinung des Bruckner-Forschers Nowak die »Fassung letzter Hand« resultierte (3. Fassung). Zur gleichen Zeit überarbeitete Bruckner aber auch seine 2. Sinfonie noch einmal. Während er an neuen Werken saß, griff er immer wieder auf die früheren Sinfonien zurück, bearbeitete und veränderte sie. Dabei kam nicht selten das Neue ins Stocken. Bis zu jener schier grotesken Situation am Ende seines Lebens, da Bruckner buchstäblich bis zum letzten

Atemzuge an seiner letzten, der 9. Sinfonie (WAB 109), schrieb, sie unvollendet lassen mußte, zugleich aber ständig auf ältere Werke zurückgriff und sie in neue Fassungen zu bringen suchte.

Die Uraufführung der klangprächtigen, »romantischen« 4. Sinfonie erfolgte am 20. Februar 1881. Es spielten die diesmal gut vorbereiteten Wiener Philharmoniker unter Hans Richter. Der Abend wurde endlich wieder ein großer, durchschlagender Erfolg für den Komponisten, der ihn mit *staunenswerth* kommentierte. Im »Neuen Wiener Tagblatt« urteilte der Bruckner wohlgesonnene Wilhelm Frey unter der Überschrift »Musikalischer Ausnahmefall«: »In diesem musikalischen Herzen lebt eine solche Fülle von neuen Gedanken, in diesem Geiste sprüht es von so zahllosen neuen Kombinationen, daß man gar nicht müde wird, denselben zu folgen und nur immer beklagt, daß dieser Reichtum gar so – verschwenderisch ist. Die Fülle geistvoller Ideen verleugnet sich nirgends und es ist nur ein gewisser Mangel an Sinn für einen gesunden Organismus fühlbar und wenn es denkbar wäre, daß aus dieser Masse von Bildern eine Art Anthologie gemacht werden könnte, würde man erst so recht zum Genusse des Werkes gelangen.« Einer der erbitterten Bruckner-Feinde unter den Kritikern, Max Kalbeck, kam nicht um die Feststellung herum: »Anton Bruckners neue Sinfonie ... ist das Werk eines Kindes mit Riesenkräften. Ein junger Herkules, der in der Wiege zwei Schlangen erdrosselt, würde vielleicht in ähnlicher Weise Musik machen ... In den Gedanken des Werkes herrscht die Unordnung eines Gelehrtenzimmers, wo alles über- und durcheinander liegt und nur der Herr des Hauses sich zur Not zurecht tastet. Gerade die dürftigsten und alltäglichsten Einfälle werden bis ins Unendliche fortgesponnen und bis zum Überdruß behandelt, während das wirklich Originelle und Wertvolle unscheinbar beiseite geschoben und außer acht gelassen wird.«

Nur einige Monate nach Abschluß der 4. Sinfonie begann Bruckner im Februar 1875 mit seiner 5. Sinfonie B-Dur (WAB 105). Drei Jahre später, im Februar 1878, war das Ganze vollendet. Bruckner hat dieses Werk nie im vollen Orchesterklang gehört. Die Uraufführung fand erst am 8. April 1894 in Graz unter Schalk statt. Josef Schalk und Franz Zottmann hatten die Sinfonie gleich nach der Umarbeitung 1878 lediglich auf zwei Klavieren vorgestellt. Das Werk war in einer für den Komponisten sehr komplizierten Zeit entstanden. Einerseits erfuhr er mit seinen vorliegenden Arbeiten nach wie vor geringe Resonanz, wurde in zunehmendem Maße von der Presse der Konservativen regelrecht abgekanzelt. Andererseits erhielt die Wiederaufführung der 2. Sinfonie unter seiner Leitung in einem »Gesellschaftskonzert« Anfang 1876 einigen Beifall. Im Sommer desselben Jahres brachte der »Akademische Gesangverein«, der sich später um

Bruckners Schaffen hochverdient machte, dessen »Germanenzug« (WAB 70). Dagegen wurde eine Aufführung der 4. Sinfonie unter Felix Mottl in Karlsruhe ein ziemlicher Mißerfolg. Bemühungen um eine Aufführung dieses Werkes in Berlin scheiterten.

Im Wiener Musikleben blieb der nun schon 51jährige ein Außenseiter. Das bedrückte ihn zutiefst. Ermutigung war 1875 die endlich erfolgte Anstellung als »unbesoldeter Lektor für Harmonielehre und Kontrapunkt« an der Wiener Universität. Am 25. November dieses Jahres entwarf Bruckner den Text einer Antrittsvorlesung, in der es heißt:

Wie Sie selbst aus verschiedenen Quellen wissen werden, hat die Musik innerhalb eines Zeitraumes von zwei Jahrhunderten so kolossale Fortschritte gemacht, sich in ihrem inneren Organismus so erweitert und vervollständigt, daß wir heute – werfen wir einen Blick auf dieses reiche Material – vor einem bereits vollendeten Kunstbau stehen, an welchem wir eine gewisse Gesetzmäßigkeit in den Gliederungen derselben sowie eine gleiche von diesen Gliedern dem ganzen Kunstbau gegenüber erkennen werden. Wir sehen, wie das eine aus dem anderen hervorwächst, eines ohne das andere nicht bestehen kann, und jedoch jedes für sich wieder ein Ganzes bildet. So wie jeder wissenschaftliche Zweig sich zur Aufgabe macht, seine Materiale durch das Aufstellen von Gesetzen und Regeln zu ordnen und zu sichten, so hat ebenfalls auch die musikalische Wissenschaft – ich erlaube mir, ihr dieses Attribut beizulegen – ihren ganzen Kunstbau bis in die Atome seziert, die Elemente nach gewissen Gesetzen zusammengruppiert und somit eine Lehre geschaffen, welche auch mit anderen Worten die musikalische Architektur genannt werden kann. In dieser Lehre bilden wieder die vornehmen Kapitel der Harmonielehre und des Kontrapunktes die Fundamente und die Seele derselben. Nach dem Vorausgelassenen werden Sie, meine Herren mir zugeben müssen, daß zur richtigen Würdigung und genauen Beurteilung eines Tonwerkes, wobei zuerst erforscht werden muß, wie und inwieweit diesen eben erwähnten Gesetzen in demselben entsprochen wurde, sowie zum eigenen Schaffen – nämlich eigene Gedanken musikalisch korrekt verwirklichen, sie belebend machen – vor allem die volle Kenntnis von der erwähnten Musikarchitektur, beziehungsweise von den Fundamenten dieser Lehre notwendig ist.

Aus dem Entwickelten mögen Sie nun selbst entnehmen, daß die Gegenstände »Harmonielehre« und »Kontrapunkt« bei dem übrigen so weit entwickelten geistigen Leben ebenfalls einen notwendigen Platz finden müssen, wo selbe gepflegt, wo selbe auch ohne den Endzweck ausschließlich Künstler heranzubilden, gelehrt werden können; denn sie gehören – und das mit Recht – zu den Trägern unserer geistigen Bildung; da wir durch sie in die Lage kommen, unseren Gedanken und Gefühlen nach musikalischer Richtung hin in ästhetischer Weise gerechten Ausdruck zu verleihen.

Mein langjähriges Studium sowie meine Erfahrungen, die ich als Professor dieser Gegenstände am hiesigen Konservatorium gesammelt habe, sowie meine Kenntnis in der diesbezüglichen Literatur haben mich zu dem Entschlusse gebracht, bei meinen Vorträgen mich an keines der jetzt aufliegenden Werke zu binden, sondern frei meine Vorträge zu halten, und zwar aus dem Grunde, weil ich nur dadurch bei der knapp bemessenen Zeit in die Lage komme, aus dem reichen und ausgebreiteten Materiale durch Herausnahme der vorzüglichsten Fundamentalsätze Ihnen ein richtiges, klares Bild aufrollen zu können. Ich werde bei meinen Vorträgen stets bemüht sein, durch klare Darstellung das Verständnis zu fördern und durch anschauliche Beispiele den Buchstaben der Theorie belebend zu machen eingedenk der Worte Goethes: »Grau ist jede Theorie/Nur grün des Lebens goldner Baum.«

Werde Ihnen manche Härten durch praktische Übungen auf ein Minimum reduzieren, somit Theorie und Praxis innig miteinander verbinden und Sie so mit sicheren Schritten durch dieses Reich des Wissens von einer Grenze zur anderen bringen, wo ich Sie dann beim Eintritt in das kämpfende Leben mit der Bitte verlassen werde, das Erlernte getreulich auszunützen und meiner wohlwollend zu gedenken ...

Zum Schlusse erlaube ich mir eine Bitte an Ihre werte Adresse, meine Herren, zu richten: Tragen Sie mit Ihrem jungen und frischen Geiste Ihr mächtiges Scherflein dazu bei, daß diese Gegenstände hier an der Alma Mater in Hinkunft die gerechte Würdigung finden mögen, daß diese musikalische Wissenschaft an der universellen Pflanzstätte wachse, blühe und gedeihe. Dixi.

Dieser beachtliche Text, geprägt von souveränem Wissen, von Lust und Feuer zur geistigen Auseinandersetzung mit den theoretisch-ästhetischen Gesetzen der Tonkunst, von schier aufklärerischer Präzision, macht etwas deutlich vom Niveau Brucknerschen Denkens. Er steht würdig neben dem kompositorischen Werk des gleichen Mannes zu jener Zeit, und er steht in beträchtlichem Widerspruch zu dem Bild, das sich die Öffentlichkeit Wiens damals von ihm, dem im Alltag oft ängstlich, liebedienerisch oder ungeschickt bäurisch wirkenden Komponisten gemacht hat. Mathias Hansen weist sehr zu Recht darauf hin, daß dies erstaunliche Sätze sind für einen, »dem man gewöhnlich Dumpfheit des Denkens nachsagt; dessen nichtmusikalische Äußerungen, ob im Brief oder in der Anekdote übermittelt, als Zeugnisse für einen beinahe reflexionslosen, mythisch-naturhaften Schaffenstrieb gewertet werden. Wenn einmal der authentische Teil dieser Äußerungen gesichert sein wird, so dürften sich die zweifellos vorhandenen ›einfältigen‹ Aussagen – zum eigenen Leben und Werk, aber auch zu übergreifenden Fragen – vornehmlich als in das Kapitel ›Tarnverhalten‹ gehörig herausstellen. Der Entwurf der Antrittsvorlesung gibt hierfür einen wohl unmißverständlichen Hinweis: Wer in der Lage ist, ein solch bestechend klares Konzept zu entwickeln, kann sich bei drastischen Unterschreitungen eines dementsprechenden intellektuellen Niveaus nur verstellen. Der bemerkenswerteste Punkt am Entwurf ist der, daß Bruckner, in einer betont um ›Wissenschaftlichkeit‹ bemühten Darstellungsweise, einen geradezu lapidaren, auf strukturelle Bedingungen und Verhältnisse konzentrierten Kunstbegriff vermittelt, der aller verschwommenen Exegetik – und damit dem bevorzugten interpretatorischen Rüstzeug der Bruckner-Apologeten – den Boden entzieht. Und dies auch dann noch, wenn man berücksichtigt, daß Bruckner aus gegebenem Anlaß ein weiteres, für ihn neues Tarnmoment heranzieht: das der ›exakten‹ Wissenschaft. Ungeachtet der Verhüllung wird uns hier die äußerst rare Gelegenheit geboten, einen wirklichkeitsnahen Aspekt seines ästhetischen Denkens aufzuspüren.«

Am 24.April 1876 soll diese Antrittsvorlesung gehalten worden sein. Der Akademische Chor brachte Bruckner ein Ständchen anläßlich seines Einzuges in die Universität. Wenige Wochen darauf wurde die 5. Sinfonie abgeschlossen. Daß es zwischen der hochgetriebenen Kunstfertigkeit des musikalischen Werkes mit seiner exzessiven Kontrapunktik und Bruckners Vorbereitung auf die ästhetisch-wissenschaftliche Universitätskarriere einen zeitlich wohl verständlichen Zusammenhang gegeben hat, ist stark anzunehmen.

Mitte August 1876 reiste Bruckner zur Eröffnung der Bayreuther Festspiele, zur Uraufführung des »Ring des Nibelungen«. Es gab wieder Besuche bei Wagner, und es gab die wichtige Bekanntschaft mit dem Berliner Musikritiker Wilhelm Tappert. Bruckner wendet sich an ihn mit der Bitte um Hilfe für die Aufführung seiner 4. Sinfonie in Berlin. Nicht ungeschickt sucht er aus der Wiener Isolierung als Komponist für seine Musik den Weg in die seit der Bismarckschen Einigung des deutschen Reiches mächtig aufblühende Metropole an der Spree. Tappert schreibt er: *Mein höchstes Streben wäre es, wenn ich so glücklich sein könnte, dies Werk ... in der Residenz unseres großen Vaterlandes aufgeführt zu wissen ... In Wien reiche ich selbst aus gewissen Gründen nicht ein; indem bei uns die Sachen erst gut werden, wenn sie von auswärts kommen.* Als Empfehlung für den Wagnerianer Tappert geht er ausführlichst auf die Anerkennung des Bayreuther Meisters zumal für seine 3. Sinfonie ein. Er schildert seine Wiener Existenz in düsteren Farben: *Und so lebe ich seit 1868 in Wien lebhaft bedauernd je hierher übergesiedelt zu sein, da mir Unterstützung, Anerkennung und Existenzmittel mangeln. Wegen meiner Tätigkeit an der Universität, als unentgeltlicher Lector für Harmonielehre und Contrapunct ist Dr. Hanslick mir ein böser Gegner geworden.* Der Hinweis auf seine materiellen Schwierigkeiten ist ganz offensichtlich auch gezielte taktische Übertreibung. Zu Recht hat Manfred Wagner darauf hingewiesen, daß die vom Komponisten fleißig verbreitete Mär vom öffentlichen Verkennen seines Genies in Wien so nicht stimmte. »Bruckner selbst stützte diese Verkleidung seiner selbst durch Äußerungen, die, herausgelöst aus dem Zusammenhang und wahrscheinlich sogar bewußt kombiniert, von den meisten Biographen systematisch dazu genutzt wurden, ihn als das Opfer einer von verschiedenen Richtungen her angreifenden und angegriffenen Gesellschaft zu malen«. Daß Bruckner seine Verteidigung aber doch auch manchmal derb und plump geradeaus betrieb, zeigte sich bei der wenige Jahre später erfolgten Verleihung des Franz-Joseph-Ordens. Angeregt von Hermann Levi, wurde ihm der Orden am 9. Juli 1886 in seiner Wohnung in der Heßgasse durch den Obersthofmeister Konstantin Hohenlohe überreicht. Am 23. September gleichen Jahres durfte sich Bruckner bei Kaiser Franz Joseph in Audienz bedanken. Er nutzte die Chance und unterbreitete der kaiserlichen Majestät die Bitte: *Verbietens allergnädigst dem Hanslick, daß er so schlecht schreibt über mich.*

Freilich gab's Ende der siebziger Jahre auch Enttäuschungen. Bruckners Bewerbung um das Amt des Hofkapellmeisters wurde abgelehnt, man zog ihm Joseph Hellmesberger vor. Trost war dafür die Ernennung zum »wirklichen Mitglied der k.k. Hofkapelle« mit entsprechender Gehaltsaufbesserung. So konnte er die 1875 angenommene Stelle als »Vize-Archivar« und als Gesangslehrer der Hofkapell-Knaben aufgeben. Erfreuliches boten erfolgreiche Orgelkonzerte (1877 in Kremsmünster, 1879 in Wien). Mit dem 1879 beendeten Streichquintett kündigte sich auch ein neuer Schaffensaufschwung an.

Kontroversen und Erfolge (Wien 1877-1887)

Nach dem Quintett ging Bruckner wieder ans sinfonische Werk und begann im September 1879 mit der Arbeit an seiner 6. Sinfonie A-Dur (WAB 106). Sie wurde im September 1881 vollendet. Am 11.Februar 1883 kamen lediglich die beiden Mittelsätze, Adagio und Scherzo, durch die Wiener Philharmoniker unter Hofoperndirektor Wilhelm Jahn zur Uraufführung. Wie seine 5. hat Bruckner auch die 6. Sinfonie nie vollständig hören können. Die Uraufführung kam erst nach seinem Tode durch Mahler, 1899 zustande, freilich in stark gekürzter Version. Die ungekürzte Fassung war erst im März 1901 in Stuttgart zu hören. Mit den beiden Binnensätzen der 6. (in diesem Werk ebenso wie in den folgenden für die neue sinfonische

Konzeption Bruckners von besonderem Gewicht) ging Hanslick nach der Wiener Premiere einigermaßen ironisch um: »Im ganzen hat der wilde Komponist etwas an Zucht gewonnen, aber an Natur verloren. Beim Adagio hielten Interesse und Befremdung einander im Publikum noch die Waage und es ging, wenn auch zögernd, mit. Bei dem ausschließlich durch Seltsamkeiten fesselnden Scherzo trennte sich aber – wie ein Sportsmann sagen würde – das Roß von seinem Reiter.«

Bruckner, den im Frühjahr 1880 heftige, oft Tage währende Migräne-Anfälle quälten, verbrachte seinen Sommerurlaub zunächst in St. Florian. Dann reiste er nach Oberammergau und besuchte dort am 22. und 23. August die Passionsspiele. Wieder einmal wurde dem nun 56jährigen Meister das Herz schwer. Eine Mitwirkende bei den Passionsspielen, die 17jährige Marie Bartl, als eine der Töchter Jerusalems agierend, hatte es ihm angetan. Er stellte sich vor, begleitete sie mehrfach nach Hause zu einer Tante, blieb von acht bis elf Uhr nachts bei ihr und schenkte ihr ein Foto mit Widmung: *Der allerliebsten Freundin Marie Bartl.* Das junge Mädchen erhielt sehr ernst gemeinte Heiratsanträge Bruckners. Ein Jahr lang wechselte er Briefe mit ihr – bis Marie nicht mehr antwortete ...

Von Oberammergau reiste der Komponist weiter über München, Lindau, Winterthur zum Rheinfall bei Schaffhausen und dann nach Zürich. Dort spielte er auf der mit Wasser betriebenen Orgel der Kathedrale, machte dem Polytechnikum und der Universität eine Visite. Von einem Ausflug nach Rappertswyl kehrte er *bei fürchterlichem Sturm* nach Zürich zurück. Von Genf aus besichtigte er Chamonix und Flegère. Der Zauber der Alpenlandschaft tat seine Wirkung. Die Rückreise führte ihn nach Genf, Freiburg und Bern; in diesen Städten spielte er auf den Kathedral-Orgeln und traf dabei an Zahl zunehmende Verehrer. Zum Beispiel Dr. Jakob Mendel, den Organisten der Berner Kathedrale. In Luzern arrangiert der Orgelbauer Haas für den 8. September ein Orgelkonzert, das Programm teilte sich Bruckner mit dem dortigen Domorganisten P. Ambros. Nach einem Ausflug zum Rigi-Kulm, von dessen prachtvoller Aussicht über die Alpen Bruckner noch lange schwärmte, ging es über München, Salzburg, Linz zurück nach Wien.

Dort zwang ihn im September ein schmerzhaftes Fußleiden, das Bett zu hüten. Deswegen wurde der 1. Satz seiner 6. Sinfonie auf dem Krankenlager vollendet, die Komposition dann ein Jahr später in St. Florian abgeschlossen. Während der Arbeit am Finale der 6. Sinfonie konnte Bruckner endlich wieder einmal einen musikalischen Triumph feiern. Hans Richter, der einst mit Wagner Bruckners 3. Sinfonie studiert hatte, brachte am 20. Februar 1881 die 4. Sinfonie zur Uraufführung, in einem Konzert zugunsten des neugegründeten »Deutschen Schulvereins«. Bruckner verfolgte schon die Proben spürbar glücklich. Dem Dirigenten drückte er aus

Dankbarkeit einen Maria-Theresientaler in die Hand. Richter erzählte später: »Der Taler ist das Andenken an einen Tag, an dem ich weinte. Zum erstenmal dirigierte ich in der Probe eine Symphonie von Anton Bruckner, der damals zwar schon ein alter Mann war, aber als Komponist noch nicht den verdienten Ruhm genoß; seine Werke wurden kaum jemals aufgeführt. Als die Symphonie beendet war, kam Bruckner zu mir. Er strahlte vor Begeisterung und Glück. Ich fühlte, wie er mir etwas in die Hand drückte. *Nehmen S' das,* sagte er, *und trinken S' auf mein Wohl ein Krügl Bier.*« Richter trug den Taler fortan an seiner Uhrkette.

Über diese Uraufführung berichtete die »Wiener Abendpost«: »Das Publikum, und zwar das ganze, nahm die Symphonie mit ungeteiltem Enthusiasmus auf, der sich in stürmischem, jubelndem Beifall äußerte. Vier- bis fünfmal mußte Bruckner nach jedem Satz erscheinen. Mit einem Worte: Bruckner schlug glänzend durch, er gehört seit dem verflossenen Sonntag zu unseren bedeutendsten Tonschöpfern und ist unser künstlerisches Allgemeingut geworden.« Im gleichen Konzert dirigierte Hans von Bülow seine sinfonische Dichtung »Des Sängers Fluch« und spielte Beethovens 4. Klavierkonzert. Während Bruckner an diesem Abend triumphieren konnte, fiel Bülow als Komponist jedoch durch, was er dem wahrlich unschuldigen Bruckner lange nicht verzieh. Er hat ihn öffentlich beschimpft, ihn »halb Genie, halb Trottel« genannt. 1887 klagte Bruckner: *v. Bülow wird, so lange er leben wird, für meinen Ruin arbeiten.* Erst 1891 vollzog sich bei Bülow, dem großen Pianisten und Dirigenten, ein gründlicher Sinneswandel. Bruckner erfuhr davon durch die Nachricht, von Bülow habe sein »Te Deum« für Berlin zur Aufführung empfohlen und dem Dirigenten der hier schon erwähnten Aufführung als Anerkennung eine Photographie des Komponisten geschenkt.

Ende 1881 erfreute Bruckner die Aufführung seines Streichquintetts, mehr noch eine Wiederaufführung der f-Moll-Messe in der Wiener Hofkirche. Charakteristisch der Bericht der »Wiener Allgemeinen Zeitung«: »Was Wunder, daß eine Art musikalischer Bürgerkrieg anhub. Die Gegner des genialen Komponisten blickten grimmig auf den eifrigen Dirigenten und verließen nach dem Gloria mit der Ostentation parlamentarischer Dissidenten die Kirche; die alten Habitués schüttelten die Köpfe und drückten ihre Verwunderung über die Freiheit des Stürmens und Drängens durch alle möglichen Gebärden aus, selbst die als lebende Säulen hingestellten Hof-Gendarmen warfen besorgte Blicke auf die Strebepfeiler der Kirche und stutzten bei den gewaltigen Blechfanfaren, die vom Chore herabtönten.« Aufsehen erregten auch Wiederholungen des Konzertes 1883 und 1885. Trotz angedeuteter Vorbehalte wurde zunehmend deutlich, daß sich Bruckner durchzusetzen begann. Eine anrührende

Anekdote am Rande: Bei einer dieser Wiederholungen kam ein alter Gönner Bruckners aus der Linzer Zeit, Moritz von Mayfeld, auf das Kirchenchor. Kaum sah Bruckner ihn, als er, den Taktstock weglegend, auf ihn zustürzte, ihn dankbar zu umarmen. Auch die Gattin dieses Herrn von Mayfeld, eine ausgezeichnete Pianistin, behielt Bruckner in dankbarer Erinnerung. Mit ihr hatte er vierhändig eine seiner Sinfonien gespielt. Als sie eine Passage ganz nach seinem Herzen musizierte, war der begeisterte Komponist seiner Partnerin plötzlich zu Füßen gesunken und hatte, die Arme ausbreitend, verkündet: *Gnädige Frau, Sie sind eine Göttin!*

In anregender Atmosphäre begann im Frühjahr 1881 die Komposition des »Te Deum« (WAB 45), unterbrochen durch die Arbeit an der 6. Sinfonie. Im September entstanden die ersten Entwürfe zur 7. Sinfonie E-Dur (WAB 107), die im September 1883 abgeschlossen wurde. Im Juli 1882 reiste Bruckner zur ersten Aufführung des »Parsifal« nach Bayreuth. In Gedanken bei seiner 7. Sinfonie, aber zugleich wieder ganz dem Zauber des Meisters vom Grünen Hügel verfallen. Über sein letztes Zusammmensein mit Wagner berichtete Bruckner an Hans von Wolzogen: *Anno 1882 sagte mir der damals schon leidende Meister, indem er mich bei der Hand hielt: ›Verlassen Sie sich, ich selbst werde die Symphonie und alle Ihre Werke aufführen.‹ Ich sagte: ›O Meister!‹ Darauf erwiderte der Meister: ›Waren Sie schon im Parsifal? Wie gefällt er Ihnen?‹ Weil mich Hochselber bei der Hand hielt, ließ ich mich auf die Knie, Hochseine Hand an den Mund drückend und küssend und sagte: ›O Meister, ich bete Sie an!!!‹ Der Meister sagte hierauf: ›Nur ruhig – Bruckner – gute Nacht!!!‹ Dies waren die letzten Worte des Meisters zu mir. Am anderen Tage erhielt ich noch eine Drohung vom Meister, Hochwelcher im Parsifal hinter mir saß, weil ich so heftig applaudierte. Bruckner fügte dem Brief an Wolzogen noch einen Nachsatz an: Herr Baron, bitte dies wohl zu bewahren! Mein liebstes Vermächtnis!!! – Bis dort oben!!!*

Zwei Tage nach der Uraufführung der Mittelsätze von Bruckners 6. Sinfonie in Wien starb, am 13. Februar 1883, Richard Wagner in Venedig. Den Komponisten erreicht die Nachricht vom Tode seines musikalischen Abgottes wenige Tage später. Er stand kurz vor Beendigung des Adagio der 7. Sinfonie, und unter dem Eindruck von Wagners Ableben wurde der Satz nun mit einer choralartigen Klage abgeschlossen.

Diese 7. Sinfonie, 1881 begonnen und am 10. August 1883 in St.Florian beendet, ist bis heute Bruckners wohl populärstes Werk geblieben. Es hat auch seinen weit über Wien hinausreichenden Erfolg eingeleitet. Anekdoten sind überliefert, von denen zumindest eine ihren Reiz hat: Über das berühmte Hauptthema des ersten Satzes berichtete der Komponist: *Dieses Thema ist gar nicht von mir. Eines Nachts erschien mir Dorn* (Kapellmeister und Bruckner-Freund aus der Linzer Zeit) *und diktierte mir das The-*

ma, das ich sogleich aufschrieb: ›Paß auf, mit dem wirst du dein Glück machen!‹

Zunächst aber wurde die Komposition durch den Brand des Wiener Ringtheaters am 8. Dezember 1881 jäh unterbrochen. Bruckner wollte an diesem Abend dort eigentlich eine Aufführung besuchen, doch das Werk (»Hoffmanns Erzählungen«) interessierte ihn nicht. Er ging statt dessen in die nahe Votivkirche und mußte bei der Rückkehr entsetzt feststellen, daß das ganze Theater in Flammen stand. Sogar das Fenstergesims seiner in unmittelbarer Nähe gelegenen Wohnung war schon angekohlt. Hektisch raffte er seine Noten zusammen und floh auf die von Menschen überfüllte Ringstraße. Seinem Schwager in Vöcklabruck berichtete er am 11. Dezember: *Ich wohne ganz an der Ringstraße nur durch eine Straße getrennt. Gott sei Dank! unser Haus wie alle übrigen sind verschont geblieben! Aber der namenlose Schrecken! und das unaussprechliche Elend so vieler geht bis ins innerste Mark!*

Ziemlich parallel zur 7. Sinfonie wurde auch das bald nicht minder erfolgreiche »Te Deum« vollendet. Hellmesbergers Vorschlag, diese Musik dem österreichischen Kaiser zu widmen, lehnte Bruckner ab. Es trug schon die gelegentlich in seinen Partituren auftauchenden Widmungs-Buchstaben O.A.M.D.G. (Omnia ad majorem Dei gloriam – Alles zur größeren Ehre Gottes). 1884 erhielt es eine zweite Fassung, und im Mai 1885 erklang es dann zum ersten Male – im Akademischen Wagner-Verein Wien -, in einer Fassung, die das Orchester durch zwei Klaviere ersetzte. Erst im Januar 1886 spielten es die Philharmoniker unter Hans Richter.

In diesen Jahren waren es vor allem die Brüder Schalk und Ferdinand Löwe, die als wahre Propagandisten von Bruckners Musik auftraten. Sie stellten seine Werke in Klavierfassungen vor, gaben Einführungen (oftmals problematischer Art, wie wir später am Beispiel der 8. Sinfonie sehen werden) und setzten ihr Bemühen fort, die Bruckner-Partituren durch Bearbeitungen, Retuschen, Kürzungen ›verdaulicher‹ zu machen. Für Bruckner war es ein Glücksfall von historischer Dimension, daß Arthur Nikisch in Leipzig durch Vermittlung Josef Schalks die neue Partitur der 7. Sinfonie in die Hände bekam. Nikisch hatte, wie bereits erwähnt, in Wien bei der Uraufführung der 2. Sinfonie als Geiger mitgewirkt. Seitdem waren ihm neuere Arbeiten Bruckners nicht mehr bekannt geworden. Aber der tiefe Eindruck vom Komponisten und seiner Musik war seit Wien in der Erinnerung Nikischs nicht verblaßt. Er studierte die Partitur der 7. Sinfonie und entschloß sich spontan, sie in Leipzig uraufzuführen.

Auf diese Weise wurde Bruckners neuestes Werk den Wiener Querelen entzogen. Die rasche Möglichkeit der Uraufführung verhinderte auch weitgehend die sonst meist üblichen Revisionen und Korrekturen durch Bruckner selbst oder wohlmeinende Freunde. Ausgenommen jenen theatralischen Beckenschlag mit Pauken und Triangel auf dem C-Dur-Höhepunkt des langsamen Satzes, den Schalk und Löwe dem Komponisten wie dem Dirigenten einredeten und auf den Bruckner später wieder nachdrücklich verzichtete. Nikisch, damals Dirigent des Leipziger Stadttheaters, hatte das Werk für ein Konzert zugunsten eines Wagner-Denkmalfonds angenommen. Das Gewandhaus selbst stand für dieses Konzert nicht zur Verfügung, weil man sich dort Bruckner gegenüber insgesamt nicht sonderlich gewogen zeigte. Dafür bot Theaterdirektor Steegemann sein Haus an, wo denn auch am 30. Dezember 1884 die Uraufführung stattfand. Bis dahin hatte es etliche Schwierigkeiten gegeben. Der Termin (ursprünglich der 27. Juni) war auf Anraten Hans von Wolzogens auf Dezember verschoben worden, damit auch die Studenten anwesend sein konnten. Bruckner selbst war sich nicht sicher, ob sein jüngstes Werk für das als konservativ bekannte Gewandhaus-Publikum gut wäre, oder ob man nicht lieber seine 4. Sinfonie spielen sollte. Nikisch hatte Probleme und teilte mit, er könne die in der 7. verlangten Tuben nicht besetzen und müsse sie durch Hörner ersetzen. Aber dann blieb es bei der Wahl der E-Dur-Sinfonie. Bruckner kam für drei Tage nach Leipzig, nahm an den beiden Proben teil, improvisierte auf der Orgel des Gewandhauses und erlebte einen vollkommenen Triumph seiner Musik im Konzert selbst. *In Leipzig wurde zum Schluß eine Viertelstunde applaudiert,* berichtete er brieflich. Das Presse-Echo war selten einmütig. Das »Berliner Tageblatt« schrieb poesievoll: »Da stand er nun in seinem bescheidenen Gewande vor der Menge und verbeugte sich einmal übers andere. Bald zuckte es wehmütig um den Mund des alten Herrn wie von mühsam unterdrückter Rührung, bald leuchtete es gar wundersam in seinen Augen auf und das nicht schöne, aber sympathisch-treuherzige Gesicht erstrahlte in einer so warmen, innigen Freude, wie sie sich nur auf dem Antlitz eines Menschen zeigen kann, dessen Herz zu gut ist, um selbst durch die ärgsten Tücken dieser Welt verbittert zu werden.« Und über die Musik hieß es da: »Ja, er ist eine Natur, dieser Bruckner, eine volle und ganze Natur, als Mensch wie als Künstler. Dadurch hatte er uns alle gepackt, so daß wir, als der letzte Akkord seiner Schöpfung verklungen war, erstaunt fragten: Wie ist es denn möglich, daß du uns so lange fremd bleiben konntest. Man empfand mit innigem Behagen, daß sich etwas geltend machte, das man in den Werken anderer Zeitgenossen durchwegs vermißt: die Kraft! Endlich, endlich einer, der wieder einmal aus dem Vollen schöpft!«

Für Bruckner bedeutete das die große Wende im Ringen um Anerkennung seiner Musik außerhalb Wiens. Am 27. Januar 1885 konnte Nikisch im Leipziger Stadttheater die Mittelsätze der 7. Sinfonie vor dem sächsischen König wiederholen. Damit begann eine bis in unsere Tage gepflegte Bruckner-Tradition beim Leipziger Gewandhausorchester. Nikisch setzte später noch einen besonderen Akzent durch die Aufführung sämtlicher Bruckner-Sinfonien im Winter 1919.

Bereits am 10. März 1885 gab es im »Odeon« in München unter Hermann Levi mit dem dortigen im Grunde konservativen Hoforchester eine weitere Aufführung der E-Dur-Sinfonie, von der Bruckner berichtete, sie sei *über alle Maßen mustergültig* gewesen. Dabei hatten Levi und seine Musiker durchaus Schwierigkeiten mit dieser Musik; noch am 4. März schrieb der Dirigent an Bruckner: »Vorgestern habe ich die Sinfonie probiert. Das Orchester hat natürlich gestutzt und gar Nichts verstanden. Die Leute sind nämlich hier unglaublich reactionär. Aber das macht nichts. Wenn sie nur gut spielen; und das werden sie. Mit Wagner geht es ebenso. (Ich glaube, es sind nicht 3 Wagnerianer im Orchester!) – Haben Sie nur guten Muth und vertrauen Sie mir! – Mit dem letzten Satze weiß ich bis jetzt noch gar Nichts anzufangen, Aber das wird hoffentlich noch kommen.« Und es kam, wie Bruckner seinem Freund Mayfeld mitteilte: *Der Erfolg in München war der höchste meines Lebens. Ein solcher Enthusiasmus war in München nie, wie man mir sagte. Kritiken ausgezeichnet. – Herr Levi toastierte unter lebhafter Zustimmung von Hunderten auf das bedeutendste sinfonische Werk seit 1827, und nannte die Aufführung des Wunderwerkes, wie er es bezeichnete, die Krone seines künstlerischen Wirkens.*

Auf Befürwortung Levis nahm auch der bayerische König, der Wagner-Freund Ludwig II., die Widmung der Sinfonie an. Am Tage nach der erfolgreichen Aufführung besuchte Bruckner eine Vorstellung der »Walküre« im Hoftheater. An Wolzogen schrieb er darüber: *Nachdem das Publikum sich entfernt hatte, ließ H. Levi auf meine Bitte zum Andenken an den hochseligen, heißgeliebten, unsterblichen Meister dreimal den Trauer-Gesang aus dem 2. Satze der 7. Sinfonie mit den Tuben und Hörnern exekutieren, wobei wohl der Tränen unzählige flossen. Ich kann die Situation im dunklen Hoftheater nicht beschreiben.*

Mit diesen Aufführungen war der Bann gebrochen. Der Triumphzug der 7. Sinfonie setzte sich fort, in Karlsruhe, in Köln, in Graz, aber ebenso in New York, Chicago, Boston und Amsterdam. Gleichzeitig wuchs auch das allgemeine Interesse an den anderen, früheren Sinfonien des Österreichers. Der Name des nun 60jährigen Bruckner war interessant geworden für die Konzertpläne in aller Welt.

Dieser Erfolg machte ihn auch mutig im Kampf gegen seine Wiener Widersacher. Als Hans Richter für die Spielzeit 1885/86 jetzt auch die 7. Sinfonie in den Konzertplan der Wiener Philharmoniker nehmen wollte, teilte Bruckner dem Orchester höflich mit: *Löbliches Comitee! Es wolle mir das ergebenste Ansuchen gestattet sein, das löbliche Comité möge für dieses Jahr von dem mich sehr ehrenden und erfreuenden Projecte der Aufführung meiner E-Dur-Sinfonie Umgang zu nehmen, aus Gründen, die einzig der traurigen localen Situation entspringen in Bezug der maßgebenden Kritik, die meinen noch jungen Erfolgen in Deutschland nur hemmend in den Weg treten könnte. – In aller Verehrung Anton Bruckner.*

Wenig später wurde er in einem Brief an Mayfeld ganz deutlich: *Ich protestirte gegen die Aufführung meiner 7. Sinfonie, da dies in Wien wegen Hanslick et Consorten keinen Sinn hat.*

Karl Kraus veröffentlichte 1907 Bruckners Gesuch an die Philharmoniker und nannte es zornig ein einzigartiges Dokument, »das ein furchtbares Urteil über das geistige Wien enthält. Ein Dokument von der journalistischen Zeiten Schande, wie es überwältigender nicht gedacht werden kann.« – Es »wird in keiner Geschichte der Wiener Kultur des 19. Jahrhunderts fehlen dürfen. In keiner Geschichte, die von Zeiten erzählen wird, da boshafte Zwerge über gutmütige Riesen herrschten.«

Bruckner hielt jedenfalls seine E-Dur-Sinfonie für Wien solange zurück, bis sich dort ein Verleger gefunden hatte und die zur Publikation nötigen Mittel zusammengekommen waren. Am 21. März 1886 fand die Wiener Erstaufführung dieser Sinfonie mit den Philharmonikern unter Hans Richter dann doch statt. Der Komponist bedankte sich artig für die *ideale und hochgeniale Leitung* und die *ausgezeichnete, vollendete Kunstleistung.* Dennoch fand der Abend ein geteiltes Echo. Es gab heftigen Beifall von den einen, während die anderen den Saal fluchtartig verließen. Die Kritik reagierte ebenso zwiespältig. Hanslick, der Widersacher, nannte die Sinfonie eine »Pièce de résistance«, eine »symphonische Riesenschlange« und bekannte unumwunden, daß er »über Bruckners Sinfonie kaum gerecht urteilen könnte, so unnatürlich, aufgeblasen, krankhaft und verderblich erscheint sie mir«.

Aber Bruckner wird nun ein ernster zu nehmender Gegner. Das veranlaßt zum Beispiel Brahms, sich gründlicher mit ihm auseinanderzusetzen. Er tut dies auf seine Weise, reserviert. Erst eine Anfrage seiner musikalisch hoch gebildeten Freundin Elisabeth von Herzogenberg, die im Januar 1885 die Bruckner-Sinfonie in Leipzig gehört und ihre Meinung mitgeteilt hat, veranlaßt ihn zur Reaktion. Brahms schreibt ihr: »Ich begreife: Sie haben die Symphonie von Bruckner einmal an sich vorübertosen lassen, und wenn Ihnen nun davon vorgeredet wird, so trauen Sie Ihrem Gedächtnis und Ihrer Auffassung nicht. Sie dürfen dies jedoch; in Ihrem wunderbar hübschen Brief steht alles klar und deutlich, was sich sagen läßt – oder was man selbst sagt und so schön gesagt haben möchte. Sie sind doch nicht bös, daß auch Hanslick dieser Meinung ist und mit aller Andacht und allem Vergnügen Ihren Brief gelesen hat? Übrigens sind eine Symphonie und ein Quintett von Bruckner gedruckt. Suchen Sie sich einen Einblick zu verschaffen, Ihr Gemüt und Ihr Urteil zu stählen – mich brauchen Sie gewiß nicht. Alles hat seine Grenzen. Bruckner liegt jenseits, über seine Sachen kann man nicht hin und her, kann man nicht reden. Über den Menschen auch nicht. Er ist ein armer, verrückter Mensch, den die Pfaffen von St. Florian auf dem Gewissen haben. Ich weiß nicht, ob Sie eine Ahnung davon haben, was das heißt, seine Jugend bei den Pfaffen verlebt zu haben? Ich könnte davon und von Bruckner erzählen.«

Zum Vergleich dazu die Eindrücke, die Frau von Herzogenberg Brahms von ihrem Bruckner-Erlebnis übermittelte: »Wie aufgeregt wir waren über den Bruckner, der einem mit Gewalt aufgenötigt werden sollte, und wie wir uns sträubten gegen den Impfzwang. Wir mußten uns bittre Stichelreden gefallen lassen und Insinuationen darüber, daß wir nicht fähig seien, die Kraft herauszuwittern, wo sie in unvollkommenem Gewande in die Erscheinung trete, und ein Talent zu erkennen, das, wenn auch nicht zur vollsten Entfaltung gelangt, doch vorhanden und berechtigt sei, sympathische Anerkennung zu fordern. Nicht die fertigen Resultate in der Kunst seien das Interessanteste, sondern die hinter dem Kunstwerk verborgene treibende Kraft, einerlei, ob es ihr ganz oder unvollkommen glückt, sich zum Ausdruck zu bringen. Das hört sich theoretisch sehr schön an, aber praktisch handelt es sich immer wieder um die Wertschätzung eben dieser treibenden Kraft, und wenn die keine sehr hohe ist, so kann man doch nicht anders als sich ablehnend verhalten und das Odium des Philisters, der die Schönheit nur anerkennt, wenn sie gerade seine Farben trägt, gelassen auf sich nehmen. Aber wir sehnten uns nach Ihnen und nach Ihrem breiten Rücken, der uns decken konnte, und einem gesunden Wort von Ihnen, das mit seinem lebensstarken Untergrund von Erfahrung mehr wert ist als alles Theoretisieren der Klugen oder die bloßen Instinkte der Einfältigen«.

Dem damals nicht nur die österreichische Musikszene tief spaltenden Riß zwischen Wagner- und Bruckner-Apologeten und den als konservativ verschrieenen oder gepriesenen Kunstkonzepten von Brahms und auch seinem ›Chefapologeten‹ Hanslick sowie deren Anhängern oder Verehrern kann man heute natürlich mit historischer Distanz begegnen. Auch mit Verständnis für die damaligen Verurteilungen oder Lobpreisungen. Sie sind alle Folge eines substantiellen und im Grunde wirklich kaum zu überhörenden Andersseins der Ziele und Wege der beiden großen Komponisten. Sie selbst konnten sich nicht verstehen. Bruckner über Brahms:

Bei dem ist jeder Takt ausspintisiert, alles gelehrt. Wann i nur a so g'scheidt wär'. Und Brahms über Bruckner: »Alles ist bei ihm gemacht, Affektation, nichts Natur. – Er hat keine Ahnung von einer musikalischen Folgerichtigkeit, keine Idee von einem geordneten musikalischen Aufbau.«

Mathias Hansen hat den Grundwiderspruch zwischen der Musik beider so auf den Punkt gebracht: Bei Bruckner die variantentechnische Organisation des musikalischen Verlaufs. »Das Material, ob auf motivischer, thematischer, harmonischer oder klanglich-instrumentatorischer Ebene, wird als bausteinartig begrenztes (durch rhythmische Invarianz) und zugleich als mehrdeutiges Phänomen (durch Variabilität der übrigen Bereiche) behandelt. Dergestalt entfaltet sich das Material, vom kleinsten Detail bis zum großformalen Aufbau, in ständiger Variantenbildung, welche jedoch nicht mehr einer motivisch-thematischen Konsequenzlogik unterworfen, sondern an ein kaleidoskopartiges Ausspielen von Konstellations- und Kombinationsmöglichkeiten gebunden ist. Sinnstiftender Zusammenhang geht also nicht von motivisch-thematischer Arbeit aus, sondern primär von motivprägender, assoziationsfähiger Rhythmik, der sich auch Harmonik, Dynamik oder Instrumentation mit der Tendenz zur Blockbildung unterwerfen.«

Bei Brahms: Seine Fortführung und Veränderung klassischer Sinfonie-Traditionen »hat entscheidend mit der Wiederaufnahme der zur ›entwickelten Variation‹ gewandelten motivisch-thematischen Arbeit zu tun. Ausgangspunkt ist ein motivischer Kern, in der Regel eine Intervallbeziehung, die, für sich genommen, gewissermaßen ›bedeutungslos‹ ist, erst durch ihre logische Entfaltung, deren Ergebnis nichts weniger als ein gesamtes Werk bildet, ›Bedeutung‹ erlangt.« Entscheidend hier ist »ein erhebliches Maß an ›künstlerischer Weiterbildung der Substanz‹, vorrangig also durch entwickelnde Variation. Brahms' Größe besteht nicht zuletzt darin, daß bei dieser Weiterbildung die ›Kunst‹ kaum zu merken ist, daß alle gedankliche Anstrengung ›frei und natürlich‹ wirkt.«

Nur zwei Tage vor der Uraufführung der 7. Sinfonie in Leipzig, am 28. Dezember 1884, erschien im »Wiener Salonblatt« aus der Feder Hugo Wolfs ein Bruckner-Aufsatz. Wolf war kurze Zeit Bruckners Schüler gewesen und gehörte zu dessen leidenschaftlichen Propagandisten. Bruckner seinerseits verfolgte Wolfs kompositorischen Weg mit großem Interesse und viel Wohlwollen.

Der junge Kritiker und Komponistenkollege zeichnet in seinem Artikel ein beklemmend trübes Bild von der Position Bruckners in Wien: »Bruckner? Bruckner? Wer ist er? wo lebt er? was kann er? Solche Fragen kann man in Wien zu hören bekommen, und zwar von Leuten, die regelmäßig die Abonnementskonzerte der Philharmoniker und auch die der Gesellschaft der Musikfreunde besuchen. Trifft sich nur einer, dem der Name nicht ganz fremd ist, so erinnert er sich wirklich, daß Bruckner Professor der musikalischen Komposition am hiesigen Konservatorium ist, und Orgelvirtuose, ergänzt vielleicht ein anderer und wirft dem Halbgebildeten einen triumphierenden Blick zu, während ein dritter bereits glaubt, ein vierter schon weiß, ein fünfter sogar behauptet und ein sechster endlich darauf schwört, daß Bruckner auch Komponist sei, freilich kein besonderer, kein klassischer Komponist; ein Kenner meint und schüttelt sein edles Haupt, daß er kein formgewandter Komponist sei, ein Liebhaber beklagt die Verwirrtheit des musikalischen Gedankenganges in seinen Kompositionen, ein anderer die schlechte Instrumentation, die Herren Rezensenten finden aber alles scheußlich und somit basta.« Mahnend schließt Wolf sein Plädoyer für den »vergessenen« Bruckner: »Es lohnt sich wohl der Mühe, diesem genialen Stürmer etwas mehr Aufmerksamkeit, als dies bisher geschehen ist, zuzuwenden und es ist ein wahrhaft erschütternder Anblick, diesen außerordentlichen Mann aus dem Konzertsaal verbannt zu sehen, er, der unter den jetzt lebenden Komponisten (Liszt natürlich ausgenommen) den ersten und größten Anspruch hat, aufgeführt zu werden.«

Triumph und Finale

Nach den Erfolgen der 7. Sinfoninie und des »Te Deum« fühlte sich Bruckner endlich in Europa und Amerika besser verstanden – leider nach wie vor nicht genug im heimatlichen Wien. Hier litt er unter dem Druck der ihm immer noch wenig zugetanen Kritik. Freilich trug er neben der altbekannten Unsicherheit, Verzagtheit und Schüchternheit auch eine bis dahin kaum gekannte Energie zur Schau, gleichfalls allerdings eine Herrschsucht, unter der manchmal gerade die Freunde und Verehrer zu leiden hatten. Alles in allem: Der 60jährige Bruckner trieb sein Werk mit ungebrochenem Elan voran, die schon erwähnte Taktik des Tarnens im Persönlichen souverän handhabend, immer öfter jedoch mit aufgeschlagenem Visier sich Achtung und Respekt verschaffend.

Nach dem 60. Geburtstag begann er mit der Arbeit an seiner 8. Sinfonie c-Moll (WAB 108). Im Spätsommer 1884 besuchte er seine Schwester »Sali« in Vöcklabruck, die Frau des dortigen Stadtgärtners Johann N. Huber, und zeigte die ersten Bleistiftskizzen der neuen Sinfonie. Beim Eisenhändler Hartmann mietete er sich ein Zimmer mit Klavier zum Komponieren. Dort arbeitete er die auf Spaziergängen in der Umgebung notierten Skizzen aus. Auch hier ließ sich der Alternde vom Anblick hübscher junger Mädchen inspirieren. Als er erfuhr, daß Hartmann eine reizende Stieftochter hat, reagierte er: *Das freut mich, da kann ich komponieren.* Ein Fräulein Marie von Rottenberger erhielt von ihm täglich Blumen, und die Tochter des befreundeten Advokaten Dr. Alois Scherer titulierte er zärtlich *meine Perle.* Am 16. Februar vollendete er in Wien die Skizze des Adagio, von dessen Thema er gesagt haben soll: *Da hab' ich zu tief in ein Mädchenauge geblickt.* In Steyr entstanden die beiden folgenden Sätze, und unter den letzten Bogen der Finale-Skizze schrieb er: *Steyr, Stadtpfarrhof, 16. August 1885. A.Bruckner. Halleluja!*

Den Rest der Sommerferien des Jahres 1884 verbrachte er – wie so oft – im Stift St. Florian. Am Namenstag des heiligen Augustus (28. August) gab er auf seiner geliebten großen Orgel ein Konzert, zu dem die Zuhörer von weither zusammengekommen waren. Verehrerinnen aus Steyr begrüßten ihn mit einem großen Lorbeerkranz, auf dessen Schleife zu lesen war: »Dem Meister deutscher Tonkunst.« Die Improvisationen an diesem Nachmittag hat Karl Almeroth, der Freund aus Steyr, poetisch beschrieben: »Anfangs leise, immer mehr anschwellend, bis zu ungeahnter Kraft steigernd, erklang die hehre Totenklage um Siegfried aus der ›Götterdämmerung‹ und erschütterte die Zuhörer. In genialer Weise folgte die kontrapunktische Verarbeitung; doch bald fügte sich ein neuer Trauergesang, ebenso hehr und erhaben an: Es war Bruckners Trauermusik aus dem Adagio der 7. Sinfonie, welche Bruckner im tiefsten Schmerz über Meister Wagners Tod niederschrieb. – Da klärte sich der Himmel und mit gottvoller Weihe ertönte ein im händelschen Stile gehaltenes Intermezzo, welches Bruckner den Trauerweisen, verwoben mit einem Thema der in Steyr vollendeten 8. Sinfonie, als jubelnden Gesang folgen ließ. Nochmals kehrte das Wälsungen- und Siegfriedmotiv aus der Trilogie zurück, die Trauer aber war verschwunden, in großartigem Gesange, aus allen Registern ertönend, rauschten mächtige Akkorde und eilten jubelnd und jauchzend dem Ende zu.«

Zum ersten Male waren hier Klänge aus der neuen, aus Bruckners gewaltigster Sinfonie öffentlich zu hören. Sie und die unvollendet gebliebene 9. Sinfonie d-Moll (WAB 109) gelten bis heute zu Recht als seine bedeutendsten sinfonischen Werke, zukunftsweisend sowohl in ihrer musikalischen Sprache als auch in ihren ernsten, ja tragischen Zügen, in denen sich prophetisch die großen Erschütterungen der Welt nach der Jahrhundertwende ankündigen. Aber noch war die 8. Sinfonie nicht beendet, nicht uraufgeführt.

Weitere Erfolge gab es zunächst mit neuen vokalsinfonischen Werken, Chören, besonders mit dem »Te Deum«, das auch in München unter Levi stürmisch gefeiert wurde. Bruckner hatte Erfolg mit seinen Werken in Linz, beim 12. Gründungsfestkonzert seiner ehemaligen Liedertafel »Frohsinn«. In Wien setzte sich der von Freund Weinwurm geleitete Akademische Gesangverein für seine Musik ein. 1886 war er wieder in Bayreuth, wo zum ersten Mal »Tristan und Isolde« erklang. Tief erschüttert ehrte er den während dieser Festspiele verstorbenen Franz Liszt mit einer Orgelimprovisation über Themen aus »Parsifal« an der Orgel der Bayreuther katholischen Kirche. In Wien machte die Aufführung der 7. Sinfonie am 21. März 1886 unter Hans Richter vorwiegend einen tiefen Eindruck. Selbst Hanslick mußte trotz seiner allgemeinen Ablehnung zugeben, »daß es gewiß noch niemals vorgekommen, daß ein Komponist nach jedem Satz vier- bis fünfmal hervorgerufen wurde«. Während eines Banketts nach dieser Aufführung erklärte Richter, daß bei den Philharmonikern die Stimmung zugunsten Bruckners umgeschlagen wäre und es nicht mehr vorkommen würde, daß dessen neue Werke erst über Umwege nach Wien gelangten. Dennoch blieb es in Wien bei einer gewissen Zurückhaltung Bruckner gegenüber. Daran änderte auch die Auszeichnung des Komponisten mit dem Franz-Joseph-Orden nichts, die ihm immerhin vom Kaiser eine Personalzulage von 300 Gulden sowie Mittel zur Förderung der Herausgabe seiner Werke einbrachte. Am 23. Juni 1887 konnte Bruckner erfreut dem alten Freund Mayfeld berichten: *Seine Majestät geruhen mir wissen zu lassen, daß meine Kunstreisen etc. mein allergnädigster Kaiser und Herr bezahlen werde, und wenn es Tausende sein sollten.*

Auch als Lehrer hatte sich der Komponist nun in Wien einen Namen gemacht, den ihm nur die »Brahmsianer« absprachen. Zu ihm kamen Schüler aus Österreich, Deutschland, Frankreich, aus den USA. Mancher Name war dabei, der noch heute einen guten Klang hat: unter den Komponisten vor allem Hugo Wolf, unter den späteren Dirigenten Ferdinand Löwe, Felix Mottl, Franz und Josef Schalk, unter den Musikschriftstellern Guido Adler, Ernst Decsey. Noch immer unterrichtete Bruckner nach den Grundsätzen seines Lehrers Simon Sechter. Noch immer sah er es ungern, wenn seine Schüler mit eigenen Kompositionen in den Unterricht kamen. Noch immer pochte er pedantisch auf Pünktlichkeit und würzte die trockene Musiktheorie mit plastischen Späßen. Eine unvorbereitete Septime war bei ihm die »Tante«, die zum Schrecken der Familie als Besuch erscheint. Die Auflösung einer Dissonanz wurde durch ein Gleichnis aus dem Badesport (Bruckner war ein ausgezeichneter Schwimmer und Taucher) klargemacht: Ein Schwimmer springt hoch vom Trampolin ins ›erlösende‹ Wasser. Die Dissonanz ist der Bock, der in einen Garten einbricht und vom Gärtner ›eins über den Schädel‹ bekommt. Es konnte auch passieren, daß der Herr Professor den staunenden Adepten aus seinen Sinfonien vorspielte – am Klavier, das er mit hackendem Anschlag traktierte. Nach erfolgreicher Stunde verabschiedete er sich von seinen Studenten mit tiefer Verbeugung, den seit einiger Zeit bei ihm üblichen und seitdem unvermeidlichen Schlapphut kühn durch die Luft schwingend. Ging es nicht so gut mit dem Unterricht, dann empfahl sich der Lehrer grußlos, Schimpfworte wie das bei ihm beliebte »Viehkerln« zwischen den Zähnen knirschend.

Erst am 10. September 1887 schickt Bruckner die einen Monat zuvor beendete 8. Sinfonie an Hermann Levi nach München und bietet sie hoffnungsvoll zur Uraufführung an: *Möge sie Gnade finden! Die Freude über die zu hoffende Aufführung durch hochdesselben Meisterhand ist allgemein eine unbeschreibliche.* Levi studiert die Partitur – und weiß nichts mit ihr anzufangen. Verzweifelt wendet er sich zunächst nicht an den Komponisten, sondern an seinen musikalischen Adlatus Schalk: »Fern sei es von mir, ein Urteil aussprechen zu wollen. – Es ist ja sehr möglich, daß ich mich täusche – daß ich zu dumm oder zu alt bin – aber ich finde die Instrumentation unmöglich und was mich besonders erschreckt hat, ist die große Ähnlichkeit mit der 7ten, das fast Schablonenmäßige der Form. – Der Anfang des 1. Satzes ist grandios, aber mit der Durchführung weiß ich gar nichts anzufangen. Und gar der letzte Satz – das ist mir ein verschloßnes Buch. Was nun tun! Mir graust es, wenn ich daran denke, wie diese Nachricht auf unseren Freund wirken wird! Ich kann ihm nicht schreiben. ... Wenn es damit abgetan wäre, daß er mich für einen Esel, oder was noch schlimmer, für einen Treulosen hielte, so wollte ich mir dieß ruhig gefallen laßen. Aber ich fürchte Schlimmeres, fürchte, daß ihn diese Enttäuschung ganz niederbeugen wird.«

Schalk antwortet denn auch Levi, der Komponist sei »sehr hart betroffen«. Er fühle sich unglücklich und sei keinem Trostwort zugänglich. Aber, so Schalk, »ich hoffe, daß er sich bald beruhigen wird und eine Umänderung des Werkes, welche er übrigens bereits mit dem ersten Satz begonnen, nach Ihrem Rat vornimmt. Gegenwärtig sollte er freilich lieber nicht arbeiten, da er aufgeregt und verzweifelt über sich selbst ist und sich nichts mehr zutraut ...« Bruckner unterbricht die schon begonnene Arbeit an der 9. Sinfonie und beschäftigt sich bis 1892 vorwiegend mit Bearbeitungen älterer Werke (der 8., 3., 1., 2. Sinfonie, den Messen f-Moll, e-Moll). Überdies schreibt er einen 150. Psalm (WAB 38) und das Männerchor-Werk »Helgoland« (WAB 71). Erst danach beginnt er, an der 9. Sinfonie weiterzuarbeiten.

1890 wurde die zweite Fassung der 8. Sinfonie abgeschlossen. Im Januar 1891 wandte sich Bruckner an Felix Weingartner mit aufschlußreichen Fragen zur Vorbereitung einer Aufführung: *Wie geht es der achten? Haben Sie schon Proben gehabt? Wie klingt sie? Bitte sehr, daß Finale so wie es angezeigt ist, fest zu kürzen; denn es wäre viel zu lange und gilt nur späteren Zeiten und zwar für einen Kreis von Freunden und Kennern. Die Tempi bitte ich, ganz ad libitum (wie Sie selbe brauchen zur Deutlichkeit) abändern zu wollen.* Wenige Wochen später las Weingartner: *Bitte nur zu verfügen wie es Ihr Orchester erfordert; aber die Partitur bitte ich nicht zu ändern; auch bei Drucklegung die Orchesterstimmen unverändert zu lassen, ist eine meiner innigsten Bitten.* Inzwischen hatte sich auch in Wien die Stimmung geändert. Am 18. Dezember 1892 kam diese zweite Fassung der 8. Sinfonie dort mit den Philharmonikern unter Hans Richter zur Uraufführung. Hanslick kritisierte mit gewohnter Schärfe den »traumverwirrten Katzenjammerstil« dieser Musik, registrierte aber auch den tosenden Jubel, der die Uraufführung feierte, und sann darüber nach, ob solchen Klängen nicht vielleicht doch die Zukunft gehöre.

Schon im Dezember 1890, während der ebenfalls viel beachteten Wiener Erstaufführung der 3. Sinfonie d-Moll hatte Hanslick scharf und gründlich wie immer geurteilt, aber doch eine zunehmend achtungsvolle Haltung gegenüber dem Künstler Bruckner zu erkennen gegeben: »Von Herzen gönne ich dem mir seit dreißig Jahren befreundeten, begabten und ehrenwerten Mann diesen Jubel, in welchen einzustimmen mir unmöglich ist.« Dazu sah sich der schockierte Komponist plötzlich im Besitz eines Porträtfotos von Hanslick mit der Widmung: »Meinem verehrten Freunde«!

Während des Sommers 1891 war der nun 67jährige wieder in Bayreuth, in St. Florian, Linz, Steyr und Vöcklabruck. Und wieder machte er Bekanntschaften. Diesmal vor allem mit einer jungen, hübschen Kaufmannstochter aus Altheim, Minna Reischl. Im September erschien er bei deren Eltern und hielt um die Hand des Mädchens an. Aber die Familie hatte Bedenken. So kam am Ende – wegen des zu großen Altersunterschiedes – eine Absage. Übrigens: Minna Reischl heiratete später einen Großindustriellen, blieb aber Bruckner bis zu seinem Tode in Freundschaft verbunden. In Linz neckte man den unermüdlichen Verehrer des weiblichen Geschlechtes derweil: »Aha, bist wieder einmal heirat'n g'wes'n!«

Unter den zahlreichen Ehrungen, die dem alternden Bruckner zuteil wurden, war die Ernennung zum Ehrendoktor der Wiener Universität für ihn die erfreulichste. Sie kam über einen Antrag der philosophischen Fakultät zustande. Früher hatte er sich, zum Teil in Reaktion auf solche Ehrungen zum Beispiel für Brahms, den Titel durch Petitionen im wahrsten

Sinne des Wortes erstritten – so bei den Universitäten Cambridge (1882), Philadelphia und Cincinnati (1885). ›Seine‹ Wiener Hochschule war aber nun die erste, die ihm den Titel ohne eigene Bittschrift zuerkannte! Am 7. November 1891 stand er denn als »candidatus philosophiae« zur feierlichen Promotion im Senatssaal der Universität. Am 11. Dezember brachte ihm der Akademische Gesangverein einen Festkommers in den Sophiensälen. 3000 Menschen sollen daran teilgenommen haben. Die Festrede des Rektors endete mit dem Satz: »Ich beuge mich vor dem ehemaligen Unterlehrer in Windhaag.« Bruckner dankte, fand nur schwer die richtigen Worte und schloß endlich: *So, wie ich möchte, kann ich Ihnen nicht danken, wäre eine Orgel hier, ich würde es Ihnen schon sagen.* Zwei Tage nach dem Kommers, am 13. Dezember, dankte der Komponist dann auf seine Weise: Hans Richter führte mit den Philharmonikern die umgearbeitete 1. Sinfonie, »das Beserl«, auf, und Bruckner widmete sie der Universität. Noch im Dezember kam es in Wien zu einer glänzenden und erfolgreichen Wiedergabe des »Te Deum« in einem Gesellschaftskonzert unter Wilhelm Gericke. Aufführungen in Amsterdam, Christiana, Stuttgart, Dresden, Hamburg (unter Mahler, wie schon berichtet) und Cincinnati folgten. Die Aufführung in Cincinnati fand unter Mitwirkung von 800 Sängern und 120 Musikern vor 7000 Zuhörern statt.

Mag man aus heutiger Sicht die Ende der achtziger Jahre des vorigen Jahrhunderts begonnene allgemeinere Anerkennung des Komponisten Bruckner in Europa und auch in seiner Heimat als Akt historischer Gerechtigkeit sehen, doch muß dabei berücksichtigt werden, daß in der Donaumonarchie zu jener Zeit ein Umschlag der politischen Meinung erfolgte, der auf die Wertschätzung Bruckners nicht ohne Auswirkung blieb. Der Widerstand der slawischen Völker und Volksgruppen in Österreich gegen die Vorherrschaft der deutsch sprechenden Österreicher sowie der rapide abnehmende Einfluß der Monarchie auf das Ausbalancieren der Volksgruppen in dem Vielvölkerstaat riefen eine wachsende Reaktion konservativen Charakters auf den Plan. Eva Priester hat diese Entwicklung auf den Punkt gebracht: »Der einzige Ausweg war ein Taschenspielertrick, der aus der deutschsprachigen Minderheit in Österreich eine überwältigende Mehrheit machen würde, der Taschenspielertrick der ›Stärkung des deutschen Elements in Österreich‹ durch die wirklichen Deutschen, der Anschluß Österreichs an Deutschland.« Dafür wirkte der 1882 gegründete, bis zum endgültigen Fiasko der Monarchie 1918 bestehende »Deutschnationale Verein« Georg Schönerers, dafür warb die 1887 vom späteren Wiener Bürgermeister Karl Lueger gegründete »Christlichsoziale Partei«, deren nationaldeutsche und betont antisemitische Haltung wenig später auch auf den jungen Adolf Hitler beträchtlichen Eindruck machte. Auch die katholische Kirche mit ihrer »Verbindung katholischer Schriftsteller« (1896), später dem »Gralsbund« (1906), wirkte darauf hin. Man entsann sich der Zeiten, da Österreich im Deutschen Bund gemeinsam mit Bayern, Baden, Württemberg gegen die preußische Vormachtstellung gekämpft hatte. Und man sah nun den Ausweg in der Verbindung des Hohenzollernstaates mit dem Habsburgerstaat. Dabei spielten die Gegensätze zwischen dem katholischen Österreich und dem protestantischen Preußen merkwürdigerweise keine große Rolle mehr. Schließlich unterwarf sich auch die 1868 gegründete Sozialdemokratische Partei Österreichs nach progressiven Anfängen auf ihrem »Einigungsparteitag« 1888/89 der reaktionären »Anschluß-Ideologie«. So nahm es nicht wunder, daß der deutsche Botschafter in Wien 1890 nach Berlin berichtete: »Die Überzeugung, daß in Zukunft nur der staatliche Anschluß an das übrige, an der Spitze der Zivilisation schreitende Deutschland den Bedürfnissen der neun Millionen Deutschösterreichs Genüge leisten kann, gewinnt, selbst in gemäßigteren Kreisen, täglich mehr an Boden. Nur dieser Anschluß und die Mitwirkung der ganzen deutschen Nation können, nach der Ansicht der meisten denkenden Politiker, die Errichtung des tschechischen Staates und den Untergang des Deutschtums in Österreich verhindern.«

In den deutschnationalen Sog jener Zeit geriet auch Bruckners Musik. Eine Rezension der »Neuen Freien Presse« anläßlich der Aufführung seiner 3. Sinfonie 1890 ging durchaus zutreffend auf solche Zusammenhänge ein: »Wurden die Symphonien Bruckners früher todtgeschwiegen, so werden sie jetzt todtgebrüllt. Der conservativen Kritik hat Anton Bruckner stets zum Hohn und Spott gedient. So geriet er in die Hände politischer Parteigänger, welche aus allen Gebieten sich des ›verlassenen Mannes‹ anzunehmen pflegen, um ihn schließlich gänzlich zu discreditieren. Dieses Schicksal droht dem verlassenen Symphoniemann, wenn die Aufführungen seiner Schöpfungen weiter unsere Concertsäle auf den wüsten Ton gewisser Wählerversammlungen stimmen werden.« Bleibt anzumerken, daß Bruckner von solchen deutschnationalen Optionen nicht nur betroffen wurde, sondern daß er ihnen mit manchem Gelegenheitswerk direkt entsprochen hat – beispielsweise mit dem 1893 komponierten Werk »Helgoland« (WAB 71) für Männerchor und Orchester auf schwülstige Verse August Silbersteins, dem 50jährigen Jubiläum des Wiener Männergesangvereins gewidmet. In diesen Umkreis gehört auch der Männerchor »Das deutsche Lied« mit Bläsern (WAB 63), auf Worte des Grazer Gymnasial-Professors Aurelius Polzer, die unter dem Pseudonym Erich Fels erschienen. Der d-Moll-Chor wurde am 5. Juni 1892 beim »Ersten deutschakademischen Sängerfest« in Salzburg uraufgeführt. Für die Rezeptionsgeschichte Bruckners im 20. Jahrhundert sind diese Zusammenhänge wichtig, helfen sie doch zu erklären, weshalb der oberösterreichische Landsmann Bruckners aus der Linzer Umgebung, der 1889 geborene Adolf Hitler, nicht nur Wagner, sondern auch ihn zum künstlerischen Ahnen nationalsozialistischen Kulturwillens verfälschte.

Ein gewichtigeres, größeres geistliches Chorwerk, zugleich Bruckners letztes Werk dieses Genres, ist der im Juni 1892 vollendete 150. Psalm (»Halleluja! Lobet den Herrn!«) für Soli, Chor und Orchester (WAB 38), in C-Dur stehend wie das »Te Deum«, voll prächtiger Klangfarben, mit innigem Sopran- und Violinsolo an die Beethovensche »Missa solemnis« erinnernd. Im Juli kam auch ein größerer Vertrag mit dem Wiener Verlagshaus Josef Eberle & Co. zustande, die Veröffentlichungen der Sinfonien 1, 2, 5, 6, der Messen e-Moll und f-Moll, des 150. Psalms betreffend. Bis dahin waren nur das Streichquintett und die 3. und 7. Sinfonie erschienen.

Im Sommer des gleichen Jahres reiste Bruckner zum letzten Male nach Bayreuth. Hier wurde ihm diesmal ein würdiger Empfang bereitet. Der Frühaufsteher pflegte beim Spaziergang durch den Hofgarten mit Vorliebe am Grabe Wagners andächtig zu verweilen. Nach Bayreuth hatte er auch die Skizzen zum ersten Satz seiner 9. Sinfonie d-Moll (WAB 109) mitgebracht. Im Festspielhaus hörte er »Tannhäuser« und »Parsifal«. In Bayreuth erkrankte er aber auch ernstlich und wurde von dem dort weilenden Prager Universitätsprofessor Dr. von Rosthorn behandelt. Den Rest des Sommers verbrachte er wieder in Steyr und Kremsmünster, erneut von einem schmerzlichen Fußleiden gequält. Die Krankeitssymptome, Anzeichen von Sklerose und Wassersucht, mehrten sich. Auch litt er, trotz des zunehmenden Erfolgs seiner Werke, an Depressionen.

In Wien wurde es einsam um ihn. Auch das mochte ihn immer wieder zu Heiratsgedanken veranlaßt haben. Daheim, in der Heßgasse 7, kam zu bestimmten Stunden Katharina Kachelmayr, die »Kathi«, seine Haushälterin seit rund 20 Jahren, um aufzuräumen, sich um ihn zu kümmern. Es war eine einfache Wohnung. Im Vorzimmer stand eine Badewanne, hingen Kränze als Zeugen seiner Konzerterfolge. Blau gestrichen war das Arbeitszimmer mit dem alten Bösendorfer Flügel, einem Harmonium mit Orgelpedal, einem kleinen Tisch und nötigstem Gestühl, einer Fotografie Bruckners vom Fotografen Hanfstaengl in München und ein Ölbild. Die Wände des Schlafzimmers schmückten Bilder seiner »lieben Meister« und am Boden stand eine von Tilgner modellierte Bruckner-Büste. Der Komponist zeigte sie Besuchern gern, legte dann die Hand auf ihren Kopf und meinte, nachsichtig lächelnd, *Guter Kerl*! Ein englisches Messingbett an der Wand hatten ihm Studenten geschenkt. *Das ist mein Luxus,* pflegte er zu spötteln.

Bequemlichkeit ging ihm über alles, auch in der Kleidung. Zuhause trug er ein blaues Hemd mit weitem, ungestärktem Kragen, eine Drillichhose und Schlappschuhe. Wenn Besuch kam, zog er, falls er es nicht vergaß, einen weiten Lüsterrock an. Frau Kathi hielt Besucher von ihm fern, vor allem, wenn er »kombinierte«, wie sie sich auszudrücken pflegte. Komponiert wurde mit Vorliebe am Morgen. Manchmal stand Bruckner auch nachts auf, um einen musikalischen Gedanken zu fixieren. Dann brannten zwei Kerzen, denn eine Petroleumlampe besaß er nicht. Wegen seiner Nachtarbeit wurde die um seine Gesundheit besorgte Kathi oft energisch. Aber Bruckner wehrte sich: *Was verstehst denn du davon? Man muß komponieren, wann an was einfallt.* Ansonsten suchte er der Kathi zu imponieren: *Wissen's, wer i bin? I bi da Bruckner!* Aber sie reagierte dann schlagfertig »Und i bin di Kathi!« Später erinnerte sie sich wehmütig ihres Herrn: »Grob war er, aber guat.«

Im Frühjahr 1893 gibt es weitere erfolgreiche Aufführungen unter Levi und unter Mahler in München, Berlin, Hamburg und Düsseldorf. In Steyr bringt der Bruckner-Schüler Franz Bayer die d-Moll-Messe, die er dann in den kommenden Jahren regelmäßig zum Ostersonntag wiederholen wird. Am 23. März 1893 erklingt die f-Moll-Messe – wie Hanslick schon 1872 anregte – erstmals in einer reinen Konzertaufführung, veranstaltet vom »Akademischen Wagner-Verein«, geleitet von Joseph Schalk. Den Instrumentalpart haben die Musiker des Tanzorchesters von Eduard Strauß übernommen. Hanslick ist hier kritischer als seinerzeit bei der Uraufführung. Er schreibt über die Aufnahme des Werkes bei den Hörern, sie »schmeckte, trotzdem sich der Komponist mit seinem ›charakteristischen Claudius-Kopf‹ nach jedem Teil dankend verneigen mußte, doch schließlich stark nach Müdigkeit und Enttäuschung«.

Krankheiten machen Bruckner das Leben immer schwerer. Das Wasser verursacht Schwellungen, die die Herztätigkeit beeinträchtigen. Er wird punktiert. Die Ärzte verordnen Schonung. Im September wird er vorübergehend bettlägerig. Dennoch arbeitet er weiter. Vor allem an der 9. Sinfonie, deren Trio am 27. Februar abgeschlossen wird, nachdem bereits im Oktober letzten Jahres der 1. Satz zu Ende geführt worden ist. Die Partitur des symphonischen Chores »Helgoland« entsteht. Neben der 9. beschäftigen ihn aber auch andere Pläne, darunter merkwürdigerweise ein Opernprojekt. Die Schriftstellerin Gertrud Bollé hat ihm – unter männlichem Pseudonym – angeboten, ein Opernlibretto zu verfassen. Bruckner antwortet ihr im September 1893: *Ich bin leider immer krank! Auf Befehl der Ärzte muß ich jetzt ganz ausruhen. Dann gedenke ich meine neunte Symphonie ganz fertig auszucomponieren, wozu ich fürchte 2 Jahre zu brauchen. Lebe ich dann noch und fühle die nöthige Kraft, dann will ich herzlich gern an ein dramatisches Werk gehen. Wünschte mir dann eins à la Lohengrin, rom.religiös-misteriös und besonders frei von allem Unreinen! – Also jetzt bin ich ein gebrochener Mann. Nachher bin ich ja stolz und glücklich, einen genialen Dichter zu finden.*

Am 8. Oktober 1893 nimmt er in Wien zum letzten Male an der Uraufführung eines seiner Werke teil: Zum Jubiläum des »Wiener Männergesangvereins« wird unter der Leitung von Eduard Kremser »Helgoland« uraufgeführt. Dann tritt Besserung ein. Bruckner komponiert wieder und geht sogar auf Reisen, unter anderem in Begleitung Hugo Wolfs nach Berlin. Dort hört er unter Karl Muck seine 7. Sinfonie, unter Siegfried Ochs sein »Te Deum« mit dem Philharmonischen Chor, dem Wolfs Chöre »Feuerreiter« und »Elfenlied« vorausgehen. An der Wiederholung dieses Abends nimmt auch das deutsche Kaiserpaar teil.

Schmerzlich beklagt der Komponist, daß ihn seine Krankheit hindere, an der Uraufführung seiner vor 17 Jahren vollendeten 5. Sinfonie unter Schalk in Graz (April 1894) teilzunehmen. Im Sommer 1894 tritt noch einmal Besserung seines Befindens ein. Er reist zum letzten Male nach Oberösterreich und feiert am 4. September in Steyr seinen 70. Geburtstag – in aller Stille. Die für Wien geplanten Feierlichkeiten mußten auf Drängen des Arztes abgesagt werden. Aber zahlreiche Depeschen und Glückwunschbriefe erreichen den Jubilar. Darunter ein Schreiben des Wiener Tonkünstlervereins. Darin heißt es: »Sie blicken auf ein langes Leben zurück und dürfen mit Befriedigung der Anerkennung und der Ehren gedenken, die Ihnen für ernstes und hohes Streben geworden sind. Sie werden sich mit Freuden erinnern, wie laute Zustimmung Paul Heyse fand, als er mit begeisterten Worten Ihnen seine Bewunderung und Verehrung aussprach; am wertesten aber wird Ihnen sein, sich von der Jugend, namentlich von der studierenden Jugend Wiens so allgemein und so ungemein hoch verehrt zu wissen und diese Verehrung durch den Akademischen Senat bekräftigt zu sehen. Uns steht nicht die Feder eines Paul Heyse zu Gebote, wir können Sie nur bitten, unseren herzlichsten kollegialen Gruß genehmigen zu wollen und den Wunsch, Sie mögen sich noch lange ungetrübter Lebenslust und ungeschwächter Schaffenskraft erfreuen.« Unter den Unterzeichnenden ist auch – Johannes Brahms! Anläßlich des Geburtstages wird Bruckner unter anderem auch Ehrenbürger von Linz, des weiteren Ehrenmitglied des Wiener »Schubert-Bundes« und der »Steyrer Liedertafel«.

Er reist nach Wien zurück und beginnt am 29. Oktober sogar wieder seine Vorlesungen zu halten. Aber von der Krankheit gezeichnet, wirkt er vergreist. Aufgrund der fehlenden Zähne sind die Wangen eingefallen, erscheint seine Nase größer, schärfer. Atemnot plagt ihn. Den Studenten erzählt er: *Wenn nur die Atemnot nicht wäre, dann wäre ich ein gemachter Mann. Die Schwellung der Füße ist jetzt schon viel besser, auch habe ich weniger Wasser im Bauche, so daß ich es gar nicht wüßte, wenn's nicht der Doktor gesagt hätte; was liegt aber daran, besser im Bauch als im Kopf.* Freilich kann er nur noch wenige Vorlesungen absolvieren. Am 12. November tritt er zum letzten Male vor seine Hörer. Am 30. November vollendet er das Adagio der 9. Sinfonie. Das Finale wird unvollendet bleiben. Am Torso arbeitet er aber trotz zunehmender Erschwernisse körperlicher und auch geistiger Art bis zu seinem Tode. Die Korrespondenz übernimmt sein Schüler und Sekretär Anton Meißner. Er wie auch Kathi Kachelmayr stehen ihm bis zum Ende zur Seite.

Am 4. Juli 1895 kann er noch einmal eine neue Wohnung beziehen. Kaiser Franz Joseph stellt ihm Räume im »Kustodenstöckl« seines Lustschlosses Belvedere am Rande des Schloßparks kostenlos zur Verfügung. Er folgt damit einer Anregung der Erzherzogin Marie Valerie, einer großen Bruckner-Verehrerin, seit sie an einer Aufführung seines »Te Deum« teilgenommen hatte. Der Kranke wohnt hier zu ebener Erde und kann so leichter ins Freie gelangen als in seiner alten Wohnung im 3. Stock der Heßgasse 7. Finanziell ist er großzügig abgesichert. Seit 1890 bezieht er einen Ehrensold von 400 Gulden vom Lande Oberösterreich, 1895 erhält er eine Ehrengabe des Kultusministeriums (600 Gulden), für 1894 war ihm schon eine Subvention von 150 Gulden überwiesen worden.

Vom Kustodenstöckl aus kann er kleine Spaziergänge durch die Alleen unternehmen. Mit seinem schwarzen, bis zum Hals zugeknöpften Überrock, seinem weichen schwarzen Hut und dem Spazierstock mit Silbergriff ist er für die Besucher das Gartens bald eine bekannte Gestalt. Die Bank, auf der er am liebsten ausruht, heißt bald die »Brucknerbank«. Dem täglichen Leben gegenüber zeigt er seit Weihnachten 1894 zunehmende Teilnahmslosigkeit. Am zweiten Weihnachtsfeiertag spielt er beim Hochamt in Klosterneuburg zum letzten Male die Orgel. Den Anwesenden fallen Fehler auf; am Ende kommt es gar zu kräftiger Dissonanz infolge eines Pedalversehens. Ein eigenes Werk hört er zum letzten Mal am 12. Januar 1896 in einem Gesellschaftskonzert unter Richard von Perger. Auf einem Tragsessel muß der erschreckend abgemagerte Meister zu seinem Lieblingsplätzchen unter der Parterre-Loge getragen werden. Und ein letztes Mal ist er Pfingsten 1896 im Konzert. Die Wiener Philharmoniker spielen »Till Eulenspiegel« von Richard Strauss und Wagners »Das Liebesmahl der Apostel«. Am Ende des Abends kann er sich noch beim Orchester und dessen Dirigenten Hans Richter bedanken. Dann verbieten die nachlassenden Kräfte weitere Konzertbesuche.

Perioden geistigen Dahindämmerns wechseln mit solchen energischen Aufraffens, aufflackernder Arbeitskraft, in denen er sich weiter um die unvollendete 9. Sinfonie bemüht. Im Sommer 1896 kann er sich noch in der freien Luft bewegen, sitzt stundenlang auf seinem Lieblingsplätzchen. Am Morgen des 11. Oktober beschäftigt er sich am Klavier mit den Skizzen des Finales seiner 9. Wegen des rauhen Herbstwindes rät der Arzt vom Spaziergang ab. Nachmittags überkommt den Komponisten ein plötzliches Kältegefühl. Er wird zu Bett gebracht, während Kathi heißen Tee zubereitet. Den trinkt er mit Behagen, läßt sich auf dem Krankenlager zur linken Seite wenden, atmet noch einmal tief auf – und stirbt im Alter von 73 Jahren. Er selbst hatte für sein Begräbnis verfügt: *Ich wünsche, daß meine irdischen Überreste in einem Metallsarge beigesetzt werden, welcher in der Gruft unter der Kirche des regulierten lateranischen Chorherrenstiftes St. Florian und zwar unter der großen Orgel frei hingestellt werden soll, ohne versenkt zu werden, und habe hierzu die Zustimmung schon bei Lebzeiten seitens des hochwürdigen Herren Prälaten genannten Stiftes eingeholt. Mein Leichnam ist daher zu injicieren, zu welchem Liebesdienste Herr Professor Paltauf sich bereit erklärt hat, und ist alles ordnungsmäßig zu veranlassen (Leiche 1. Klasse), damit die Überführung und die Beisetzung in der von mir bestimmten Ruhestätte in St. Florian in O.Österreich bewirkt werden könne.*

Das Echo auf die Nachricht vom Tode Bruckners ist groß. Am 14. Oktober nachmittags gibt es auf Kosten der Stadt Wien eine stattliche Leichenfeier. In einem zeitgenössischen Bericht heißt es: »In das Trauergemach, in welchem Bruckners Leiche lag und welches auf Allerhöchsten Befehl mit Blumen aus der Hofgärtnerei geschmückt war, kamen gestern bis in die letzten Momente Kränze und Kränze. Um halb 2 Uhr war der Sarg aus Goldbronze geschlossen und verlöthet worden. Unterdessen hatte sich der große Platz vor dem Belvedere mit einer überaus großen Menschenmenge gefüllt. Es bildete sich ein Spalier, inmitten dessen sich vorerst die Chargierten der akademischen Korporationen einfanden, die in vollem Wichs vorgefahren waren. Eine Abordnung legte kurz vor 3 Uhr zwei prachtvolle Kränze am Sarge nieder. Bald danach trugen Bedienstete der Entreprise den Sarg aus dem Gemache und stellten ihn auf den sechsspännigen Galawagen. Der Zug rangierte sich, um sich zur Kirche in Bewegung zu setzen. Voraus ritt ein Herold. Ihm folgten die akademischen Korporationen unter Vorantragung des Universitätsbanners, der ›Schubertbund‹, viele andere musikalische Vereine und die beiden Blumenwagen. Den Leichenwagen flankierten Magistratsdiener, Chargierte mit gezückten Schlägern und Bedienstete der Entreprise mit brennenden Wachsfackeln. Ein Hausoffizier der Entreprise trug auf rotem Samtkissen den Franz-Josephs-Orden. Im ersten Wagen, der dem Sarge folgte, saßen Bruckners Bruder Ignaz Bruckner und seine beiden Neffen. Ehe der Sarg auf den Wagen gestellt war, sang der akademische Gesangverein, begleitet vom Waldhornquartett, einen Trauerchoral.

An dem dichten Spalier vorbei nahm der Kondukt seinen Weg zur Pfarrkirche zu St. Karl Borromäus. Um halb 3 Uhr fanden sich die Mitglieder des Wiener Männergesangvereines und des Singvereines im Gotteshause ein und nahmen im Presbyterium Aufstellung. Die ersten Trauergäste fanden sich schon nach 2 Uhr ein. Die Auffahrt dauerte bis 3 Uhr. Unter den Anwesenden waren zu bemerken: In Vertretung Sr. Exzellenz des Unterrichtsministers Freiherrn v. Gautsch, welcher einer Sitzung beiwohnen mußte, die Sektionschefs Graf Latous und Ritter v. Hartel, Se. Excellenz der General-Intendant der Hoftheater Freiherr v. Bezecny, Ministerialrat Hertz, Hofrat Professor Pölzl, Hofrat Zeißberg, Hofrat Koch v. Langentreu, der Direktor des Hofoperntheaters Jahn, Hofkapellmeister Johann Nepomuk Fuchs, Johannes Brahms, Kompositeur Ritter v. Goldschmidt, viele Stadt- und Gemeinderäte, Künstler, Professoren etc. etc. Unter großer geistlicher Assistenz nahm Pfarrer Doner die feierliche Einsegnung vor. Während der Einsegnung trug der Wiener Männergesangverein unter Eduard Kremser's Leitung das ›Libera‹ von Herbeck vor. Nach der Zeremonie sang der ›Singverein‹ unter Richard Perhers Leitung die ›Litanei‹ von Franz Schubert. Die begleitende Musik wurde vom Waldhornquartett der Hofoper ausgeführt (Aus dem Adagio der 7.Sinfonie, von F.Löwe eingerichtet). Als der Sarg wieder auf dem Wagen stand, trat ein Mediziner vor und nahm im Namen des Wiener akademischen Gesangvereines und der Wiener deutschen Studentenschaft Abschied von Bruckner. Sodann setzte sich der Kondukt um halb 5 Uhr nach dem Westbahnhofe in Bewegung. Der Bürgermeister, die beiden Vizebürgermeister, viele Stadt- und Gemeinderäte und andere Trauergäste, sowie die Familien folgten im Wagen. In allen Gassen, die der Zug auf seinem ferneren Wege passierte, standen dichte Menschenmassen. Der Sarg mit der Leiche wurde von der Entreprise des pompes funèbres nach dem Geburtsort Bruckners, St. Florian in Oberösterreich, gebracht, um in der dortigen Stiftskirche beigesetzt zu werden.«

Sein Sarkophag steht noch heute, wie er es sich gewünscht hat, in der Gruft unter der großen Orgel der Kirche in St. Florian, seinem langjährigen Wirkungsort, an den er auch später immer wieder gern zurückgekehrt ist.

Zeitzeugen haben berichtet, daß Brahms, selbst schon schwerkrank, den Trauerzug vor der Karlskirche erwartet, dann aber den Kirchenraum nicht betreten hat. Hugo Wolf, der jugendliche Bruckner-Verehrer und -Vertraute, ist durch einen Gendarmen am Zutritt zum Gotteshaus gehindert worden. Einem Freunde schrieb er: »Zu Bruckners Leichenfeier wurde ich in die Karlskirche nicht vorgelassen, weil ich mich nicht als Mitglied des Singvereins legitimieren konnte. Ist das nicht heiter? Dafür aber war der philharmonische Pöbel vollzählig vertreten, da es ein Gratiskonzert – Adagio der 7. Sinfonie – in der Kirche gab.« Am Tag vor der Beisetzung hatte Wolf notiert: »Die Leute haben noch heute keine Ahnung von der Bedeutung dessen, dem sie morgen das letzte Geleit geben.«

Die unvollendete 9. Sinfonie schließt Bruckners Werk ab. Dieser Sinfonie gleichsam testamentarisches Gewicht beizumessen, dürfte aber übertrieben sein. Die Gedanken und Pläne des Komponisten schweiften – wie angedeutet – weiter. Als am 11. Februar 1903 das Fragment der 9. in der Beethoven-Tonart d-Moll zum ersten Mal erklungen war, gespielt vom Wiener Konzertvereinsorchester unter Ferdinand Löwe, rückte es bald darauf in der Gunst der Hörer neben der 4. und 7. Sinfonie ins Zentrum des Bruckner-Interesses. Freilich: Auch hier war Löwes bearbeitende Hand im Spiele gewesen. An die Stelle des fehlenden letzten Satzes hatte er damals – nach respektvoller Pause, hierin einer Anregung Bruckners folgend – dessen »Te Deum« gestellt.

Das Werk

Jugendwerke (bis 1844)

1835 *Pange lingua* C-Dur (WAB 31)
Hymnus (Thomas von Aquino)
Bes: 4stgemCh acap
K: zwischen 1835-1843 (Hörsching) 1. Fassung, Revision: 19.4.1891 (2. Fassung)

1837 Präludium für Orgel Es-Dur (WAB 127)
K: um 1837 (Hörsching)
E: 1934

4 Präludien für Orgel Es-Dur (WAB 128)
K: um 1837 (Hörsching)
E: 1922

1842 Messe C-Dur (WAB 25) »Windhaager Messe«
Vgl. Einführung

1843 *An dem Feste, das uns heute* Des-Dur (WAB 59)
Text: Alois Knauer
W: Auf das feierl. Geburtstfest des Hochw. Herrn Dech. und Stadtpfarrers in Enns am 19.9.1843
Bes: 4stgemCh acap
K: 1843 (Mit neuem Text bearbeitet von A. Zehelein)
E: 1922
UA: Enns, 19.9.1843

Asperges me aeolisch (WAB 3,1)
Asperges me F-Dur (WAB 3,2)
Vgl. Werk-Einführung

Festlied D-Dur (WAB 67)
Bes: 4stMCh acap
K: 1843
E: 1928

Libera me, Domine F-Dur (WAB 21)
Bes: 4stgemCh, Org
K: um 1843 Kronstorf
E: 1922
UA: zur Entstehungszeit in Kronstorf
Missa pro Quadragesima, ohne Gloria und Credo (WAB 140)
W: Für den ersten Sonntag in der Fastenzeit

Bes: 4stgemCh, Pos, Org
K: zwischen 1843 und 1845 Kronstorf
E: 1928

Pange lingua D-Dur (Tantum Ergo) WAB 32
Text: Thomas von Aquino
W: Für St. Florian
Bes: 4stgemCh acap
K: 1843, Kronstorf
E: 1914
UA 1843, St. Florian

Tafellied Des-Dur (WAB 86)
Text: Karl Ptak
Bes: 4stMCh acap
K: 1843, Ergänzungen und Änderungen 22.2.1893
E: 1922
UA: 11.3.1893 Wien, Wiener Akad. Gesangverein, Ltg Raoul Mader

1844 *Christus factus est* (I) F-Dur (WAB 9) Choralmesse
Bes: 4stgemCh acap
K: 1844 Kronstorf (?)
E: 1922

St. Florian (1845-1855)

1845 Duetto *Wie des Bächleins Silberquelle* G-Dur (WAB 137)
W: Prälat Michael Arneth
Bes: 2 S, Klav
K: um 1845 St.Florian

Herz-Jesu-Lied B-Dur (WAB 144)
Text: Marinelli (?)
Bes: 4stgemCh, Org
K: um 1845 St. Florian
E: 1928

Das Lied vom deutschen Vaterland Des-Dur (WAB 78)
Text: Franz Xaver Müller
W: Hans Schläger St. Florian (Gründer eines Männerchores)
Bes: 4stMCh acap
K: 1845 (?) St. Florian
E: 1928
UA: 11.10.1921 St. Florian, Ltg: Franz Xaver Müller

O du liebes Jesukind F-Dur (WAB 145)
Text: Schullied
Bes: Singst, Org
K: um 1845 St. Florian
E: 1928

Vergißmeinnicht D-Dur (WAB 93) (Musikalischer Versuch nach dem Kammerstyl)
W: Pfarrer Alois Knauer (2. Fassung); Friedrich Mayer, Chorherrn und Kanzleidirektor zu St.Florian (3. Fassung)
Bes: 8stgemCh, 4Soli, Klav
K: 1845
E: 1921

Messe (nur Kyrie) Es-Dur (WAB 139)
Bes: 4stgemCh, 2Ob, 3Pos, Org
K: um 1846 St. Florian

Ständchen G-Dur (WAB 84) Wie des Bächleins Silberquelle
W: Frau Schlager (Gattin des Bürgermeisters von St. Florian)
Bes: Männerquartett mit Brummstimmen, T-Solo acap
K: um 1846
E: 1928

4 Tantum ergo Es-Dur, C-Dur, B-Dur, As-Dur (WAB 41)
Text: Thomas von Aquino
Bes: 4stgemCh acap
K: 1846, Verbesserung 1888
E: 1893
UA: St. Florian

Vorspiel d-Moll für Orgel (WAB 130)
W: Pater Ignaz Traumihler, Regens Chori in St. Florian
Bes: Org
K: um 1846 oder um 1852
E: 1927

Tantum ergo D-Dur (WAB 42)
Text: Thomas von Aquino
Bes: 5stgemCh (2S, A, T, B), Org
K: bis 9.6.1846, Revision 1888
E: 1893
UA: St. Florian

1847 *Aequale* c-Moll (WAB 114)
Bes: 3 Pos
K: Januar 1847 (St. Florian)
E: 1928
UA: St. Florian (für Begräbnisse)

Der Lehrerstand Es-Dur (WAB 77)
Text: *Die Zeit weiset auf einen Stand* (Ernst Marinelli ?)
W: gewidmet dem hochverehrten Herrn Michael Bogner, Schullehrer in St. Florian
Bes: 4stMCh acap
K: um 1847, St.Florian
E: 1928
UA: St. Florian, Liedertafel

Vorspiel und Fuge c-Moll (WAB 131)
Bes: Org
K: 15.1.1847 St. Florian
E: 1929

1848 *In jener letzten der Nächte* Choral f-Moll (WAB 17)
Vgl. Einführung

Requiem d-Moll (WAB 39)
Vgl. Einführung

Sternschnuppen F-Dur (WAB 85)
Text: *Wenn Natur die sanften Lider* (Ernst Marinelli?)
W: Für das Männerquartett Ludwig Ehrenecker, Franz Schäfler, Anton Bruckner und Joh.Nepomuk Hueber
Bes: Männerquartett acap
K: 1848 St. Florian
E: 1928
UA: St.Florian

Tantum ergo D-Dur (WAB 42)
Text: Thomas von Aquino
Bes: 5stgemCh, Org
K: 1846?; revid. 1888
E: 1928

1849 *Tantum ergo* A-Dur (WAB 43)
Text: Thomas von Aquino
Bes: 4stgemCh, Org
K: 1848 oder 1849
E: 1928

1850 *Lancier-Quadrille* C-Dur (WAB 120) <Klavier>
Vgl. Einführung

Steiermärker-Tanz G-Dur (WAB 122) <Klavier>
Vgl. Einführung

1851 *Entsagen*, Kantate B-Dur (WAB 14)
Text: *O Maria, du Jungfrau mild* (Oskar von Redwitz)
W: Michael Arneth (Prälat von St. Florian) zum Namensfeste
Bes: S, T, 4stgemCh, Org oder Klav
K: um 1851 St. Florian
E: 1928

Frühlingslied A-Dur (WAB 68)
Text: *Leise zieht durch mein Gemüt* (Heinrich Heine)
W: Fräulein Aloisia Bogner
Bes: Singstimme, Klav
K: 1851 St. Florian
E: 1928

Die Geburt Des-Dur (WAB 69)
Text: *Es landet ein Fremdling im Hafen der Welt*
W: Zum Namensfest von Josef Seiberl (Nachfolger Bruckners als Stiftsorganist in St. Florian)
Bes: 4stMCh acap
K: 1851 St. Florian
E: 1928
UA: März 1852 St. Florian

Das edle Herz A-Dur (WAB 65) 1. Vertonung
Text: *Wer im Busen nicht die Flamme* (Ernst Marinelli)
W: Chorherrn Paulitsch, St. Florian, zum Namensfest (Lehrer Bruckners)
Bes: 4stMCh acap
K: um 1851 St. Florian
E: 1928

2 Sängersprüche D-Dur, A-Dur (WAB 83)
Text 1: *Ein jubelnd Hoch in Leid und Lust*;
Text 2: *Lebt wohl, ihr Sangesbrüder*
W: Der Liedertafel Eferding für das Passauer Sängerfest
Bes: 4stMCh acap
K: 1851 St. Florian
E: 1928

1852 *Nachspiel* für Orgel d-Moll (WAB 126)
W: Sr. Hochwürden Herrn Ig. Traumihler, Chorregent im Stift St. Florian
Bes: Org
K: um 1852
E: 1927

Psalm 22 Es-Dur (WAB 34)
Text: *Der Herr regieret mich*
Bes: 4stgemCh, Klav
Komp: um 1852 St. Florian
E: 1928

Psalm 114 G-Dur (WAB 36)
Text: *Alleluja! Liebe erfüllet mich*
W: Ignaz Aßmayr, k.k. Hofkapellmeister
Bes: 5stgemCh (S, 2A, T, B), 3Pos
K: 1852 St. Florian
E: 1928
UA: 1852, Probe in St. Florian

2 Totenlieder Es-Dur, F-Dur (WAB 47, 48)
Text: *O ihr, die ihr heut' mit mir zum Grabe geht*
W: Karl Seiberl in St.Marienkirchen (Lehrer, Freund Bruckners während der Zeit der Präparandie)
Bes: 4stgemCh acap
K: 1852, St. Florian
E: 1928
UA: 1852, St. Marienkirchen

Vorspiel d-Moll (WAB 130)
W: Pater Ignaz Traumihler, Regens chori in St. Florian
Bes: Orgel
K: um 1846 oder um 1852
E: 1927

1. Vortragsstück G-Dur (WAB 124 Nr. 1) <Klavier>
Vgl. Einführung

Magnificat B-Dur (WAB 24)
Text: *Magnificat anima mea Dominum*
W: Ignaz Traumihler in St. Florian
Bes: Soli, 4stgemCh, Orch, Org
K: August 1852 St. Florian
E: 1928
UA: 1.8.1854 St. Florian

Auf Brüder, auf zur frohen Feier D-Dur (WAB 61,1)
Text: Ernst Marinelli
W: Zum Namensfest des Prälaten Michael Arneth
Bes: S, A, 2T, 2B, 3Hr 2Trp, Bpos
K: 27.9.1852 St. Florian, 1857 Umarbeitung und Neutextierung
E: 1928
UA: September 1853 St. Florian und 17.7.1857

1853 *2. kleines Vortragsstück* G-Dur (WAB 124 Nr. 2) <Klavier>
Vgl. Einführung

1854 *Laßt Jubeltöne laut erklingen* Es-Dur (WAB 76)
Text: a) E. Geibel
b) A.A. Naaf
c) A. Weiß
W: Für den Empfang der kaiserlichen Braut Elisabeth in Linz
Bes: 4stMCh, 2Hr, 2Trp, 4Pos
K: 1854 St. Florian
E: 1930
UA: 22.4.1854, Linz, Liedertafel »Frohsinn«, Ltg Adolf Kirchl

Quadrille A-Dur (WAB 121) <Klavier vierhändig>
Vgl. Einführung

Tantum ergo (Hymne) B-Dur (WAB 44)
Text: Thomas von Aquino
Bes: 4stgemCh, 2Vl, 2Trp, Org
K: 1854 oder 1855 (St. Florian)
E: 1928
UA: 12.4.1925, Vöcklabruck, Ltg Max Auer

3. Vortragsstück F-Dur (WAB 124 Nr. 3) <Klavier vierhändig>
Vgl. Einführung

Libera me, Domine f-Moll (WAB 22)
Vgl. Einführung

Vor Arneths Grab f-Moll (WAB 53)
Text: *Brüder, trocknet eure Zähren* (Ernst Marinelli)
W: Auf den Tod Michael Arneths (Prälat in St. Florian)
Bes: 4stMCh, 3Pos
K: März 1854 St. Florian
E: 1928
UA: 28.3.1854 St. Florian

Missa solemnis b-Moll (WAB 29)
Vgl. Einführung

1855 *Kantate* D-Dur (WAB 60)
Text: *Auf, Brüder, auf und die Saiten zur Hand* (Ernst Marinelli)
W: Prälat Friedrich Mayer zum Namensfest
Bes: Männer-Soloquartett, 4stgemCh, 4stMCh, 2Ob, 2Fg, 3Hr, 2Trp, 3Pos
K: 1855
E: 1928
UA: 17.7.1855 St. Florian

Des Dankes Wort sei mir vergönnt F-Dur (WAB 62)
Text: Ernst Marinelli
W: Seiner gräflichen Gnaden Karl O'Hegerty (Bruckner war Lehrer in der Familie des Grafen)
Bes: 5stMCh, Solo-T, Solo-B acap
K: 1855

Festgesang (Kantate) C-Dur (WAB 15)
Text: *St. Jodok sproß aus edlem Stamm*
W: Pfarrer Jodok Stülz in St. Florian zur Namensfeier
Bes: 4stgemCh, Soli (S, T, B), Klav
K: 6.12.1855 St. Florian
E: 1928
UA: 1855 St. Florian

Linz 1856-1868

1856 *Klavierstück* Es-Dur (WAB 119)
Vgl. Einführung

Ave Maria (I) F-Dur (WAB 5)
Vgl. Einführung

1857 *Heil dir, Vater* D-Dur (WAB 61,2)
Text: Ernst Marinelli
W: Zum Namensfest des Prälaten Friedrich Mayer
Bes: S, A, 2T, 2B, 3Hr, 2Trp. Bpos
E: 1928
UA: September 1852, 17.7.1857 (St.Florian, Kremsmünster)

Heil Dir zum schönen Erstlingsfest (WAB 61,3)
Text: P. Beda Piringer OSB
K: WAB 61,2, 61,3: Umarbeitung und Neutextierung von WAB 61,1

1858 *Aramanths Waldeslieder* G-Dur (WAB 58)
Text: *Wie bist du Frühling gut* (Oskar von Redwitz)
Bes: Singstimme, Klav
K: Oktober 1858
E: 1902
UA: 11.4.1886 Linz, in Bearbeitung von F.S. Reiter für S, FrCh, StrOrch oder Klav im Konzert des »Gutenberg-Bundes«

1860 *Erinnerung* (Klavierstück) As-Dur (WAB 117)
Vgl. Einführung

Psalm 146 A-Dur (WAB 37)
Text: *Alleluja. Lobet den Herrn*
Bes: Soli, 4stgemDoppelCh, Fl, 2Ob, 2Kl, 2Fg, 4Hr, 2Trp, 4Pos, Pk, Str
K: Juli 1860 (St. Florian oder Linz)

1861 *Der Abendhimmel* (1. Vertonung) As-Dur (WAB 55)
W: Meinen lieben Freunden gewidmet,
den Herren P.T. Munsch 1. Tenor, Dr. Stifler 2. Tenor,
Dr.Bernoni 1. Baß, Dr. Weinmann 2. Baß
Text: *Wenn ich an deiner Seite im Abenddunkel geh'*
(Joseph Christian Zedlitz)
Bes: Männerquartett acap
K: 1861 – Januar 1862
E: 1930
UA: 4.7.1900 Linz, als Männerchor der Liedertafel »Frohsinn«,
Ltg Franz Prammer

Du bist wie eine Blume F-Dur (WAB 64)
Text: Heinrich Heine
W: Dem Sängerbund in Linz
Bes: Gemischtes Vokalquartett acap
K: 1861 Linz
E: 1930
UA: 15.12.1861, Linz, 4. Gründungskonzert des »Sängerbundes«
(Frl. H. und W. Ritter, H. Knoll, F.Hummel)

Das edle Herz (2. Vertonung) A-Dur (WAB 66)
Text: *Wer im Busen nicht die Flamme* (Ernst Marinelli)
Bes: 4stgemCh acap
K: Linz, 1861
E: 1930

Streichquartett c-Moll (WAB 111)
Vgl. Einführung

Volkslied C-Dur (WAB 94)
Text: *Anheben laßt uns allzusamm'* (Josef Winter)
W: Für ein Preisausschreiben
Bes: a) 4stMCh acap, b) Singstimme und Klav
K: um 1861
E: 1930

Am Grabe f-Moll (WAB 2)
Text: *Brüder, trocknet Eure Zähren* (Heinrich von der Mattig)
W: Josefine Hafferl
Bes: 4stMCh acap
K: Linz, Februar 1861
E: 1923
UA: 11.2.1861 Linz, Liedertafel »Frohsinn«, Ltg Anton Bruckner

Ave Maria (II) F-Dur (WAB 6)
Vgl. Einführung

Afferetur regi (Offertorium) F-Dur (WAB 1)
Bes: 4stgemCh, 3Pos, Org adlib
K: Linz, 7.11.1861
E: 1922
UA: 13.12.1861 St. Florian, 1.Konzertaufführung: 24.11.1912 Vöcklabruck, Ltg Max Auer

1862 *Apollo-Marsch* Es-Dur (WAB 115)
Bes: Militärmusik (2Fl, 4Kl, 2FlHr, 3Euph, 4Hr, 6Trp, 3Pos, klTr, grTr
K: Linz 1862 (?)
E: 1930
UA: 14.9.1924 Vöcklabruck, Stadtkapelle, Ltg Max Auer
(Autorschaft Bruckners bezweifelt)

Festkantate D-Dur (WAB 16)
Vgl. Einführung

Marsch d-Moll (WAB 96)
Bes: 2Fl, 2Ob, 2Kl, 2Fg, 2Hr, 2Trp, 3Pos, Pk, Str
K: Linz 1862
E: 1930 (GA)
UA: 12.10.1924 Klosterneuburg, Ltg Franz Moißl

3 Orchesterstücke Es-Dur, e-Moll, F-Dur (WAB 97)
Bes: 2Fl, 2Ob, 2Kl, 2Fg, 2Hr, 2Tr, Pos, Pk, Str
K: Linz 1862
E: 1930 (GA)
UA: 12.10.1924 Klosterneuburg, Ltg Franz Moißl

Ouvertüre g-Moll (WAB 98)
Vgl. Einführung

1863 *Zigeuner-Waldlied* (WAB 135)
K: um 1863 (Urgestalt des »Germanenzuges«, Solo-Quartettsatz im Mittelteil)

Sinfonie f-Moll (WAB 99)
Vgl. Einführung

Psalm 112 B-Dur (WAB 35)
Text: *Alleluja! Lobet den Herrn*
Bes: 8stgemDoppelCh, 2Fl, 2Ob, Kl, 2Fg, 2Hr, 2Trp, 3Pos, Pk, Str

K: 1863
E: 1926
UA: 14.3.1926, Vöcklabrunn, Ltg Max Auer

Germanenzug d-Moll (WAB 70)
Vgl. Einführung

Sinfonie (»Nullte«) d-Moll (WAB 100)
Vgl. Einführung

Stille Betrachtung an einem Herbstabend fis-Moll (WAB 123), Klavier
Vgl. Einführung

1864 *Herbstlied* fis-Moll (WAB 73)
Text: *Durch die Wälder streif' ich munter* (Friedrich von Sallet)
W: P.T. Seinem Gönner und Freunde, dem Wohlgeborenen Herrn Josef Hafferl achtungsvoll gewidmet (Hafferl war ein ehemaliger Vorstand der Liedertafel »Frohsinn«)
Bes: 4stMCh, 2 S-Soli, Klav
K: 1864 Linz
E: 1911
UA: 24.11.1864 Linz, Liedertafel »Frohsinn«, Ltg Anton Bruckner

Um Mitternacht (1. Vertonung) f-Moll (WAB 89)
Text: Um Mitternacht, in ernster Stunde (Robert Prutz)
W: Dem Sängerbund Linz
Bes: 4stMCh, Solo-A, Klav
K: 1864
E: 1911
UA: 11.12.1864 Linz, Gründungsfest »Sängerbund«, Alt: Frl. v. Lutterotti, Ltg Anton Bruckner

Messe Nr.1 d-Moll (WAB 26)
Vgl. Einführung

1865 *1. Sinfonie* c-Moll (WAB 101)
Vgl. Einführung

Trauungslied F-Dur (WAB 49)
Text: *O schöner Tag* (Dr.Franz Isidor Proschko)
W: Zur Vermählungsfeier von Karl Kerschbaum (Freund Bruckners und Sekretär des »Frohsinn«) mit Frl. Maria Schimatschek
Bes: Solo-Quartett, 4stMCh, Org
K: 8.1.1865 Linz
E: 1930
UA: 6.2.1865 Linz, Stadtpfarrkirche, Liedertafel »Frohsinn«, an der Orgel: Anton Bruckner

Marsch Es-Dur (WAB 116)
W: Für die Militär-Kapelle der Jägertruppe in Linz
Bes: Militärmusik (2Fl, 4Kl, 2FlHr, 3Euph, 4Hr, 6Trp, 3Pos, klTr, grTr)
K: 12.8.1865 Linz
E: 1930

1866 *Der Abendhimmel* (2. Vertonung) F-Dur (WAB 56)
Text: *Wenn ich an deiner Seite im Abenddunkel geh'* (Joseph Ch. Zedlitz)
W: Dem löblichen niederösterreichischen Sängerbund
Bes: 4stMCh acap
K: 1866 Linz
E: 1902
UA: 11.12.1898 Wien, Wiener Männergesangverein

Abendklänge e-Moll (WAB 110)
W: Urschrift: An P.T.Herrn Vater; Reinschrift: Hugo von Grienberger (k.k. Landesgerichtsadjunkt)
Bes: Vl, Klav
K: 7.6.1866 Linz
E: 1922

Messe Nr.2 e-Moll (WAB 27)
Vgl. Einführung

Vaterlandslied As-Dur (WAB 92)
Text: *O könnt' ich dich beglücken* (August Silberstein)
W: Dem löblichen niederösterreichischen Sängerbund
Bes: 4stMCh, Solo-Bar und Solo-Ten acap
K: November 1866
E: 1902
UA: 4.4.1868 Linz, Liedertafel »Frohsinn«, Ltg Anton Bruckner

Vaterländisches Weinlied C-Dur (WAB 91)
Text: *Wer möchte nicht beim Rebensaft* (August Silberstein)
Bes: 4stMCh acap
K: November 1866
E: 1892 (Wiener Componistenalbum, unter der Rubrik »Vaterländisch«)
UA: 13.2.1868 Linz, Liedertafel »Frohsinn«, Ltg Anton Bruckner

1867 *Messe* Nr. 3 f-Moll (WAB 28)
Vgl. Einführung

1868 *Asperges me* F-Dur (WAB 4)
Vgl. Einführung

Fantasie G-Dur (WAB 118), Klavier
Vgl. Einführung

Herbstkummmer e-Moll (WAB 72)
Text: *Die Blumen vergehen* (Ernst Marinelli)
Bes: Singstimme (T), Klav
K: 1868 (?) Linz

Im April As-Dur (WAB 75)
Text: *Du feuchter Frühlingsabend* (Emanuel Geibel)
W: Frl. Helene Hofmann (Klavierschülerin Bruckners)
Bes: Singstimme, Klav
K: 1868 Linz
E: 1898

UA: 5.2.1903 Wiener Akademischer Wagner-Verein
(Gesang: Frl. Gisela Seehofer)

Hymnus: In S. Angelum custodem (phrygisch) (WAB 18)
Text: *Iam lucis orto sidere dignare, custos Angele* (Robert Riepl, Zisterzienser aus Wilhering)
W: Prof. Adolf Dorfer (Abt in Wilhering)
Bes: 4stgemCh acap
K: um 1868, später für 4stMCh in g-Moll bearbeitet
E: 1868 Linz
UA: 1868 Stift Wilhering

Mein Herz und deine Stimme A-Dur (WAB 79)
Text: *Laß tief in dir mich lesen* (August von Platen)
W: Frl. Pauline Hofmann (Schwester von Bruckners Klavierschülerin Helene Hofmann)
Bes: Singstimme, Klav
K: 1868 Linz
E: 1930

Wahlspruch Nr. 1 A-Dur, (WAB 95)
Text: *Das Frauenherz, die Mannesbrust* (Karl Kerschbaum, Bruckner-Freund und Sekretär beim »Frohsinn«)
W: Für den gemischten Chor der Liedertafel »Frohsinn« in Linz
Bes: 4stgemCh acap
K: 1868

Wahlspruch Nr. 2 C-Dur (WAB 95)
Text: Des Höchsten Preis, des Vaterlandes Ruhm (Andreas Mittermayr)
W: Wahlspruch der Liedertafel Sierning
Bes: 4stMCh acap
K: 1868
E: 1930

Hymnus: Pange lingua et Tantum ergo (phrygisch) (WAB 33)
Text: *Pange lingua gloriosi / Tantum ergo sacramentum* (Thomas von Aquino)
Bes: 4stgemCh acap
K: 31.1.1868
E: 1885
UA: 1890 Steyr, Ltg Franz Beyer

Offertorium: Inveni David (I) f-Moll (WAB 19)
Vgl. Einführung

Wien 1868-1896

1869 *Locus iste* C-Dur (WAB 23)
Text: *Locus iste a Deo factus est*
W: Oddo Loidol (Benediktiner von Kremsmünster)
Bes: 4stgemCh acap

K: 11.8.1869
E: 1886
UA: 29.10.1869 Linz, Votivkapelle, Neuer Dom, Ltg J. Burgstaller

2 Motti (»Motto«, »Begrüßung«) C-Dur, d-Moll (WAB 148)
Text: a) Im Wort und Liede wahr und treu, b) Wir alle jung und alt (J.K. Markus)
Bes: 4stMCh acap
K: 28.10.1869 Wien
E: 1939

1870 *Mitternacht* As-Dur (WAB 80)
Text: *Die Blumen glüh' n im Mondenlicht* (Josef Mendelssohn)
W: Der Liedertafel »Frohsinn« in Linz zur Jubiläumsfeier von ihrem Ehrenmitgliede Anton Bruckner
K: April 1870
E: 1903
UA: 15.5.1870 Linz, Liedertafel »Frohsinn«

1871 *2. Sinfonie* c-Moll (WAB 102)
Vgl. Einführung

1872 *3. Sinfonie* d-Moll (WAB 103)
Vgl. Einführung

1874 *4. Sinfonie* Es-Dur »Romantische« (WAB 104)
Vgl. Einführung

Motto D-Dur (WAB 147)
Text: *Freier Sinn und froher Mut*
W: Für die Liedertafel in Grein
Bes: 4stMCh acap
K: 21.3.1874 Wien
E: 1905

1875 *5. Sinfonie* B-Dur (WAB 105)
Vgl. Einführung

1876 *Das hohe Lied* As-Dur (WAB 74)
Text: *Im Tale rauscht die Mühle* (Heinrich von der Mattig)
W: Dem löblichen Wiener Akademischen Gesangsverein in innigster Verehrung gewidmet (1. Fassung); Dem Andenken Josef Steiberls (Stiftsorganist in St. Florian; 2. Fassung)
Bes: 4 bis 8stMCh (teilweise Brummchor) acap, 2 T-Soli, Bar-Solo (1.Fassung); 4bis 8stMCh (Brummchor: 2Vla, Vc, Kb), T-Solo, 4Hr, 3Pos, Tb (2. Fassung)
K: 1876
E: 1902
UA: 10.12.1879 (Wien, Probe unter Bruckner), 13.3.1902 Wien, Akademischer Gesangverein, Ltg H.Wagner

1877 *Nachruf* c-Moll (WAB 81)
Text: *Vereint bist, Töneheld und Meister* (Heinrich von der Mattig)

W: Josef Seiberl (Stiftsorganist zu St. Florian) zum Gedenken
Bes: 4stMCh, Org
K: 1877
UA: 28.10.1877 St. Florian, Linzer »Sängerbund«, Ltg Max Brava

1878 *Abendzauber* Ges-Dur (WAB 57)
Vgl. Einführung

Tota pulchra es, Maria Antiphon, phrygisch (WAB 46)
W: Zum 25jährigen Bischofsjubiläum Franz Josef Rudigiers (Bischof von Linz)
Bes: T, 4stgemCh, Org
K: 30.3.1878
E: 1887
UA: 4.6.1878, Linz, Votivkapelle des Neuen Domes (Vorfeier des Bischofs-Jubiläums) Ltg J. Burgstaller

Zur Vermählungsfeier D-Dur (WAB 54)
Text: *Zwei Herzen haben sich gefunden* (Heinrich von der Mattig, Pseudonym für Dr.Heinrich Wallmann, Regimentsarzt aus Salzburg)
W: Anton R. v. Ölzelt-Newin zur Hochzeit mit Amy v. Wieser
Bes: 4stgem MCh acap
K: 27.11.1878
E: 1910

Streichquintett F-Dur (WAB 112)
Vgl. Einführung

1879 Graduale: *Christus factus est* (II) d-Moll (WAB 10)
Bes: 8stgemCh, Str, 3Pos
K: um 1879
E: 1934
UA: 2. Münchner Brucknerfest 1933

Intermezzo d-Moll (WAB 113)
(Nachgelassener Quintettsatz, der als Ersatz für das von Josef Hellmesberger als zu schwer bezeichnete Scherzo des Streichquintetts gedacht war)
Bes: 2Vl, 2Vla, Vc
K: 1879
E: 1913
UA: 23.1.1904, Wien, Akademischer Wagner-Verein, Winkler-Quartett

Graduale: *Os justi meditabitur sapientiam* lydisch (WAB 30)
Vgl. Einführung

Gradualvers *Inveni David servum meum* (als gregorianischer Choral in ganzen Noten harmonisiert) (WAB 20)
W: Ignaz Traumihler
Bes: S (unis), Org
K: 28.7.1879
UA: 28.8.1879 St. Florian, Ltg I. Traumihler

1881 *Te Deum* C-Dur (WAB 45)
Vgl. Einführung

6. Sinfonie A-Dur (WAB 106)
Vgl. Einführung

7. Sinfonie E-Dur (WAB 107)
Vgl. Einführung

1882 *Sängerbund* C-Dur (WAB 82)
Text 1: *Die Sängerfeste unsrer Städte* (Heinrich von der Mattig)
Text 2: *Nichts Schön' res auf der ganzen Erde* (Karl Kerschbaum)
W: Dem Vorstand des Ob.Öst.-Salzb. Sängerbundes, Stadtrat August Göllerich sen. Reichstagsabgeordneter
Bes: 4stMCh acap
K: 1882
E: 1911
UA: 10.6.1883 Wels, Oberösterreichisches Sängerbundfest, Ltg Ed.Binder

Ave Maria (III) F-Dur (WAB 7)
W: Frl. Luise Hochleithner, Wels (Oberlandsgerichtsrats-Tochter)
Bes: A, Klav, Org oder Harm
K: 5. 2. 1882
E: 1902
UA: Stuttgarter Bruckner-Fest 1921

1884 *Veni creator spiritus* (Orgelbegleitung) Hymnus (WAB 50)
Harmonisierter Gregorianischer Choral
Bes: Org
K: um 1884

Graduale: *Christus factus est* (III) d-Moll (WAB 11)
W: Sr. Hochwürden Herrn Pater Loidol (Benediktiner von Kremsmünster)
Bes: 4stgemCh acap
K: 28.5.1884
E: 1886 Wien
UA: 9.11.1884 Hofkapelle Wien

8. Sinfonie c-Moll (WAB 108)
Vgl. Einführung

Präludium (»Perger Präludium«) C-Dur (WAB 129)
W: Bürgermeister Josef Diernhofer, Perg (Lederhändler und Organist)
Bes: Org
K: August 1884 St. Florian
E: 1926

Salvum fac populum, Domine (WAB 40)
Choral (Falsobordone-Satz = Ganze, Halbe)
Bes: 4stgemCh acap
K: 14.11.1884 Wien
E: 1936

1885 Antiphon: *Ecce sacerdos magnus* a-Moll (WAB 13)
W: Zum 100jährigen Linzer Diözesan-Jubiläum
Bes: 8stgemCh, 3Pos, Org
K: 20., bzw. 28.4. 1885
E: 1911
UA: 21.11.1912 Vöcklabruck, Ltg Max Auer

Graduale: *Virga Jesse* e-Moll (WAB 52)
W: Ignaz Traumihler
Bes: 4stgemCh acap
K: 3.9. 1885
E: 1886
UA: 8.12.1885 Wien, Hofkapelle, Ltg Anton Bruckner

1886 Antiphon: *Ave regina coelorum* (WAB 8)
Choral: Singstimmen (unisono) mit Orgel, (harmonisierter gregorianischer Choral)
K: um 1886 (für das Chorgebet der Klosterneuburger Stiftsherrn)
E: 1910
UA: 25.3.1886 Klosterneuburg (Fest Mariae Verkündigung)

1887 *9. Sinfonie* d-Moll (WAB 109)
Vgl. Einführung

1890 *Träumen und Wachen* As-Dur (WAB 87)
Text: *Schatten sind des Lebens Güter* (Franz Grillparzer)
W: Seiner Magnifizenz dem Herrn Rektor k.u.k. Hofrat Prof. Dr. Wilhelm Ritter von Hartel in tiefster Verehrung
Bes: T, 4stMCh acap
K: 1890, Revision 1892 (zu Grillparzers 100.Geburtstag)
E: 1891
UA: 15.1.1891, Wiener Akademischer Gesangsverein, Ltg Anton Bruckner

1892 *Das deutsche Lied* d-Moll (WAB 63)
Text: *Wie durch's Bergtal dumpf grollt Donnergedröhn'* (Erich Fels, Pseudonym für den Gymnasialdirektor Prof. Aurelius Polzer, Graz)
W: Für das »Erste deutsch-akademische Sängerfest« in Salzburg
Bes: 4stMCh, 4Hr, 3Trp, 3Pos, Btb
K: 1892
E: 1911
UA: 5.6.1892, Salzburg, Deutsches Akademisches Sängerfest, Ltg R. Mader

150. Psalm C-Dur (WAB 38)
Vgl. Einführung

Hymnus: *Vexilla regis* phrygisch (WAB 51)
Vgl. Einführung

1893 *Helgoland* g-Moll (WAB 71)
Vgl. Einführung

Einführungen

Der Bruckner-Stil / Die Fassungen

Kaum einer der bedeutenden Komponisten hat wie Anton Bruckner eine so lange Lebenszeit hinter sich bringen müssen, um schließlich den ganz eigenen schöpferischen Weg zu finden. Als reifer Mann, nach rund drei Jahrzehnten emsiger Lehrzeit, stand er endlich am Anfang seiner eigentlichen schöpferischen Karriere als Komponist, als Sinfoniker zumal. 1863, 39jährig, begann er die Arbeit an seinen ersten beiden Sinfonien in f-Moll und d-Moll, der »Schularbeit« und der »Nullten«. 42jährig schloß er die Komposition der 1. Sinfonie c-Moll (seines ersten, vom ihm selbst als voll gültig betrachteten sinfonischen Werkes) in der Linzer Fassung ab. Der 40jährige schrieb, nach gewichtigeren Vorläufern freilich, seine Messe Nr. 1 in d-Moll. Zum Vergleich: Bruckners großer norddeutscher Zeitgenosse Johannes Brahms erlebte die Uraufführung seiner 1. Sinfonie auch erst als 43jähriger, hatte aber zu der Zeit in Vokalsinfonik, Orchestermusik, Konzert und vielfältiger Kammermusik seinen Stil schon lange gefunden.

Man hat Bruckners so späte Ausformung seines Stils in Sinfonik und großer kirchlicher Musik gelegentlich geradezu mystifiziert. So, als ob der Linzer Domorganist urplötzlich zu dem Sinfoniker geworden sei, als den man ihn heute vornehmlich kennt und verehrt. Das ist eine Vereinfachung. Bruckner, der unermüdlich Lernende und Studierende, der sich vom dörflichen Schulgehilfen zum angesehenen Organisten, später zum Professor für Tonsatz am Konservatorium und endlich an der Universität der österreichischen Hauptstadt emporkämpfte, ist als Komponist einen schweren, dornenreichen Weg gegangen. Das Rüstzeug erwarb er sich im Studium der Musik, ihrer Sprache und ihrer Formen seit Palestrina bis in seine Gegenwart. Mit dem, was er sich da erarbeitete und erwarb, wuchs ihm zunächst, neben dem besonderen Talent, das Vermögen zu, sich seinen Brotherren, also dem katholischen Klerus, angenehm zu machen, sich bei seinen Freunden und Wohltätern in Erinnerung zu bringen. Oft genug war ihm das im Grunde eine Pein. Aber er hielt da ebenso durch wie später, als seine Umwelt dem neuen Klang und Duktus seiner Sinfonien und Messen zunehmend verständnislos gegenübertrat. Er wurde, nicht erst in den späteren Jahren, beschimpft, war verletzlich, zeigte sich unsicher und um Anerkennung bemüht. Aber er blieb, mit Bauernschläue oftmals, listenreich und doch stur beim eigenen Weg. Seine Religion, sein unbeirrbarer Glaube, half ihm, den von den Klassikern ausgehenden neuen Weg der eigenen musikalischen Sprache und Aussage zu finden. Dabei knüpfte er vor allem beim Beethoven der 9. Sinfonie an, dem Werk, das im Jahre seiner Geburt zur Uraufführung kam. Und als er selbst Sinfonien zu schreiben begann, stieß er mit dem, was er wollte, durchaus in einen dünn besetzten Raum. Mit Liszt und Berlioz hatte sich die Sinfonie zur sinfonischen Dichtung gewandelt. Programmatisch, illustrativ auch. Nach Schubert, auch einem seiner großen Vorläufer, war die klassische Sinfonie-Zeit zu Ende gegangen. Wo Wagner als Musikdramatiker auch in seinen musikalischen Neuerungen gleichsam das Tor in die kommende Zeit aufstieß, da blieb es Bruckner vorbehalten, auf andere Weise auch sinfonisches Denken aus der Tradition zu lösen und ›zukunftssicher‹ zu machen. Kein Wunder also ist die Verehrung des Oberösterreichers für den Bayreuther Meister. Manches aus den Wagnerschen Partituren hat er für seine eigene Arbeit zu nutzen gewußt. Aber er war als Komponist durchaus kein »Wagnerianer«, sondern aus ganz anderem Holze.

Er war auch alles andere als ein mystischer, religiös versponnener Träumer. In den Lehrjahren befolgte er zeitweilig das ihm auferlegte Komponierverbot. Erst lernen, dann selber mit dem Erlernten umgehen! Aber er, den selbst ein großer Verehrer und Kunstverwandter, nämlich Gustav Mahler, einmal »halb Gott, halb Trottel« genannt hat, schärfte später seinen Schülern ein: *Ihr dürft in der Schule nicht eine verbotene Harmoniefolge machen, sondern alles muß streng nach der Regel sein. Wenn ihr dann aus der Schule seid und bringt mir eine so strenge regelmäßige Arbeit, werfe ich euch zur Türe hinaus*«. Auch seine schärfsten Kritiker spürten schon damals das für sie freilich unheimlich Besondere dieser Musik. Der Brahms-Biograph Max Kalbeck meditiert über die »gewalttätigen Äußerungen« von Bruckners Kunst und meint: »Kein Cäsar würde den Componisten fürchten, und doch componiert er nichts als Hochverrath, Empörung, Tyrannenmord. Ja, Bruckner ist bei weitem der Gefährlichste unter den musikalischen Neuerern des Tages; seine Gedanken liegen außer aller Berechnung, und das Unvermittelte in ihnen besitzt eine verführerische, magische Kraft, welche größeres Unheil anstiftet als die raffinierten und mühsam erklügelten Sophistereien der Anderen. Was er gibt, ist die reine Offenbarungsmusik, wie er sie von Oben oder Unten her empfangen, ohne jede Zutat von weltlicher Logik, Kunst und Vernunft.« Kein Wunder, daß eine für Musik so sensible Frau wie Mahlers Gattin Alma, selbst eine begabte Komponistin, die »laute Diesseitigkeit« der Musik Bruckners pries. Um so überzeugender klingen die Worte, die einst Bruckner selbst im Zusammenhang mit seiner 5. Sinfonie geäußert haben soll:

Weil die gegenwärtige Weltlage, geistig gesehen, Schwäche ist, flüchte ich zur Stärke und schreibe kraftvolle Musik.

Vom rücksichtslosen »Hineintragen der Ekstase in die Sinfonie« spricht der Bruckner-Forscher Franz Grasberger treffend. Dem dient der Klang des Bruckner-Orchesters, der an die Mixturen der Orgelregister erinnert. Kein weicher, verschmelzender Gesamtklang also, eher ein Spaltklang, dessen dynamische Forcierung unterschiedliche Klangbänder gleichsam zusammenpreßt. Vor allem also: Kein Mischklang nach dem Vorbilde Wagners! Auch dort nicht, wo sich Bruckner, wie in seiner 5. oder 7. Sinfonie, der raffinierten Klangkunst des angebeteten Bayreuther Meisters absichtsvoll annähert.

Die Besonderheiten der brucknerschen sinfonischen Dramaturgie und Klangregie hat Dietmar Holland auf den Punkt gebracht: »Entscheidend für den musikalischen Ablauf sind, neben den gleichsam unterirdisch miteinander verbundenen thematischen Gedanken, die gestaffelten Steigerungswellen, in welchen sich die Form Bruckners dem Hörer mit äußerster Intensität nähert, ja geradezu ihn aufsaugt und über sich erhebt. Daß solches kathartisches Erlebnis Bruckners Absicht war, davon zeugt indirekt ein Ausspruch des Komponisten über seinen Antipoden: *Wer sich durch die Musik beruhigen will, der wird der Musik von Brahms anhängen; wer dagegen von der Musik gepackt werden will, der kann von jener nicht befriedigt werden.* Bruckners packende Wirkung liegt, bereits dem unmittelbaren Hören zugänglich, begründet in dem Vorrang des Klanges und in der eigentümlichen Formgebung, die Steigerung des motivisch-thematischen Geschehens als kompositorisches Mittel erscheinen zu lassen. Daher nimmt Bruckners Sinfonie die musikalische Idee der 9. Sinfonie Beethovens auf, nicht mit einem Thema zu beginnnen, sondern Musik als Entstehungsprozeß vorzuführen. Die leisen, an der Hörgrenze liegenden, gewissermaßen der Luftschwingung ähnlichen Akkordtremoli, die, charakteristisch genug, zumeist die Sinfonien Bruckners eröffnen, sind Klang im Urzustand, der zugleich hochgespannte Erwartungen weckt. Bruckners Idee der Sinfonie ist denn auch ›Klang, der sich erst bildet; ihre Form ist Unruhe, Zerstörung, Überhöhung, dauernde Visierung‹ (Ernst Bloch).«

Charakteristisch dabei: »Das Aufeinandertürmen roher, kantiger Formteile, das Fehlen jeglicher Geschmeidigkeit oder gar Gefälligkeit und das unbekümmerte Vermischen weltlicher (Ländler) und geistlicher (Choralintonationen) musikalischer Assoziationen als Sinnbild der widersprüchlichen Realität, ferner der unbotmäßige, zu ohrenbetäubenden Höhepunkten sich verdichtende Ausdruck der Musik Bruckners und schließlich ihre neuartige formale Konzeption des dauernden Unterwegs, mit abrupten Unterbrechungen, spannungsvollem Atemholen, vielschichtigen thematischen Verknüpfungen, einer Formgebung also, die der damaligen akademischen Formtheorie ins Gesicht schlägt.« Die auffällige epische Ausdehnung der Form scheint den Zusammenhang zu gefährden. Dem wirkt ein dramaturgisches Grundprinzip entgegen: »Relativ selbständige Abschnitte werden durch komplexe Metamorphosentechnik zueinander in Beziehung gesetzt. Die Durchführungstechnik des klassischen Sonatensatzes ergreift den Satz als Ganzes. Form präsentiert sich bei Bruckner als abgestufte Abfolge thematischer Blöcke, nicht, wie bei Beethoven, als kämpferischer Dualismus mit der Durchführung als Zentrum der Auseinandersetzung. Die dem klassischen Themendualismus entgegengesetzte Formidee Bruckners zeigt sich auch darin, daß seine Sonatenexposition drei funktional und inhaltlich deutlich voneinander unterschiedene Themengruppen enthält: Eine thematische Hauptgruppe, einen kantablen, meist in mehrfachem Kontrapunkt erfundenen Seitengedanken (Doppelthema) und eine neuartige ›dynamische Kulmination‹ (Carl Dahlhaus), die an funktionaler Bedeutung mit der thematischen Hauptgruppe korrespondiert. Das gleiche Verhältnis waltet bei den Teilen der Gesamtanlage eines Satzes: Die gegenüber dem klassischen Sonatensatz nicht ›logisch‹-linear verknüpften, sondern perspektivisch gegeneinandergestellten Formteile (Exposition, Durchführung, Reprise) unterscheiden sich nur in der aufgewendeten Verfahrensweise, nicht prinzipiell. Der mittlere Formteil, der ›Durchführung‹ des klassischen Satzes vergleichbar, bevorzugt kontrapunktische Techniken wie Engführung, Umkehrung, Augmentation und Diminution, ferner Umcharakterisierungen der Themensubstanz in melodischer, harmonischer und rhythmischer Hinsicht.«

Dabei prägen natürlich auch besondere Merkmale der persönlichen Handschrift den Stil: Da ist im Melodischen die Kombination von Zweier- und Dreier-Metrum, sind die von Wagner inspirierten Doppelschläge, die Horn-Überleitungen. Da sind ein zunehmend in Grenzbezirke vorstoßendes Ausloten der Tonalität, der zunehmende Verzicht auf das Auflösen dissonanter Klangkomplexe. Es erscheint dabei durchaus nicht als Zufall, daß Bruckner mit besonderem Nachdruck an Grenzen der Tonalität dort stößt, wo der Satztyp bei ihm zunächst besonders eng der Tradition verbunden war, im Scherzo (seiner letzten, 9. Sinfonie).

Die Behauptung, Bruckner habe im Grunde eine Sinfonie in neun Variationen geschrieben, trifft den Kern überhaupt nicht. Richtig ist die unverkennbare Familienänhnlichkeit der Werke, resultierend aus einem neugefundenen Grundgerüst. Innerhalb dieses weiten Spielraumes gibt es sehr unterschiedliche, ›individuelle‹ Lösungen, wie die folgenden Einführungen zeigen werden. Hervorstechendes Merkmal ist die Verlagerung der sinfonisch-dramaturgischen Schwerpunkte. Im Verlauf des 19. Jahrhunderts, seit Beethoven, verschoben sich die Schwerpunkte der sinfonischen Gesamtkonzeption. Zunächst war der Kopfsatz die Hauptsache. Dann folgte die logische Verknüpfung der Sätze, in der erst der letzte Satz die Problemlösungen brachte, nach dem seit Beethoven geläufigen »Durch Nacht zum Licht«-Prinzip. Bei Bruckner zielen besonders die 5. und 8. Sinfonie in diese Richtung. In der 5.Sinfonie führen die ersten drei Sätze konsequent zum Finale-Höhepunkt. Alle Sätze sind miteinander thematisch verknüpft. In symmetrischer Gesamtanlage: Erster und letzter Satz korrespondieren, ebenso 2. und 3. Satz. Und am Ende werden die Themen der vorangehenden Sätze zunächst resümierend wiederaufgegriffen, und endlich wird das Kopfthema des Finales mit dem Choralthema des ersten Satzes zusammengeführt. In der 8. Sinfonie erscheinen im Finale sogar die wichtigsten Themen aller Sätze übereinandergeschichtet.

Die Schwerpunkte sind aber auch in anderen Werken anders gelagert. In der 7. Sinfonie liegt der Schwerpunkt eindeutig in der Mitte des Werkes, im langsamen Satz. In der 8. Sinfonie gibt es zwei Höhepunkte, der erste findet sich im Adagio, der zweite im Finale.

Hatte der Bruckner-Schüler Franz Schalk noch gemeint: »Bruckner hat sich ein sehr einfaches Schema für seine Sätze zurechtgelegt, darüber offenbar niemals spekuliert und in allen seinen Sinfonien ganz gleichmäßig festgehalten«, so lautete die Erkenntnis des Bruckner-Forschers Werner Korte 1963 schon wesentlich differenzierter: »Bruckner verstand das ganze als jederzeit anwendbares Modell, das von der Essenz des jeweiligen Einfalles relativ unabhängig war.« So sind seine sinfonischen Strukturen in der Tat typisierter als bei jedem anderen großen Sinfoniker des 19. Jahrhunderts. Aber sie finden ihre ständige Veränderung, Ausgestaltung und charakteristische Entfaltung in jedem Werk anders. Der Typus in variabler Form.

Nicht unerwähnt bleiben darf in diesem Zusammenhang das bis heute im Detail noch nicht zur Gänze ausgelotete, schwierige Kapitel der Brucknerschen Werk-Fassungen. Es gibt sie in zwei Arten: Zum einen sind da die verschiedenen Fassungen, die der Komponist den Werken durch ein- und mehrmaliges Überarbeiten seiner Partituren gab. Das provozierte und provoziert die Frage nach der ›gültigen‹, der ›Originalfassung‹. Dann gibt es zum anderen in nicht geringer Zahl die Bearbeitungen durch Schüler und wohlmeinende Praktiker (Franz und Joseph Schalk, Hermann Levi, auch Gustav Mahler zum Beispiel).

Heute läßt sich sagen: Die späteren durch Bruckner vorgelegten Fassungen seiner früheren Sinfonien (Nr. 1 bis 4) müssen gelten als »Ergebnis eines künstlerischen Reifeprozesses, der die technischen wie konzeptionellen Unzulänglichkeiten der früheren Fassungen (einschließlich mittels üblicher Durchsichtskorrekturen) zu tilgen geradezu erzwungen hat« (Mathias Hansen). Später sind Veränderungen durch Bruckner oft auch »taktische Maßnahmen« (Hansen). Sie sollten die Musik den Hörgewohnheiten der Zeitgenossen zugänglicher machen und also ihre Aufführungschancen fördern. Da werden Abbrüche durch Pausen überleitend auskomponiert, da wird der härtere Orgelregister-Klang des Orchesters dem homogeneren Wagner-Klang angepaßt, da werden überhaupt »Brüche« durch thematische Substanz ausgefüllt. Einer Wertung erschließt sich dies alles schwer. Ebenso kompliziert ist eine Wertung der Veränderungen, zu denen sich Bruckner auf Empfehlung von wohlmeinenden Freunden entschloß. Weder die sogenannten frühen Fassungen noch die sogenannten Originalfassungen lösen das Dilemma. Das Fassungsproblem wird wohl überhaupt nicht endgültig zu entscheiden sein. Es wäre durchaus sinnvoll, dem Ratschlag Mathias Hansens zu folgen: »Das Fassungsproblem sollte offen bleiben, und es ist darauf hinzuwirken, daß alle von Bruckner verbürgten Fassungen gespielt werden, um dem realen künstlerischen Umgang mit dem Werk die Entscheidung über Gültiges und Ungültiges zu überlassen.«

Einfacher ist's mit den Fassungen, mit deren Hilfe die Bruckner-Schüler und Bruckner-Jünger seine Partituren durch zum Teil allzu sehr vereinfachende, verknappende, daher nun wahrlich entstellende Veränderungen in der damals widerstrebenden Öffentlichkeit zu platzieren suchten. Gelegentlich hat sich Bruckner solchem gutgemeinten Druck gebeugt. Manchmal hat er auch protestiert. Seine eigenen Kommentare dazu sprechen für sich.

In der seit 1951 von Leopold Nowak herausgegebenen Bruckner-Gesamtausgabe wurden daher die wichtigsten Fassungen der einzelnen Werke gesondert vorgelegt. Diese Ausgabe sollte für die Beschäftigung mit Bruckners Musik heute die wesentliche Grundlage sein. Darum ist im Rahmen der hier folgenden Werk-Einführungen der jeweilige Band dieser Gesamtausgabe notiert.

Die Sinfonien

Sinfonie f-Moll (WAB 99) <Die Schularbeit>

Besetzung: 2 Fl, 2 Ob, 2 Kl (in B), 2 Fg; 4 Hr (2 in F, 2 in B), 2 Trp (in Es), 3 Pos (Alt, Ten, Baß), Pk; Str

Aufführungsdauer: 42'

Bruckners erste sinfonische Arbeit entstand neben einer g-Moll-Ouvertüre und vor dem 112. Psalm von Februar bis Mai 1863. In einer Abschrift der originalen Handschrift notierte der Komponist später: *Schularbeit 863.* Er schloß im Juli dieses Jahres in Linz seine Studien bei Otto Kitzler ab. Der Lern- und Lehrzeit folgte endlich nach eigenen Worten die *Kompositionszeit.* Das f-Moll-Werk ist noch durch und durch eine »Schularbeit«, in der der Komponist seinen Weg als Sinfoniker sucht, mit Strukturproblemen und instrumentaler Satztechnik ringt. Natürlich sind aus dieser Musik Vorbilder herauszuhören. Etwa der »ritterlich-romantische Rhythmus Schumanns« im Finale (Leopold Nowak). Andererseits klingen auch schon wichtige spätere Eigenheiten der Brucknerschen Ausdrucksweise unüberhörbar an. So ist im 1. Satz bereits das Schlußmotiv der 8. Sinfonie zu erkennen, hört man in den Posaunen-Akkorden der Coda des letzten Satzes das Vorbild für die späteren Bruckner-Choräle.

Otto Kitzler, der Lehrer, war von dem f-Moll-Werk nicht sonderlich angetan. Bruckner hat es denn auch beiseite gelegt. Erst viel später in Wien, bei der Übersiedlung ins Belvedere und der dabei vorgenommenen Sichtung seiner Kompositions-Manuskripte, fiel es ihm wieder in die Hand. Und er hat es nicht, wie manch andre frühe Arbeit, kritisch vernichtet. So blieb dieser erste Versuch Bruckners, ins Reich der Sinfonik einzudringen, erhalten. Und als solcher bleibt er auch hörenswert.

Zur späten Uraufführung kam es 1924 unter Franz Moißl in Klosterneuburg. Am 18. März erklangen dort der erste, zweite und vierte Satz, am 12. Oktober das inzwischen aufgefundene Scherzo.

Am stärksten ›brucknerisch‹ wirken in diesem Werk die Mittelsätze. Bemerkenswert bleibt aber auch, daß die erste nachhaltige Bekanntschaft des Komponisten mit Musik Richard Wagners um die Zeit der Entstehung der f-Moll-Sinfonie in diesem Werk noch keinerlei Spuren hinterlassen hat.

Der *erste Satz* (Allegro molto vivace, alla breve, f-Moll) beginnt mit einem allein von den 1. Violinen vorgetragenen Thema, dem ein akkordischer Nachsatz des ganzen Orchesters in scharfem dynamischem Kontrast folgt:

In der Skalenverarbeitung dieses Themas klingen bereits Figuren auf, die dann den ruhigen zweiten Themenkomplex bestimmen.

Solches Prinzip des Überspielens von Themenkontrasten zugunsten breiter angelegter musikalischer Entwicklungen, Variierungen und Durchführungen weist nun freilich sehr auf die spätere Brucknersche Verfahrensweise. Dieser Satz hat statt der üblichen drei gar vier Themengruppen. Die vierte taucht dann allerdings in der Reprise nicht mehr auf. An ihrer Stelle erscheint über wogenden Viertelschritten der Celli und Bässe in Violinen und Bratschen eine aus dem zweiten Thema gewonnene Partie, die dann zur Coda führt.

Der *zweite Satz* (Andante molto, 4/4, Es-Dur) erhält sein originelles Profil vor allem durch die Dichte, mit der aus wenigen melodischen Keimen, aus wenigen Intervallen eine eng verzahnte musikalische Konstruktion erwächst. Das Material befindet sich ständig in variantischer Bewegung. Rhythmisch sorgen Betonung der leichten Taktteile und synkopische Bildungen für Bewegung. Im zweiten Teil des Satzes (g-Moll) dominiert einfacher angelegte kleingliedrige Thematik, und die Reprise des ersten Teiles wird energisch gerafft. Die Gesamtordnung ist dadurch brav wiederhergestellt.

Das *Scherzo* (Schnell, 3/4, c-Moll) ist knapp, zupackend, schon stark dem derb-rustikalen Ton späterer Sätze dieser Art bei Bruckner verbunden. Im *Trio* (Langsamer, 3/4, As-Dur) schmiegen sich der wiegenden Akkordik von Holzbläsern und Hörnern Achtelgänge zunächst der tiefen Streicher, dann der Violinen an.

Das *Finale* (Allegro, alla breve, f-Moll), in das Bruckner nun auch die Posaunen einbezieht, beginnt sogleich mit dem energischen, aber noch nicht allzu originellen Hauptthema:

Auch hier macht sich immer wieder kunstvolle Entwicklungs- und Variationsarbeit bemerkbar. Das gesangliche zweite Thema übernimmt aus dem ersten Komplex eine charakteristische Achtelbewegung und setzt sie als kolorierende Mittelstimme ein. Die Exposition wird mit Orgelpunkt über As abgeschlossen. Auf ihm erklingt der erste Takt des Hauptthemas wieder. Insgesamt bleiben Inspiration und spätere Brucknersche Prägung des Materiales hier aber freilich noch schwach.

Gesamtausgabe: Fassung 1863: Band X (1973)

Sinfonie d-Moll (WAB 100) <Die Nullte>

Besetzung: 2 Fl, 2 Ob, 2 Kl (in B), 2 Fg; 4 Hr (2 in F, 2 in B tief), 2 Trp (in D), 3 Pos (Alt, Tenor, Baß); Pk, Str

Aufführungsdauer: 43'

Ein Jahr vor seinem Tode, 1895, anläßlich des Umzugs ins Kustodenstöckel, sichtete Bruckner seine alten Notenpakete. Da fand sich auch ein Manuskript mit der Aufschrift »Symphonie Nr. 2 in d-Moll«. Es war, nach dem f-Moll-Werk, der »Schularbeit«, Bruckners zweiter sinfonischer Versuch. Er entstand während der Lehrzeit bei Otto Kitzler in Linz (1863-1864). Der machte ihn damals mit Wagner-Musik bekannt. Vom Wagner-Erlebnis ist in diesen Noten freilich noch nichts zu verspüren. Dennoch sind sie für die spätere Entwicklung des Sinfonikers Bruckner aufschlußreich und also auch hörenswert, bedeuten nach der f-Moll-Sinfonie, der »Schularbeit«, einen wichtigen Schritt zur Meisterschaft.

1869 arbeitete Bruckner aufs neue an dem Werk. Später, im Kustodenstöckel, fand die frühe sinfonische Arbeit keine Gnade mehr vor den kritischen Augen des Meisters. Er annullierte sie im wahrsten Sinne des Wortes, nannte sie die »Nullte«. Erst zu seinem 100. Geburtstag, 1924, entsann man sich des Werkes wieder. Es erschien im Druck und kam am 12. Oktober des gleichen Jahres durch die Klosterneuburger Philharmonie unter Franz Moißl zur späten Uraufführung.

Der Beginn des *ersten Satzes* (Allegro, 4/4, d-Moll) bringt schon jenen »Vorspann«, der für die Bruckner-Sinfonien der kommenden Jahre, freilich in stets veränderter Form, so wichtig wird:

Man hat ihn des öfteren als Reminiszenz an die Eröffnung der Beethovenschen 9. Sinfonie verstanden. Leise beginnend, gleichsam suchend präsentiert sich der Anfang, aus dem sich keine fester umrissene thematische Gestalt ablöst. Dafür wächst aber die Klanggestalt durch allmählich sich steigernden Aufwand, in Holz- und Blechbläsern, dem vollen Streicherapparat. Das ist ein schon durchaus charakteristisches Brucknersches Crescendo, in dem sich thematische Bruchstücke entwickeln, strukturbildende Intervalle. Nicht nur der registerartig zunehmende Klangaufwand erinnert an die Orgel. Es ist überliefert, daß Bruckner seine Orgel-Improvisationen gern mit der leeren Quinte im Pedal eröffnete und dann erst klanglich wie thematisch die eigentliche improvisatorische Arbeit begann. In dem Sinfonie-Satz wird der erste klangliche Höhepunkt nach 28 Takten erreicht. Auf dem c-Moll-Klang im Fortissimo prägen sich rhythmische Punktierungen ablaufbestimmend heraus. Nach knappem Übergang gibt es nun, im Wechselspiel der Violinen, einen in seiner synkopischen Struktur merkwürdig undeutlichen melodisch-thematischen Akzent:

Insgesamt zeigt die Sonatenform, in der dieser Satz natürlich steht, merkwürdige Brüche und Starrheiten. An die Stelle klassischer thematischer Arbeit tritt nicht immer sehr inpiriertes Sequenzieren. Vor allem aber das mittels variabler rhythmischer und auch harmonischer Strukturen installierte Arbeiten in durchaus sinfonisch konzipierten großen Crescendo-Bögen, die sich aus Motivpartikeln und wechselnden Bewegungsimpulsen aufbauen. Man spürt, wie sich hier das Denken in der sinfonischen Sonaten-Strategie verändert, gleichsam nach neuen Wegen des Ausarbeitens sinfonischer Spannungen sucht. Das gerät hier noch durchaus unvollkommen und auch etwas ungefüge. Aber es bietet gleichsam einen höchst anregenden Blick in die sich auf den eigenen sinfonischen Stil vorbereitende Kompositionsarbeit des Linzer Domorganisten auf der Schwelle zum seiner Sache sicheren Sinfoniker. Im ersten, offenbar am ursprünglichsten erhaltenen Satz ist das ebenso wie im Finale am deutlichsten.

Der *zweite Satz* (Andante, 4/4, B-Dur) wird in seiner späteren Fassung vom Streichorchester eröffnet und endet in homophonem, mendelssohnisch-romantisch verklärtem Gesang:

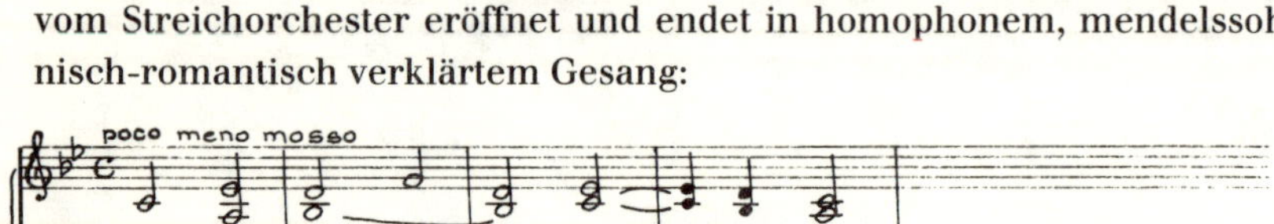

Ins melodische Spiel greifen die Holzbläser mit eigenem, in der Fortspinnung wieder durch Synkopierungen sich verschleierndem Gedanken ein.

Die Harmonik ist farbig weit gespannt, bis ins aufleuchtende Ces-Dur bei Steigerungshöhepunkten.

Das *Scherzo* (Presto, 3/4, d-Moll) ist knapp gefaßt, mit einem energisch aufstrebenden Thema schon charakteristischer Bruckner:

Langsamer und ruhiger gibt sich das Trio (3/4, G-Dur), in seiner unsteten Periodik eher auf Brahms als Bruckner deutend.

Das *Finale* (Moderato, 12/8, Allegro vivace, 4/4, d-Moll, D-Dur) bietet in diesem Frühwerk die reichste kontrapunktische Ausstattung. Der Satz beginnt (wie später nur noch das Finale der 5. Sinfonie) mit einer Einleitung, beherrscht von elegischem Gesang der Violinen. Das Hauptthema des Allegro vivace, das ziemlich unvorbereitet auftritt, ist dann freilich von echt Brucknerschem Schrot und Korn:

Es wird allerdings noch relativ schwach durch ein vorhergehendes Accelerando der Trompeten über Pauken-Tremolo auf a vorbereitet.

Kunstvoller Satz dominiert im Folgenden. Manche Erinnerungen an frühere, aber auch spätere Brucknerwerke werden geweckt, ehe das Ganze in mächtig drängenden, wiederum schon typisch Brucknerischen Unisonogängen und der Koppelung eines leicht italienisch angehauchten Gesangsthemas mit dem Hauptthema zur in Dur aufstrahlenden Coda gelangt.

Gesamtausgabe: Fassung 1869: Band XI (1973)

1. Sinfonie c-Moll (WAB 101) <Das Beserl>

Besetzung: 2 Fl, 2 Ob, 2 Kl (in B), 2 Fg; 4 Hr (2 in F, 2 in Es), 2 Trp (in C), 3 Pos (Alt, Tenor, Baß); Pk; Str

Aufführungsdauer: 45'

Widmung (zur Wiener Fassung):

Universitati Vindobonensi Primam Suam Symphoniam D.D. Venerabundus Antonius Bruckner Doctor Honorarius

Nach den beiden sinfonischen »Vor-Werken« ist dieses c-Moll-Werk die erste von Bruckner als vollgültig anerkannte Sinfonie. Sie entstand 1865-1866 in Linz. Dort kam sie auch am 9. Mai 1868 unter der Leitung des Komponisten zur Uraufführung. Es spielte ein nicht sonderlich gutes, aber bemühtes Orchester. Und es gab einen doch recht ermutigenden Lokalerfolg für den immerhin schon 41jährigen Domorganisten Bruckner, der nun endlich den richtigen Weg als Komponist gefunden hatte. 18 Jahre später spielten Ferdinand Löwe und Josef Schalk dieses Werk dem Komponisten in einer Fassung für Klavier zu 4 Händen vor. Bruckner war selbst erstaunt und meinte: Die is wirklich net schlecht; ›s is halt a keck's Beserl. (Zu gut deutsch: Ein freches Frauenzimmer).

1890 nahm er eine gründliche Bearbeitung der Partitur vor. Es entstand die »Wiener Fassung«, und am 13. Dezember 1891 gab es dann die zweite Aufführung des Werkes, nun durch die Wiener Philharmoniker unter Hans Richter. Mit zwiespältigem Echo freilich. Der dramatische Gestus, der klanglich kühne Zuschnitt dieser Musik verunsicherten selbst glühende Parteigänger Bruckners damals in Wien. Einer von ihnen, der junge Hugo Wolf, bemerkte im »Wiener Salonblatt«: »Bis auf das Scherzo und Einiges aus dem ersten Satz verstand ich fast gar nichts.«

Der Typ der Bruckner-Sinfonie ist hier schon in vielen Elementen klar ausgeprägt. Wesentlichste Neuerung im Vergleich zum klassischen »Modell«: Die Themen sind nicht scharf umrissen, sondern zielen auf Weiterführung, Entwicklung. Und Entwicklungsarbeit herrscht in diesem Werk vor: Die für Bruckner so charakteristische reihende Variantentechnik. Aber alles ist noch im Werden, mischt sich mit keckem Ungestüm, mit erstaunlich modern wirkendem Klangsinn.

Der *erste Satz* (Allegro, 4/4, c-Moll) beginnt wie die meisten späteren Bruckner-Sinfonien mit dem Hauptthema, einem burschikosen, energisch punktierten Motiv, das sich über pochenden Vierteln der tiefen Streicher entwickelt:

Es führt rasch zum ersten Fortissimo-Höhepunkt im ganzen Orchester. Als zweite Themengruppe folgt in lyrischem Es-Dur eine für den Sinfoniker Bruckner charakteristische melodische Doppelgestalt in weitausschwingenden melodischen Bögen der ersten und zweiten Violinen:

Und nach ausgreifender, imposanter Vorbereitung »im Hauptzeitmaß« erklingt dann der bei Bruckner unumgängliche dritte Themenkomplex, »breit« und mit grandiosem Pathos:

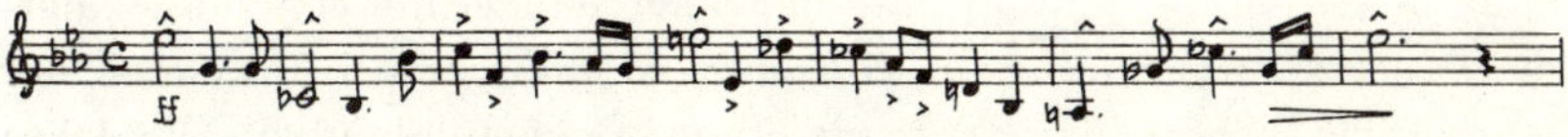

In mancher späteren Sinfonie steht an dieser Stelle die Choralweise. Die regelgerechte Durchführung zeichnet sich durch intensive Arbeit mit dem Themenmaterial aus, ein besonderes kontrapunktisches Meisterstück. Energisch erweitert präsentiert sich der Reprisen-Teil dieses Satzes, in dem das ruhelos drängende Hauptthema aus verhaltenem Anlauf gleichsam den stürmischen Abschluß erzwingt.

Der *zweite Satz* (Adagio, 4/4, As-Dur) ist bereits einer der ganz großen brucknerschen langsamen Sinfonie-Sätze, harmonisch kühn angelegt, erfüllt von schmerzlicher Melancholie, die sich in innigem Andante-Gesang löst.

Der *dritte Satz* (Lebhaft, Scherzo, g-Moll, 3/4) greift, wie auch später immer wieder, in die Sphäre bäurischen, ländlichen österreichischen Musizierens. Zum energischen Beginn kontrastiert ein tänzerisches Streicherthema. Mit diesem Material wird dann kunstvoll und harmonisch reizvoll gearbeitet. Im zarten G-Dur-Trio (Langsam) verbinden sich Horn, Streicher und Holzbläser zu innigem, locker instrumentiertem und harmonisch zart pointiertem Spiel. Der stampfende Rhythmus des Scherzo-Hauptsatzes, seine schier dämonischen Auf- und Ausbrüche bei der Wiederholung bis zum kräftigen G-Dur-Ende markieren den Brucknerschen Scherzo-Typ bereits vollendet.

Der *vierte Satz*, das Finale (Bewegt, feurig, 4/4, c-Moll) wird zum Höhepunkt des ganzen Werkes. Abrupt, ohne jede Vorbereitung, setzt das militante Hauptmotiv des Satzes im vollen Orchester ein:

Doppelte Punktierung und energische Streicherpassagen treiben die Bewegung voran. Der ruhige zweite Gedanke

wird schnell kontrapunktisch verarbeitet, bald auch wieder vom Hauptthema verdrängt. Voller kontrapunktischer Künste steckt die souverän gearbeitete Durchführung, ehe das Thema des Beginnes in voller Fortissimo-Kraft neu auftritt, gefolgt vom nun in C-Dur stehenden ruhigen Thema. Aber es gibt noch keine Ruhe. Die Entwicklung drängt in immer neuen Varianten des thematischen Materials zum abschließenden Höhepunkt, den ein monumentales C-Dur-Siegesthema bildet:

In diesem vom Komponisten selbst als gültig akzeptierten sinfonischen Erstling zeigen sich nicht nur die wesentlichen Elemente der späteren sinfonischen Sprache und Gestaltungstechnik. Hier herrscht auch noch die genialische Unbekümmertheit des ersten Ausprobierens der eigenen Kräfte. Bruckner hat sich später gut daran erinnert, als er zum Finalsatz anmerkte: *Da hab' i mi um ka Katz g'schert und komponiert wie i wolln hab'!*

Und er hat die zweite, die Wiener Fassung seiner 1. Sinfonie wohl überlegt der Wiener Universität als Dank für die Verleihung der Ehrendoktorwürde gewidmet. Dieses Ehrendoktorat verstand er als Würdigung seiner Leistungen als Sinfoniker. Das Schreiben von Sinfonien betrachtete er ja nun als »Lebensberuf«, wie er in einem Brief im Oktober 1891 nachdrücklich bekannte.

Gesamtausgabe: Linzer Fassung 1866: Band I/1 (1937); Wiener Fassung 1890/1891: Band I/2 (1980)

2. Sinfonie c-Moll (WAB 102)

Besetzung: 2 Fl, 2 Ob, 2 Kl (in B), 2 Fg; 4 Hr (2 in F, 2 in Es), 2 Trp (in C), 3 Pos (Alt, Tenor, Baß); Pk; Str

Aufführungsdauer: 67'

Widmung: keine (zuerst Franz Liszt, später den Wiener Philharmonikern zugedacht)

Erst nach einer Schaffenspause schrieb Bruckner seine 2. Sinfonie, wie die erste in c-Moll (1871-1872). Die Pause resultiert neben stets schwierigen Lebensumständen aus den kritischen Anmerkungen, die Bruckner zu seiner 1. Sinfonie erfuhr. War's Trotz, der ihn veranlaßte, dann den Neuling doch wieder in die Grundtonart c-Moll zu setzen? Waren es die Vorwürfe der Verworrenheit, der Kompliziertheit, die ihn bewogen, sich in der »Zweiten« einer ›einfacheren‹ Schreibweise zu befleißigen?

Auf alle Fälle gingen dem Arbeitsbeginn am neuen Werk aufmunternde künstlerische Erfolge voraus, nicht zuletzt der Triumph des Orgelvirtuosen Bruckner auf Gastspielen in Frankreich und England (dort begann er die Arbeit an seiner 2. Sinfonie). Da waren die Uraufführung der e-Moll-Messe in Linz, da war eine Aufführung der d-Moll-Messe in Salzburg und schließlich 1872 die Uraufführung der f-Moll-Messe in Wien.

Man hat die neue c-Moll-Sinfonie in der Reihe der Bruckner-Sinfonien als »retardierendes Element« bezeichnet. Dennoch verlief ein Probespiel mit den Wiener Philharmonikern unter Otto Dessoff enttäuschend. Die Musiker nannten das Werk »unspielbar«, zu lang, gaben ihm wegen der auffälligen, Spannung schaffenden Generalpausen die ironische Bezeichnung »Pausensinfonie«. Erst ein rundes Jahr später, am 26. Oktober, kam es in Wien, nun unter Bruckners Leitung, zur am Ende doch recht erfolgreichen Uraufführung anläßlich der Weltausstellung in Wien.

Freilich blieben Einwände gegen seine »unersättliche Rhetorik«, seine »mitunter haltlose zerfallende Form« und dann zum ersten und freilich nicht zum letzten Male der Vorwurf des »Wagnerismus«, der vor allem auf die in Bruckners Partituren zu bemerkende Vorliebe für schweres Blech zielte. Das in der 1. Sinfonie so keck in Angriff genommene Ersetzen der klassischen »thematischen Arbeit« durch rhythmische Variantentechnik, durch Kühnheiten in Harmonik und kontrapunktischem Satz wird in der neuen Sinfonie in der Tat ein wenig zurückgenommen. Alles wirkt nach den harschen Attacken der 1.Sinfonie beherrschter, klarer.

Im *ersten Satz* (Ziemlich schnell, 4/4, c-Moll) sorgen in Sextolen der Violinen und Bratschen gezauberte c-Moll-Klänge für den Brucknerschen »Vorhang«, vor dem sich in den Celli das Hauptthema des Satzes entfaltet, mit charakteristischen Schritten der kleinen Sekunde, von Dreiklangs-Zwischenrufen der Hörner gegliedert:

Dieser nachdenkliche Gesang, den zehn Takte der Violinen noch ergänzen, drängt zu dialektischer Entwicklung, rhythmischer Veränderung und großangelegter klanglicher Aufgipfelung. Nach der Generalpause erscheint in der traditionellen Paralleltonart Es-dur das Gesangsthema, ein Doppelthema mit wiegenden Vierteln der Violinen und der Cello-Kantilene über dem Pizzikato der Kontrabässe.

Ein drittes Thema ist Zitat aus der damals vom Organisten Bruckner oft gespielten g-Moll Fuge von Johann Sebastian Bach:

Auch die Durchführung wird durch eine Generalpause angekündigt. Sie beginnt mit dem aus dem Hauptthema abgeleiteten f-Moll-Dreiklang der Hörner. Es ist erstmals eine Durchführung von Brucknerschem Ausmaß und Gewicht, mit neuen kontrapunktischen Verdichtungen, die dem Themenmaterial charaktervolle Gegenstimmen beifügen. Schließlich steht auch vor der Reprise eine Generalpause. Der Verlauf ist regelgerecht, hat aber auch hier Kontrapunkte und Gegenstimmen die Fülle zu bieten. Wieder gliedern Generalpausen die spannungsvollen Entwicklungen. Schließlich leiten sie über in die großräumig und klangvoll angelegte Coda.

Der *zweite Satz* (Adagio, etwas bewegt, quasi Andante, 4/4, As-Dur) zeigt den Typ des langsamen Sinfonie-Satzes bei Bruckner voll ausgeprägt. Aus dem ruhevollen As-Dur-Klang löst sich »Feierlich, etwas bewegt« der Hauptgedanke, der deutlich aus dem Gestus des Hauptthemas im ersten Satz entwickelt ist. Besonders poetisch wirkt ein f-Moll-Abschnitt, in dem Pizzikato-Klänge in marschartigem Duktus sich zu einer innigen Hornkantilene fügen.

Wiederholungen führen zu weiterer Variierung besonders des Hauptthemas. Der Klang wandelt sich von weichem As-Dur zu strahlendem H-Dur. Nach 30 Takten verklingt alles Pianissimo, Bruckner zitiert nun das Baßsolo »Benedictus qui venit in nomine Domini« aus seiner kurz zuvor entstandenen f-Moll-Messe. Dann aber führt das Hauptthema mit Flötenumspielungen, Dreiklangsmotivik des Horns zum innigen Ausklang.

Das *Scherzo* (Schnell, 3/4, c-Moll) gibt sich heiter, fast derb mit seinem bäurisch-unmittelbaren Thema:

Aber auch hier profiliert sich Bruckners Handschrift durch rasche klangliche Farbänderungen, durch das Ineinander und Gegeneinander von Dreiklangsmelodik und Chromatik. Das *Trio* (3/4, C-Dur) beginnt, wie die ganze Sinfonie, im hohen Streichertremolo. Ein sanft wiegendes Bratschenthema erinnert von fern an das Kopfthema der Beethovenschen »Eroica«:

In dieser Sinfonie begegnen wir dem ersten großen, ganz und gar Brucknerisch geprägten *Finale* (Mehr schnell, Alla breve, c-Moll). Dabei tritt freilich kontrapunktische Arbeit weniger hervor. Drei Themen erscheinen. Das erste in den Violinen, ans Kopfmotiv der Sinfonie anklingend, in großen Skalengängen zu mächtigem Klangstrom erweitert:

Nach 33 Takten erscheint das blechgepanzerte zweite und eigentlich zentrale Thema des Satzes:

Nach der Wiederholung des ersten Abschnittes tritt dann ein drittes Thema (in A-Dur) in Erscheinung, als Doppelthema angelegt:

Allmählich wieder nach Es-Dur geführt, steht es in gewaltiger Aufgipfelung dem Hauptthema gegenüber. Nach mächtigem Aufschwung und drei Takten Generalpause zitiert Bruckner des »Eleison« aus seiner f-Moll-Messe. Groß angelegt auch die Durchführung, in die Reminiszenzen zumal an den 1. Satz einbezogen werden. 40 Takte Orgelpunkt bringen die Themen zueinander, bis wiederum das Hauptthema erscheint und die Entwicklung in eine erneute Generalpause treibt. Es beginnt die Reprise, in der die Themen und Motive weiter entwickelt und umgestaltet werden. Noch einmal wird das »Eleison« zitiert, und noch einmal tauchen Bruchstücke des Finale-Beginnes auf. Dann erklingt die Coda. In sie stürmt nach grandioser Steigerung triumphierendes C-Dur. In punktiertem Triolenrhythmus wird der festlich elementare Klang noch unterstrichen. Die zunehmende Bedeutung des Finale, die Konzeption der Themen und der Entwicklungen über alle Sätze der Sinfonie stehen in diesem Werk zum ersten Male für den vielzitierten »Typ« der Bruckner-Sinfonie.

Gesamtausgabe: Fassung 1877: Band II (1965)

3. Sinfonie d-Moll (WAB 103) <Wagner-Sinfonie>

Besetzung: 2 Fl, 2 Ob, 2 Kl (in B), 2 Fg; 4 Hr (2 in F, 2 in B tief), 3 Trp (in D), 3 Pos (Alt, Tenor, Baß); Pk; Str

Aufführungsdauer: 60'

Widmung: *Sr.Hochwohlgeboren Herrn Herrn Richard Wagner, dem unerreichbaren, weltberühmten und erhabenen Meister der Dicht- und Tonkunst, in tiefster Ehrfurcht gewidmet von Anton Bruckner*

(Text in der Wagner übergebenen Widmungspartitur)

Bruckners »Dritte« repräsentiert nun den sinfonischen Stil des Meisters in monumentaler Kompromißlosigkeit. Sie wurde sein gewaltigstes und in der Länge der 1. Fassung mit 2056 Takten auch sein umfänglichstes sinfonisches Werk. Diese erste Fassung entstand 1873. Im August war sie abgeschlossen. Zuvor hatte der Komponist sie zusammen mit seiner 2. Sinfonie Richard Wagner in Bayreuth vorgelegt. Wagner sollte sich entscheiden, welche der beiden Sinfonien Bruckner ihm widmen dürfe. Der wählte das d-Moll Werk. So kam's zu dem berühmten Doppel-Autograph: Bruckner vergewissert sich schriftlich: *Symfonie in Moll, wo die Trompete das Thema beginnt.* Und Wagner notiert als Antwort: »Ja! Ja! Herzlichen Gruß.«

Also wurde die Dritte Bruckners »Wagner-Sinfonie«, Zeugnis seiner abgöttischen Verehrung des Bayreuthers, gespickt mit Zitaten aus »Tannhäuser«, »Walküre«, »Meistersinger«, »Tristan und Isolde«. Und doch hat der Wagner-Klang in dieser Musik ganz eigenes, eben brucknersches Profil. Mehr noch: In dieser Musik findet die sich bei den früheren Werken andeutende sinfonische Revolution Bruckners kompromißlos statt. Sie nutzt das klassische viersätzige Sinfonie-Schema, das Sonatensatz-Prinzip, in den Binnensätzen die erweiterte Liedform, Scherzo und gesangliches Trio auf wesentlich veränderte Weise. Besonders in den beiden Ecksätzen. Die Themen sind Keimzellen einer ununterbrochen sich ausbreitenden, epischen Variantentechnik, die das thematische Material immer neu belichtet, ihm neue Gestalten abgewinnt. »Indem das variative Potential der Themen ohne Einschränkung freigesetzt wird, nimmt die musikalische Bewegung einen permanenten Überleitungscharakter an. Die Themen entfalten sich zu weiträumigen Motivkomplexen, deren Beziehungen zueinander gewissermaßen von einem Gefühl, einem Gespür für dramaturgische Ausgewogenheit in großen Zügen, und nicht so sehr von dramatischen Konflikt-Lösungs-Spielen gesteuert werden. Dergestalt dehnt sich Bruckners Musik, wofür allerdings die neuen ›Längen‹ nur ein äußerliches Zeichen sind: die ›Ausdehnung‹ bewirkt einerseits die prinzipiell unbegrenzte Variantenbreite der Motivkomplexe, andererseits, aber daran gebunden, die Aufhebung der sonatischen Feingliederung durch Allgegenwart der Überleitungsbewegung. Man könnte auch sagen, daß die Musik einen permanenten Durchführungscharakter annimmt.« (Matthias Hansen)

Bei dieser Sinfonie gibt es in besonderem Maße »Fassungsprobleme«: Sie liegt in drei autographen Fassungen vor, dazu existieren noch zwei Druck-Fassungen. Die erste, ausführlichste Fassung von 1873 kam erst am 1. und 2. Dezember 1946 durch die Dresdner Staatskapelle unter Joseph Keilberth zur Uraufführung. Aber schon während der Arbeiten an seiner 4. und 5. Sinfonie schuf Bruckner eine erste veränderte Fassung der Dritten, die 2. Fassung (1877). Und 1888 bis 1889 gab es noch eine 3. Fassung. Es handelt sich dabei um zum Teil wesentliche Veränderungen, vor allem um Kürzungen, Veränderungen der Instrumentation. Der erste Satz wurde von 746 auf 652 Takte gekürzt, das Adagio von 278 auf 251 Takte, das Scherzo wuchs mit neuer Coda von 152 auf 201 Takte, das Trio blieb unverändert, aus dem Finale wurden 126 Takte gestrichen. Wichtig vor allem: Bruckner nimmt aus seiner Partitur die meisten der ursprünglich eingesetzten Wagner-Zitate.

In dieser 2. Fassung wurde das Werk unter Bruckners Leitung am 16. Dezember 1877 von den Wiener Philharmonikern im Goldenen Saal der Gesellschaft der Musikfreunde Wien zum ersten Male vorgestellt. Die Uraufführung wurde zur Katastrophe für den unglücklichen Komponisten. Man verstand ihn nicht mehr. Ziemlich sicher ist anzunehmen, daß es nicht die übriggebliebenen Wagner-Zitate in der Partitur waren, die die Hörer störten. Der epische Duktus dieser Musik, ihr weiter Atem, ihre Technik der permanenten Durchführung chokierten Hörer wie Fachleute.

Bis heute hat sich diese 2. Fassung im Konzertsaal am meisten durchgesetzt. Von biographischem Interesse ist eine spätere Mitteilung Bruckners, das Andante im Adagio der 3. Sinfonie sei bereits am 15.Oktober 1872 im Gedenken an seine Mutter Theresia geschrieben worden, und am folgenden Tage sei ihm das Thema des »Misterioso« eingefallen.

Nicht nur die Grundtonart d-Moll, sondern auch der Beginn des *ersten Satzes* (Gemäßigt, mehr bewegt, misterioso, alla breve) erinnert wieder einmal an Beethovens »Neunte« (was schon Hanslick in seiner Uraufführungs-Rezension, wenn auch ironisch, bemerkte). Streicherfiguren, gehaltene Holzbläserklänge schaffen den leisen Klanghintergrund, vor dem, zunächst auch verhalten, jenes berühmte Trompetenthema aufklingt, das auf Wagner so großen Eindruck machte, daß er es geradezu mit der künstlerischen Erscheinung Bruckners identifizierte:

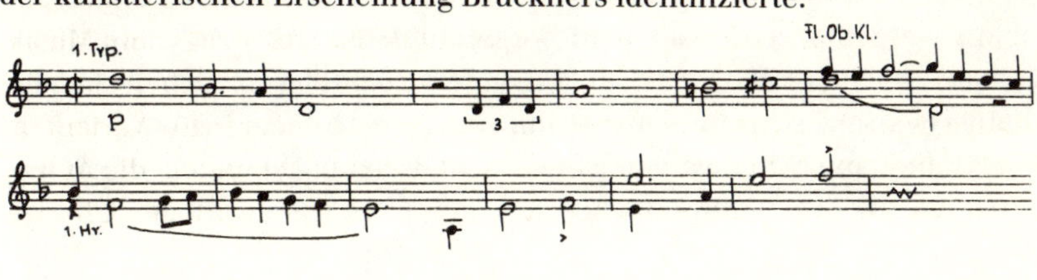

Es gehört zu einem Motivkomplex, in den die Holzbläser eingeschaltet sind und in den das 1. Horn in offener melodischer Entwicklung eingreift. In erster Entwicklung wird dieser Komplex zu einem zweiten in mächtigem Fortissimo geführt:

Die drängenden Sekundbewegungen hier lassen die motivische Bewegung wieder offen, deuten aber auch in ihrer unterschiedlichen harmonischen Ausleuchtung auf Wagner-Reminiszenz (etwa die Tristan-Harmonik). Auch der zweite Themenkomplex präsentiert sich als Doppelthema, in der Paralleltonart F-dur. Für besonderes Profil sorgt hier die für Bruckner so charakteristische Koppelung von Zweier- und Dreier-Metrum:

Anmut und pastorale Poesie breiten sich aus. »Meistersinger«-Stimmung zudem. Später wird der Bruckner-Rhythmus (Viertel-Triolen / zwei Viertel) umgekehrt, erwachsen daraus neue dramatische Konflikte. Eine dritte Themengruppe tritt auf den Plan, von feierlich getragenen Bläserklängen und einem hektisch auffahrenden Trompetenmotiv geprägt. Endlich ist über einen ruhigen F-Dur Dreiklang die Durchführung erreicht, im wesentlichen mit den Motiven der ersten Themengruppe arbeitend und nach rund 100 Takten im Oktav-Unisono des vollen Orchesters das d-Moll-Signal-Thema im dreifachen Forte schmetternd. In leisen Nachklängen melden sich zweite und dritte Themengruppe. Dann geht es in die zunächst kaum veränderte Reprise. Das zweite Thema erscheint in D-Dur, das Choralthema folgt ohne Trompeten-Zwischensatz. Und die 60-taktige Coda erinnert noch einmal mit ihrem chromatischen Orgelpunkt besonders nachdrücklich an Beethovens 9. Sinfonie:

Mit elementarer Gewalt wird die Schlußssteigerung erreicht: Kanonisch verflochten, in dichter Übereinanderschichtung werden die Hauptmotive des Satzes zusammengespannt, bis zum dröhnenden Ende in hartem Quintklang. Ein Satz von grandiosem dramatischem Format, tiefem Ernst, ungeheurer Kraftentfaltung.

Der *langsame Satz* (Bewegt, feierlich, quasi Adagio, 4/4, Es-Dur) ist auf elegischen Ton gestimmt. Erinnern an den Geburtstag der Mutter? Drei Themengruppen prägen ihn. Die Streicher beginnen:

Eine innige Bratschen-Melodie erfährt starke harmonische Abwandlungen und kontrapunktische Bereicherung (Andante quasi Allegretto, 3/4).

Langsamer, misterioso breitet sich Benedictus-Stimmung aus, die Melodik wird figuriert und ausgesponnen, bis am Ende die Thematik des Beginnes mächtige Steigerung erfährt, vor leisem Ausklang sich ein Zitat aus Wagners »Walküre« zu Wort meldet.

Der *dritte Satz* (Ziemlich schnell, 3/4, d-Moll), das Scherzo, ist geprägt vom derb-bäuerlichen Tanz, wie ihn Bruckner aus seiner Heimat kannte. Spielerisch kreisend eröffnen die Violinen zu munteren Pizzikati der tiefen Streicher:

Im A-Dur-*Trio* vereint sich tänzerische Anmut mit reizvollen harmonischen Farbgebungen und lockerem Stimmengeflecht. Nach der Scherzo-Wiederholung wartet Bruckner mit einer handfesten Coda in D-Dur auf.

Das *Finale* (Allegro, alla breve, d-Moll) ist der gewaltigste Satz des ganzen Werkes. Dazu vor allem thematisch-motivisch mit dem ersten Satz eng verzahnt. Quintklänge der Bläser deuten zunächst auf B-Dur, bis in Bläsern und Streichern das Hauptthema majestätisch-drohend einsetzt, mit schneidendem Es und Cis den Grundton d umgrenzend:

Die Paralle zum Hauptthema des ersten Satzes ist unüberhörbar. Im zweiten Komplex überlagern sich zwei Themengruppen: In Fis-Dur intonieren die Bläser Choralthematik. Dazu musizieren die Streicher eine Polkaweise:

Bruckners Kommentar: *So ist das Leben*. Die Szene: Aus einem Palais am Schottenring war in der Faschingsnacht Tanzmusik zu hören. Im nahen »Sühnhaus« lag Dombaumeister Schmidt aufgebahrt. *Die Polka bedeutet*

den Humor und den Frohsinn in der Welt – der Choral das Traurige, Schmerzliche in ihr.

Kunstvoll wird die musikalische Szenerie zwischen Choral und Polka ausgearbeitet, verflechten sich die Klanggruppen, stehen sich dramatisch gegenüber, bis eine Streicherlinie in gleichmäßigen Vierteln, durchsetzt von Fortissimo-Bläserrufen die dritte Themengruppe bildet. Leise schließen Choralmotive diese gewaltige Exposition ab. Die Streicherklänge des Anfangs bereiten die Rückkehr des Kopfthemas vor, das nun in mannigfaltigen Verwandlungen die Szene beherrscht, durch Gegenmotive immer wieder in neue Spannungen gebracht. Fortissimo, mit kraftvollem Es, setzt die Reprise ein, Themengruppen des ersten Satzes kehren wieder, und in der D-Dur Coda erklingt nun das Motto-Thema, das die ganze Sinfonie im 1. Satz eröffnete, mit strahlender Kraft. Die scheinbaren Begleitstimmen im ganzen Orchester sind sämtlich vereinfachte Fassungen der Themen aus den beiden Ecksätzen. Und es wird so deutlich: Das Eröffnungsthema des Finale ist nichts als eine konflikthaft zugespitzte Variante des Motto-Themas der ganzen Sinfonie. Das klingt nun in strahlendem Dur-Glanz weiter, bis es in machtvollem Unisono, im Tempo des 1.Satzes, das Finale lapidar beendet:

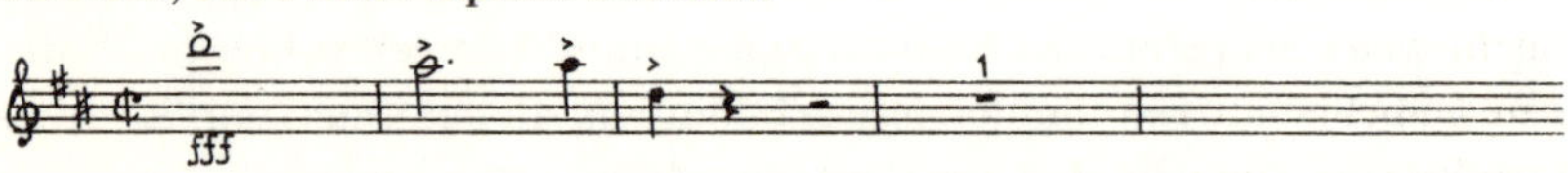

Gesamtausgabe: Fassung 1873: Band III/1 (1977); Fassung 1877: Band III/2 (1981); 3. Sinfonie, Adagio Nr. 2 von 1876: Band III/zu 1 (1980)

4. Sinfonie Es-Dur (WAB 104) <Romantische>

Besetzung: 2 Fl, 2 Ob, 2 Kl (in B), 2 Fg; 4 Hr (in F), 3 Trp (in F), 3 Pos (Alt, Tenor, Baß); Pk; Str

Aufführungsdauer: 60'

Widmung: *Sr.Durchlaucht, dem Prinzen Constantin Fürsten zu Hohenlohe-Schillingsfürst in tiefster Ehrfurcht gewidmet*

Nach den Orgelerfolgen Bruckners in Paris und London (1869, 1871) begann eine neue große Schaffensperiode für den Komponisten, in der Jahr für Jahr von 1872 bis 1875 eine neue Sinfonie entstand. Das vorletzte Werk in dieser Reihe ist die 4. Sinfonie. Unmittelbar nach dem Abschluß der 3. Sinfonie begann am 2. Januar 1874 die Arbeit, und am 22. November gleichen Jahres war sie *um 9.30 Uhr abends beendet.* In den folgenden Jahren wurde das Werk vom Komponisten mehrfach umgearbeitet und zum Teil gründlich verändert. Im Dezember 1878 entstand so eine 2., wesentlich gekürzte Fassung mit neuem Scherzo, dem sogenannten »Jagd«-Scherzo. Ihren drei ersten Sätzen fügte er bis 1879 sogar noch ein neues Finale, das Bruckner selbst »Volksfest« benannte, hinzu und bezeichnete sie als 3. Fassung.

Das Scherzo der ersten Fassung erklang am 12. Dezember 1909 in Linz unter August Göllerich aus dem Manuskript zum ersten Male, zuvor hatten die Wiener Philharmoniker am 20.2.1881 unter Hans Richter die 2. Fassung der Sinfonie uraufgeführt. Und am 22.1.1888 spielten sie unter dem gleichen Dirigenten in einem Konzert des Wiener Akademischen Wagner-Vereins die 3. Fassung.

Bruckner selbst hatte dieses Werk mit dem Begriff des »Romantischen« zusammengebracht. Er soll auch seinem Freund, dem Chordirektor P. Deubler von St. Florian, zumal zum ersten Satz eine Erklärung mitgeteilt haben, in der es hieß: *Mittelalterliche Stadt – Morgendämmerung – von den Stadttürmen ertönen Morgenweckrufe – die Tore öffnen sich – auf stolzen Rossen sprengen die Ritter hinaus ins Freie – der Zauber des Waldes umfängt sie – Waldesrauschen – Vogelgesang* – und so entwickelt sich das romantische Bild. Solch Programm im Stile der damals üblichen sinfonischen Dichtungen verleitete dann auch dazu, diese Es-Dur-Sinfonie mit Beethovens Sechster, der Pastoral-Sinfonie, in Zusammenhang zu bringen. Dabei ist aber große Vorsicht geboten. Weder ein musikalisches »Naturbild« (das auch Beethovens »Pastorale« nicht ist), noch ein Griff ins »Romantische Mittelalter« sind Charakteristika dieser Komposition. Bruckners »Erläuterungen« sind vielleicht sogar einer der bewußt vergröbernden oder in die Irre führenden Versuche des Komponisten, die ob ihres vielschichtigen musikalisch-strukturellen Profils den ahnungslos Zuhörenden verunsichernde Kompositions-Strategie seiner Musik durch geläufiges Wort-Vokabular zu verschleiern.

Eines der »Geheimnisse« brucknerscher Thematik und Themenvariation bietet sogleich der *erste Satz* (Allegro, alla breve, Es-Dur): Über raunendem, für Bruckners Art des Sinfoniebeginnes schier zum Begriff gewordenen Es-Dur-Akkord-Tremolo in den Streichern erklingt eine solistische Horn-Kantilene. Der Hornuf in der Quinte wird gefolgt vom Hornruf in der kleinen Sexte. Das schmerzliche ces im zweiten Ruf bringt Unruhe in den ruhevoll schwingenden Es-Dur Klang.

In der Weiterführung, der Verarbeitung dieses Gedankens durch Harmonik und eingreifende Holzbläser wird die eingangs scheinbar in sich ruhende Statik von Klang und Melos zunehmend instabil. Der zweite Teil des ersten Themenkomplexes ist kräftiger Kontrast zur scheinbaren Ruhe, geprägt vom bekannten Bruckner-Metrum (2 plus 3), das, zunächst aufsteigend,

den ersten Fortissimo-Höhepunkt sogleich »marcato sempre« in rüstiger Gegenbewegung der Streicher zu fülligem Bläserchor erreicht und seine Impulse auch aus wechselnden harmonischen Beleuchtungen erfährt. Ähnliche Instabilität prägt auch den zweiten Themenkomplex, dessen erster Teil sogleich zwei Melodielinien gegeneinander führt:

(in der ersten Fassung sind es sogar vier). Im zweiten Thementeil folgt eine mit charakteristischem Oktavsprung in der Tiefe endende melodische Linie:

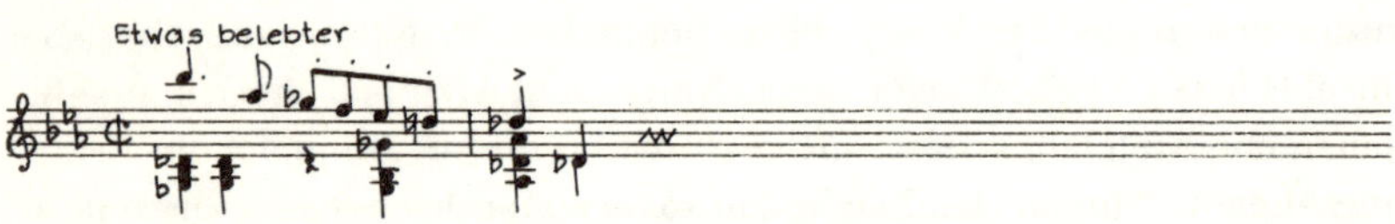

Diese Themenmaterial wird in der Durchführung aufs Kunstvollste und variantenreich ausgearbeitet. Außerdem tritt in ihr ein neues thematisches Element, das Choralthema im Charakter eines feierlichen Kirchenliedes, auf. Die durch Variantenbildung geprägte Technik wirkt auch in die Reprise. Sie mündet in eine Coda, die aus dunklen Klängen, charakterisiert durch den fahlen, terzlosen Tonika-Akkord, aufsteigt zu gewaltigem Finalklang, übergipfelt von dem Hauptthema in den Hörnern. Die »Naturidylle« des Beginnes also täuscht. Der Satz ist geprägt von energischer, konfliktreicher Arbeit, von musikalischem Denken, nicht Illustrieren.

Interessant auch, daß alle Sätze dieses Werkes in Sonatenform angelegt sind. Der *zweite Satz* (Andante quasi allegretto, 4/4, c-Moll) beginnt mit seinem Hauptthema in den Streichern eine archaisch wirkende Weise im Duktus eines Trauermarsches, in dem das Violoncello mit seiner Melodik an das Hornthema des ersten Satzes erinnert:

In die dreistrophige Wiederkehr dieser Musik mischen sich Reminszenzen, Varianten schon geprägten Materials, die Durchführungscharakter annehmen. Manchmal weisen sie auf die Klangwelt Mahlers voraus. Auch hier gibt es choralartige Abschnitte. Sie wirken mit ihrem Dur-Ausklang tröstlich. Bruckner hat diesen zweiten Satz in seiner ersten Fassung Freunden gegenüber als »Ständchen« bezeichnet und so kommentiert: *Im zweiten Satz will ein verliebter Bursch fensterln gehn, wird aber nicht eingelassen.* Besser kann die hörbare Diskrepanz zwischen diesen spöttisch-liebevoll in die Irre weisenden Worten und der Musik nicht deutlich gemacht werden!

Der *dritte Satz*, das Scherzo (Bewegt, 2/4, B-Dur) ist im Hauptteil erfüllt von Hörnerklang, das Trio (Nicht zu schnell, 3/4, Ges-Dur) prägen Flöte und Klarinette mit sanft sich wiegender Melodik. Bruckner hat das ursprüngliche Scherzo, dessen Thema mit dem Hauptthema des ersten Satzes eng verwandt ist, 1878 mit dem neu geschaffenen »Jagd«-Scherzo vertauscht.

Im *Finale* (Bewegt, doch nicht allzu schnell, alla breve, Es-Dur), das in drei Fassungen vorliegt, strebt Bruckner am eigenwilligsten zu einer gewohnte Pfade verlassenden Ordnung des Materiales. Gerade deshalb haben ihm wohl die Zeitgenossen gerade hier »Formlosigkeit« vorgeworfen. In der ersten Fassung stand diesem Satz eine Einleitung voran, die in Oboe, Horn und Fagott sogleich das Horn-Thema des ersten Satzes zitiert. Neben diesem Thema steht das in der Exposition selbst drohend herabstürzende 1. Thema des Satzes zunehmend und immer deutlicher im Schatten des Anfangs-Themas der Sinfonie.

Das beherrscht schon vor der Coda die Verläufe als »geheimes Hauptthema, das die anderen, rechtmäßigen ungeachtet ihrer machtvollen, auftrumpfenden Gestik marionettenhaft wirken lässt« (Mathias Hansen). Als dreigeteilte Motivgruppe erscheint der zweite Themenkomplex, klanglich aufgelichtet und in kräftigem Kontrast zum in düsterem h-Moll donnernden dritten Thema. Die Durchführung schließlich wird zum kontrapunktischen Meisterstück in der Ausarbeitung der Varianten aller drei Themengruppen. Die Coda koppelt die gerade und die Gegenbewegung des Satz-Hauptthemas, wächst über feierliche Choralklänge zu grandioser Es-Dur-Kuppel, unter der das Hornthema des ersten Satzes sich endgültig behauptet.

Gesamtausgabe: Fassung von 1874: Band IV/1 (1975);
Finale von 1878: Band IV/2 (1981)

5. Sinfonie B-Dur (WAB 105)

Besetzung: 2 Fl, 2 Ob, 2 Kl (in B), 2 Fg; 4 Hr (in F); 3 Trp (in F),
3 Pos (Alt, Tenor, Baß), BTb; Pk; Str

Aufführungsdauer: 80'

Widmung: *Seiner Excellenz, dem Herrn Minister Carl v. Stremayr, k.k. Minister für Cultus u. Unterricht, Ritter der eisernen Krone I. Cl. u. des russ. St. Anna Ordens I. Cl. Geh.R.J.Dr. etc. etc. in tiefster Verehrung gewidmet.*

Seine 5. Sinfonie schrieb Anton Bruckner in ununterbrochenem Arbeitsgang von Februar 1875 bis Mai 1876. Mai 1877 bis Februar 1878 erfolgte die endgültige Durchsicht. Am 4. November 1878 signierte Bruckner die kalligraphische Reinschrift der Partitur. Mit diesem Werk ging die zweite wichtige Schaffensperiode des Sinfonikers Bruckner zu Ende, die 2. bis 5. Sinfonie umfassend. Das neue Werk hat der Komponist in der Orchesterfassung nie gehört. Am 20. April 1887 spielten sie Joseph Schalk und Franz Zottmann an zwei Klavieren im Wiener Bösendorfer-Saal. Die eigentliche Uraufführung (in eigenmächtiger Umarbeitung) dirigierte Franz Schalk am 10. April in Graz. Schalk sorgte auch für einen instrumentatorisch kräftig retuschierten und gekürzten Erstdruck der Partitur, die 1896, kurz vor Bruckners Tod, erschien. Wir sollten die 1878 vom Komponisten autorisierte Version als die gültige, die endgültige betrachten. In dieser originalen Fassung wurde das Werk im Oktober 1935 von Siegmund von Hausegger mit den Münchner Philharmonikern zum ersten Male gespielt.

Der Komponist hat diese Sinfonie als sein »kontrapunktisches Meisterwerk« bezeichnet. Man vermutet mit Recht, daß die gerade in diesem Werk so deutlich hörbare kontrapunktische Virtuosität der Gestaltung etwas zu tun hat mit der Tatsache, daß Bruckner im November 1875 endlich die ersehnte Berufung zum Lektor für Harmonielehre und Kontrapunkt an der Wiener Universität erhielt. Er hat die »Fünfte« aber auch seine »Phantastische« genannt, wohl weniger auf das Berlioz-Werk gleichen Namens zielend, als darauf, daß hier die enorme Differenzierung des motivisch-thematischen Materiales wie auch der mit seltener Konsequenz betriebene Zusammenschluß der Themen und Themengruppen über die Sätze hinweg nun wirklich phantastische Dimensionen annimmt. In dieser Sinfonie, wie später in der 8. liegt das dramaturgische Schwergewicht eindeutig im Finale. Bruckners »Fünfte« ist eine Finalsinfonie im Sinne Beethovens. Nur der Weg zum krönenden Abschluß, den Bruckner gefunden hat, ist ein anderer. Nicht nur der – bereits bei Beethoven vorgebildeten – Dreithemigkeit im Sonatensatz wegen. Mit besonderem Nachdruck präsentiert Bruckner in der 5. Sinfonie nicht nur thematische Rückblenden auf die jeweils vorausgegangenen Sätze. Er »verdichtet« das Material im Finale, macht dort aus Exposition und Durchführung Fugen bzw. Doppelfugen, in denen das thematische Grundmaterial der Sinfonie gleichsam auf seine endgültigen und damit kontrapunktisch nutzbaren Grundformen reduziert wird. Auf diese zum Finale hinführende Gestaltungsweise wird totale thematisch-motivische Integration erreicht. Darüber hinaus deutet die Tatsache, daß Bruckner nur in dieser Sinfonie den ersten Satz mit einer langsamen Einleitung versieht, einen weiteren Bezugspunkt an: Er besteht im Rückgriff auf »historisches« Klang- und Strukturmaterial. Man hat die Adagio-Introduction als Allusion an den Kirchenstil gedeutet (Ernst Kurth). Ganz offenbar schimmert in dieser ernsten, tragisch anmutenden Musik mit ihren Pizzikato-Gängen der Celli, der Kontrabässe und der polyphon aufgefächerten Akkordik der Violinen und Bratschen als großes, von Bruckner innig verehrtes Vorbild der Beginn des Mozart-Requiems durch. Der Requiem-Beginn, am Ende die Choralapotheose, dazu die suggestive Kraft der Brucknerschen Klangauftürmungen, repetitiven Steigerungswellen und die intensive Konzentration auf die Varianten des verwandten Melodie-Materiales, der rhythmischen Gruppierungen, die konstruktive Kombination aller Elemente – in der »Fünften« erhält all das nun wahrlich »phantastische« Dimensionen!

Der *erste Satz* deutet in der *Introduction* (Adagio, alla breve, B-Dur) thematische »Ursubstanz« an: In der Pizzicato-Bewegung der Celli und Kontrabässe:

Im majestätisch, Fortissimo auffahrenden Ges-Dur-Akkord:

Und im unmittelbar anschließenden Grundgedanken, der durch das Umdeuten des Des in Cis zum A-Dur-Raum führt:

Aus dem Keim des ersten Ur-Motivs entwickeln sich die ebenmäßigen diatonischen oder chromatischen Gänge, aus dem zweiten die zuckenden, unregelmäßigen rhythmischen Bewegungen und aus dem dritten die melodischen Gebilde. Dieser dritte Gedanke schließt die Einleitung. Nach einer Generalpause setzt von Pianissimo zum Fortissimo, über dem Orgelpunkt A in Pauken und Kontrabässen, der Anlauf zum Allegro-Teil ein. Hier erscheint zum für Bruckner typischen Tremolo in den hohen Streichern, von Violen und Violoncelli vorgetragen, das rhythmisch scharf profilierte Hauptthema des Satzes, in energischer b-Moll-Gebärde:

Das zweite, das »Gesangsthema« erinnert an den Pizzikato-Beginn des Satzes, steht in f-Moll und hat trauermarschähnlichen Gestus:

An dritter Stelle erscheint ein weitgeschwungenes melodisches Des-Dur-Thema auf synkopierter Basis, mit ruhevollem Bläser-Nachsatz:

Außerdem präsentiert die Exposition noch einen rhythmisch akzentuierten Gedanken, der für das ganze Geschehen sehr wichtig wird:

In leisem F-Dur-Klang verdämmert die Exposition. In der Durchführung gibt es die für Bruckner charakteristischen Konflikte und Auseinandersetzungen, durchgeführt mit Hilfe der kunstvoll variierten Themen und ihren Bestandteilen (das Gesangsthema wird zunächst ausgespart). Beim Wiedereinsatz des Hauptsatzes (Reprise) wird auch die Dreiklangsmotivik der Einleitung einbezogen. Nun alterniert das Gesangsthema Pianissimo in den Hörnern mit dem choralartigen Gedanken der Einleitung. In mächtigem Anlauf wird die Reprise erreicht. Das Gesangsthema rückt jetzt nach g-Moll, der rhythmisch akzentuierte Gedanke tritt scharf hervor. Wiederum nach einer Generalpause verbindet sich das Einleitungsthema mit dem Hauptthema des Satzes. Die Coda endet in mächtigem Anlauf über einem 19-taktigen Ostinato auf B.

Der *zweite Satz* (Sehr langsam, alla breve, d-Moll) beginnt in sehr ernster Haltung. Ein Pizzikato-Ostinato der Streicher in typisch Brucknerscher Vierteltriolen-Bindung trägt das Solo der 1.Oboe, das erste Thema, Ausdruck einer »Ballade der Weltflucht« (Armin Knab). Hier klingt motivisches Grundmaterial des ersten Satzes wieder an (fallende Quinte, Dreitonschritt und Septime):

»Sehr kräftig, markig«, auf der sonoren G-Saite der Violinen in breitem Strich spendet die lyrisch-expressive Melodik des zweiten Themas Wärme und Trost:

Es erinnert an Ähnliches aus dem langsamen Satz der 4. Sinfonie. Schwelgerisches, kapriziös tänzerische Klänge wechseln sich ab, kräftiger Aufschwung und leises Verklingen führen in die zweite Strophe der Hauptmelodie mit beträchtlichen Steigerungen und Kontrasten. Ähnliches geschieht bei der Wiederholung des zweiten Themas (D-Dur). Eine dritte Strophe läßt das Hauptthema noch einmal in seiner einfachen Gestalt erscheinen, mit Gegenstimmen, in kontrapunktisch verzahntem Satz. In dreifaches Piano, versöhnliches D-Dur, mündet endlich die Coda.

Mit diesem Adagio ist der folgende dritte Satz, das *Scherzo* (Molto vivace, Schnell, 3/4, d-Moll) thematisch eng verbunden. Zum einen durch die Tonart, zum anderen durch die Thematik. Wir begegnen beim Hauptgedanken der Ostinato-Begleitung des Adagio wieder, und auch die Melodik selbst ist der des Adagio eng verbunden:

Dieses Scherzo erscheint wie ein Gegenbild zum vorangegangenen Adagio. Zunächst aber bietet es betont naiven »Wiener Charme« mit einem F-Dur-Gedanken in koketter Zweistimmigkeit:

Er wird, mit leisem Nachdruck, durch Generalpausen vom übrigen Geschehen abgehoben. An den frohen Dur-Terzschluß Fis des Scherzo knüpft im *Trio* (Im gleichen Tempo, 2/4, B-Dur) das Ges des 1. Horns an. Hartnäckig kehrt dieses Ges (in B-Dur!) immer wieder. Der anmutige Volkston des Ganzen bekommt dadurch leicht ironische Züge. Dem Gegenbild zum Adagio ganz angemessen.

Das *Finale* wird nun wahrlich zur Krönung dieser Sinfonie. Zunächst greift Bruckner auf die Adagio-Introduction des ersten Satzes zurück, schon im dritten und fünften Takt meldet sich aber die Klarinette leise mit einem Oktavsprung, Vorbote des Hauptthemas des Finales. Generalpause. Allegro moderato intoniert die Klarinette Oktavsprung und Anschluß des Hauptsatzthemas. Pause (Fermate). Geigentremolo und Allegro-Hauptthema des ersten Satzes in Celli und Bässen. Wieder Fermaten-Pause. Noch einmal Allegro moderato mit dem Finale-Hauptthema (nun in fast schrillem Klarinetten-Forte). Dann vier Adagio-Takte aus dem zweiten Satz, und auch hier wieder der Oktav-Zwischenruf (diesmal von der Flöte). Dieses Adagio verbindet Themenretrospektive aus den vergangenen drei Sätzen mit dem Anlauf zum eigentlichen Finale (Allegro moderato, alla breve, B-Dur) und erinnert sicher nicht zufällig an den Beginn des Finales in Beethovens 9.Sinfonie. Dann intonieren Celli und Bässe, gefolgt von Bratschen, 2. Violinen und 1. Violinen, das komplette Finale-Hauptthema im charakteristischen Brucknerschen Zuschnitt als energisch-kraftvolles Fugato:

Der Oktavsprung, die Skalenbewegung in punktierten Achteln sind wesentliches Motiv-Ferment der weiteren Gestaltung, die aus dem Oktavkopf, den Skalen großflächig ausholende Steigerungsenergie gewinnt. Der zweite Themenkomplex erinnert an das Scherzo, erklingt in sanftem Des-Dur in der 2. Violine, mit freundlicher Nebenstimme in den 1.Violinen:

Nach erneutem Anlauf mit dem Hauptthema meldet sich an dritter Stelle der Bruckner-Choral im vollen Blechbläsersatz:

Er wird den weiteren Verlauf des Stückes wesentlich mitbestimmen. Die Choralmelodie wird leise vom 1. Horn übernommen, und das bedeutet den Eintritt in die Durchführung. Deren Zentrum bildet eine strenge Doppelfuge in Des-Dur. Sie wird durch die Bratschen mit dem Choralthema eröffnet. Als Kontrasubjekt tritt dann das erste Thema des Satzes hinzu, in Celli und Bässen, von der Pauke akzentuiert. Alle Künste des polyphon-kontrapunktischen Satzes werden bemüht: Gegenbewegung, Augmentation, Diminution, Umkehrung. Sie führen zu einem gewaltigen Höhepunkt im für diese Sinfonie häufigen Ges-Dur. Dann erscheint, nun schon in der

Reprise, der ganze zweite Themenkomplex des Satzes. Nach den gewaltigen Fugen-Aufgipfelungen wirkt dieser Teil etwas beruhigter. – Bis der nächste große Anlauf in der wieder großangelegten Coda erfolgt. Hier werden die Hauptthemen der beiden Ecksätze kombiniert:

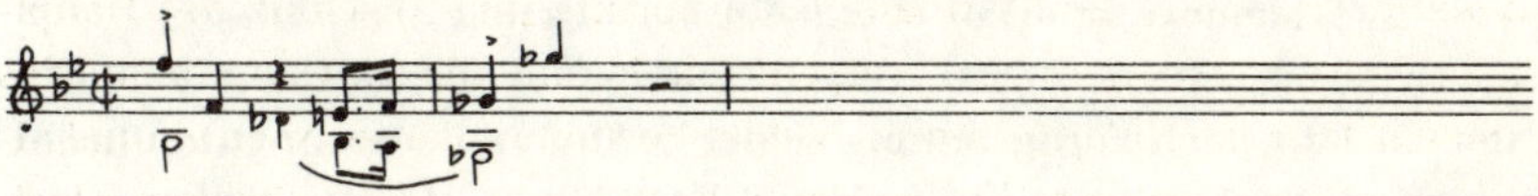

Ein langer Anlauf in erneuter Durchführung führt dann zum absoluten Höhepunkt des Satzes, in den sich nun auch das erweiterte Choralthema einmischt. Über 22 Takte, in strahlendem B-Dur, »hämmert sich die ideelle Einheit der Themen dieser Sinfonie geradezu ins Bewußtsein« (Walther Siegmund Schultze). Im Rückblick auf das Werkganze entschlüsseln sich die Struktur-Kombinationen: Die Ecksätze korrespondieren miteinander, die beiden Mittelsätze sind geradezu Varianten voneinander. Der Finalsatz resümiert eingangs das bisherige musikalische Geschehen. Er hebt »die Thematik auf eine höhere Stufe, die in der Schlußvision kulminiert. Die Formidee dieses Satzes besteht darin, die kontrapunktischen Zusammenhänge der Themen schrittweise zu enthüllen: Die der traditionellen Durchführung entsprechende Mitte des Satzes ist eine mit äußerster Kunst ausgeführte Doppelfuge über das Kopfthema des Finalsatzes, das bereits selbst am Anfang des Satzes, nach der langsamen Einleitung und dem resumierenden Rückgriff auf die vorhergegangenen Sätze, fugiert eingeführt wurde und über den an exponierter Stelle (nach der ›dynamischen Kulmination‹) unerwartet, als Sache eigenen Rechts aufgestellten Choral, der so seine sprengende Kraft andeutet, die bei dem Schlußhöhepunkt offenkundig wird. Als ›Resultat‹ der Durchführung erscheint die in zwei Unisonoblöcken lapidar hingestellte Kombination beider Fugenthemen.

Als nächste Steigerungsstufe wird, nach einem reprisenartigen Teil, das Hauptthema des ersten Satzes in allmählichem Entstehungsprozeß in das Finale miteinbezogen und seine kontrapunktische Verwandtschaft mit dem Kopfthema des Finales enthüllt. In der absoluten Kulmination schließlich wird das Kopfthema des Finales mit dem Choral, dieser nunmehr in ums Doppelte vergrößerten Notenwerten, neuerlich zusammengeführt« (Dietmar Holland).

Um dieses Werk hören bis heute die Versuche mystisch-religiöser Deutungen nicht auf.

Gesamtausgabe: Band V (1951)

6. Sinfonie A-Dur (WAB 106)

Besetzung: 2 Fl, 2 Ob, 2 Kl (in A bzw. in B), 2 Fg; 4 Hr (in F), 3 Trp (in F), 3 Pos (Alt, Tenor, Baß), BTb; Pk; Str

Aufführungsdauer: 65'

Widmung: *Anton von Oelzelt-Newin und Amy geb. von Wieser*

Nur ein Jahr nach Fertigstellung seiner 5. Sinfonie begann Anton Bruckner mit der Arbeit an seiner »Sechsten« (1878). Im Februar gleichen Jahres war er endlich wirkliches Mitglied der Wiener Hofkapelle geworden. Es gab also schöpferische Ermunterung. Das Streichquintett entstand, und von 1879 bis 1881 die neue Sinfonie, in A-Dur. Freilich: Hatte er seine 5. Sinfonie B-Dur nie selbst hören können, so kamen von der neuen 6. Sinfonie zu seinen Lebzeiten immerhin die beiden Binnensätze zur Aufführung: Am 11. Februar 1883 spielten sie die Wiener Philharmoniker unter Wilhelm Jahn. Die Kritik reagierte zögerlich. So etwa Hanslick, der meinte: »Im ganzen hat der wilde Komponist etwas an Zucht gewonnen, aber an Natur verloren.«

Zur Uraufführung kam es erst nach Bruckners Tod, am 26. Februar 1899 durch die Wiener Philharmoniker unter Gustav Mahler. Da erklang allerdings eine stark gekürzte und in der Instrumentation veränderte Fassung. Die ungekürzte und unretuschierte Fassung war erst am 14. März 1901 in Stuttgart unter Wihelm Pohlig zu hören. Übrigens hatte auch die 1899 erfolgte Erstveröffentlichung der Partitur noch unter fremden Eingriffen zu leiden. Sie wurden erst durch die von Robert Haas 1935 edierte »Originalausgabe« aus der Welt geschafft.

Das Besondere dieses Bruckner-Werkes: Es hat, verglichen mit den früheren Sinfonien, einen besonderen und gewichtigen Schwerpunkt im langsamen Satz. Bruckners Technik des »variativ-durchführungsartigen Wechsels mehrerer Themenkomplexe« (Mathias Hansen) dringt nun auch mit besonderem Nachdruck in die Domäne des ausdrucksvollen langsamen Satzes ein. In den folgenden Werken wird das seine Folge haben.

Die auffällig strahlende und lebenszugewandte Klangschönheit dieser Sinfonie hat ihr bis heute neben der 4. und 7. Sinfonie eine Vorrangstellung in der Gunst der Hörer gesichert. Man hat sie als »Lobegesang auf die Schönheit der Erde« bezeichnet (Karl Laux). Und man hat auch sie, nach Beethovens 6. Sinfonie, Bruckners »Pastorale« genannt. Dies freilich in nicht ganz angemessener Parallele, bleibt doch auch in Bruckners sechstem sinfonischem Werk der ins Große, ins Kämpferische weisende Zug der Gestaltung unverkennbar.

Den *ersten Satz* (Maestoso, alla breve, A-Dur) beginnen die Violinen mit einer neuen Variante der Brucknerschen Sinfonie-Eröffnung: Mit springender, punktierter und triolierter Achtelbewegung in Oktaven. Dazu intonieren Violoncelli und Kontrabässe das weit ausholende 1. Thema:

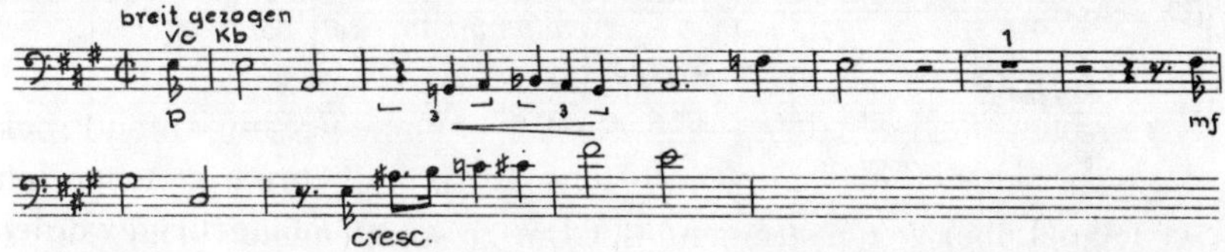

Horn und Holzbläser bringen pointierte Zusätze. Dann schwingt sich das Ganze in mächtigem Fortissimo, im vollen Orchester auf, die Eröffnungsfigur geht über zu den tiefen Streichern, die Pauke markiert den Rhythmus. Nach kurzem Auspendeln beginnt das zweite Thema »bedeutend langsamer« in den 1. Violinen in e-Moll, mit einem bei Wagner vorgebildeten, auch für Bruckner typischen Doppelschlag. Die Stimmmung wird heiter, freundlicher, mit kunstvollem Linienspiel in Vierteltriolen, Achteln und Vierteln. Rhythmisch profiliert zeigt sich dann das im Charakter festlich-freudige 3. Thema:

Danach wird die Entwicklung immer ruhiger. Nach 8 Takten klangvollweichen E-Dur-Wogens folgt die Durchführung. Sie geht von cis-Moll aus, entwickelt sich auf der Grundlage des Basses der zweiten Melodie und widmet sich fast ausschließlich dem Hauptthema des Satzes, das ausgiebig verwandelt wird. Die absteigende Quinte wird zur aufsteigenden Oktave, Tonschritte werden umgekehrt. Triolenbewegung prägt die Nebenstimmen, bis endlich das Thema selbst in mächtigem Es-Dur zum Rhythmus der Eröffnung erneut in erzener Blechgewalt wieder aufsteht. In seiner A-Dur-Fassung führt es zur Reprise. Sie wird wieder von freundlicherer, gelösterer Bewegung geprägt. Aber Fortissimo-Ausbrüche und voller A-Dur Glanz des Orchester über dem Rythmus der Eröffnung schaffen am Ende den freudig-zuversichtlichen Schluß.

Der *zweite Satz* (Sehr feierlich, 4/4, F-Dur) wird aus drei Gesangslinien entwickelt, die zu Bruckners schönsten melodischen Erfindungen zählen. »Markig und lang gezogen« spielen die Violinen auf der G-Saite die sich pathetisch-ruhevoll ausbreitende 1. Gesangslinie:

In versonnenem E-Dur folgt die zweite, wieder ein typisch Brucknersches Doppelthema:

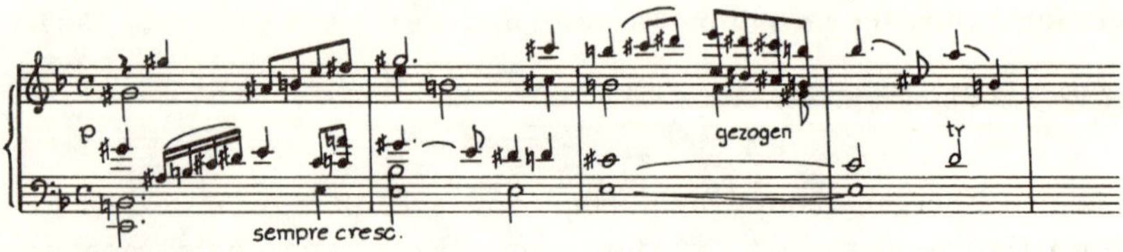

Sie gelangt über weich strömendes A-Dur zu strahlendem C-Dur (Fortissimo) und führt dann in kunstvoller klanglicher Ausleuchtung ins Largo der 3. Weise:

Das ist mit ihren Pizzikato-Bässen eine dunkle Trauermarsch-Vision. Motivische Bestandteile der ersten Melodie in chromatischer Auslegung bestimmen zunächst die Durchführung. Dann aber erklingt die Originalgestalt wieder im vollen Orchester, kontrapunktisch verdichtet, Fortissimo sich ausbreitend. In F-Dur erscheint die zweite Weise. Auch sie wird durch Zusatzstimmen bereichert, strebt zu mächtiger Fortissimio-Wirkung. Der Klang ebbt ab, der Trauermarsch meldet sich wieder, bricht aber breits nach 8 Takten ab. Noch einmal steigen die Violinen pathetisch auf, dann löst sich der Klang in mildem F-Dur-Licht. Von der ersten Melodie ausgehend, wird die sanfte Dur-Sphäre über dem Kontra-F der Kontrabässe nicht mehr verlassen.

Der *dritte Satz* (Scherzo, Nicht schnell, 3/4, a-Moll) hat nicht die gewohnten brucknerischen bäuerlich-derben Züge. Das ist eher eine spukhafte Träumerei, ein zartes Elfenspiel mit seiner flüchtigen, aber dennoch präzise formulierten Thematik.

Pochende Viertel-Bässe begleiten das luftige Motiv-Spiel, zwischen das mit energischem Akzent Triolengebärden der tiefen Streicher zu schwirrenden Violinoktaven auf e und markiger Gegenbewegung in Holz- und Blechbläsern dreinfahren. Idyllisch zart setzt sich dagegen das Trio (Langsam, 2/4, C-Dur) ab, übrigens auch ein Kabinettstück Brucknerschen Humors.

Das *Finale* (Bewegt, doch nicht zu schnell, alla breve, a-Moll – A-Dur) eröffnet nach Brucknerscher Weise ein Bratschen-Tremolo auf e. Schon im dritten Takt meldet sich dazu als erster Gedanke ein elegischer Geigengesang zu Pizzikato-Gängen der tiefen Violoncelli und Kontrabässe:

Der Klangregisseur Bruckner führt es aber bald auch in prachtvollen A-Dur-Klang, und, mit noch größerer Kraftentfaltung, nach E-Dur. Ein energisches Motiv, der Hauptthematik des 1. Satzes abgelauscht, wirkt mit:

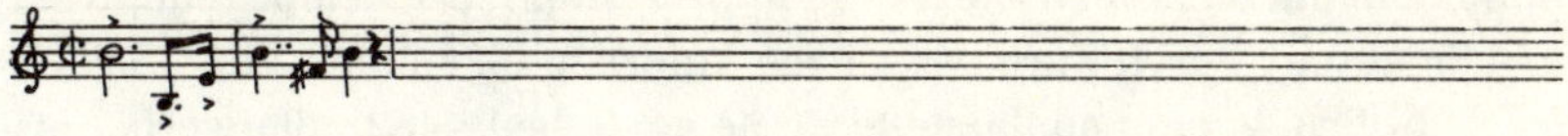

Für den Übergang zum Seitenthema sorgt, wie öfter bei Bruckner, das Horn. Der zweite Gedanke ist wieder einmal ein Doppelthema, erinnernd an Vergleichbares schon in der 2. Sinfonie.

Es gibt wieder eine große Steigerung, einen mächtigen Klanggipfel auf H-Dur, in dem ein für die Durchführung wichtiger weiterer Gedanke auftaucht.

Die Durchführung beginnt auf einem F-Orgelpunkt. In ihr erklingt pathetischer ein Posaunenchoral. Kunstvolle Arbeit mit den Motiven des Satzes herrscht vor. Das Hauptthema mischt sich immer wieder ein. Rhythmisch präzise gliedern die Blechbläser. Das alles mündet in die wiederum kunstvoll aus dem Mosaik der vorherigen Entwicklungen gefügte A-Dur-Reprise. In die Schluß-Apotheose stimmt schließlich auch das Hauptmotiv des ersten Satzes ein.

Gesamtausgabe: Band VI (1952)

7. Sinfonie E-Dur (WAB 107)

Besetzung: 2 Fl, 2 Ob, 2 Kl (in A), 2 Fg; 4 Hr (in F), 3 Trp (in F), 3 Pos (Alt, Tenor, Baß), 2 TenorTb (in B), 2 BTb (in F), KbTb; Pk; Str

Aufführungsdauer: 68'

Widmung: *Seiner Majestät, dem Könige Ludwig II. von Bayern in tiefster Ehrfurcht gewidmet*

Die 7. Sinfonie war es, mit der der Sinfoniker Bruckner, bis dahin meist vielgeschmäht, zum ersten Male einen wirklichen Triumph feiern konnte. Das 1881 bis 1883 entstandene Werk ließ sich zunächst schwer durchsetzen. 1883 trugen Josef Schalk und Franz Pottmann den 1. und 3. Satz in Wien an zwei Klavieren vor. Ein Jahr später musizierten Schalk und Ferdinand Löwe die komplette Sinfonie in gleicher Besetzung wiederum in Wien. Dann aber geriet die Partitur in die Hände des 29jährigen Leipziger Theaterkapellmeisters und Gewandhauschefs Arthur Nikisch. Er hatte einst in Wien studiert und dort auch am Geigenpult der Wiener Philharmoniker eine Bruckner-Uraufführung unter der Leitung des Komponisten mitgespielt. Nun nahm er die neue Sinfonie für Leipzig zur Uraufführung an; die Wiener hielten sich »nobel« zurück. Die durchaus nicht unproblematische Premiere am 30. Dezember 1884 im Leipziger Stadttheater gestaltete sich zu einem großen Triumph für den anwesenden Komponisten. Damit war das Eis gebrochen. Das E-Dur-Werk errang wenig später in München einen offenbar noch größeren Triumph. Danach begann es seinen Siegeszug durch Europa bis nach Amerika. Bis heute ist die »Siebente« wohl Bruckners populärste Sinfonie geblieben. Sie mußte verhältnismäßig wenig unter Veränderungen oder »Bearbeitungen« leiden, obgleich Robert Haas bei der Wiederherstellung seiner »Originalausgabe« die handschriftliche Partitur von vielerlei Zutaten durch fremde Hand zu reinigen hatte. Haas war es auch, der bei dieser Durchsicht das Rätsel um einen auffälligen Einsatz von Triangel und Becken im langsamen Satz klärte. Er findet sich in Bruckners handschriftlicher Partitur als eingeklebter Streifen. Der Komponist hat ihn dann zunächst mit mehreren Fragezeichen versehen. Die sind zwar bei der Verwendung der Handschrift als Stichvorlage durchgestrichen worden. Dafür findet sich aber über der Stelle, wo diese Ergänzung hingehört, der unmissverständliche Bleistiftvermerk von der Greisenhand Bruckners: *»gilt nicht«*.

In seltener Ausgewogenheit und klanglich-struktureller Vollendung zeigt dieses Werk die Eigenarten des Sinfonikers Bruckner. Vor allem: Seine das Variations- oder Fortspinnungsprinzip durchbrechende Arbeit mit aus thematischen Kernen immer neu gewonnenen Bausteinen, deren rhythmischer und klanglicher Bearbeitung, polyphoner Verflechtung, variantenreicher harmonischer Bearbeitung. Solcherart fügen sich auch in der 7.Sinfonie die sinfonischen Entwicklungen zu einer Folge sich immer neu ausbreitender, klanglich sich steigernder Blöcke zusammen.

Der *erste Satz* (Allegro moderato, alla breve, E-Dur) der »Siebenten« beginnt nach der üblichen »Bruckner-Manier« mit Pianissimo-Tremolo der Violinen (e-gis). Dazu spielen die Violoncelli ihren berühmten, weit ausgreifenden Themengesang, streckenweise unterstützt von Horn und Klarinette:

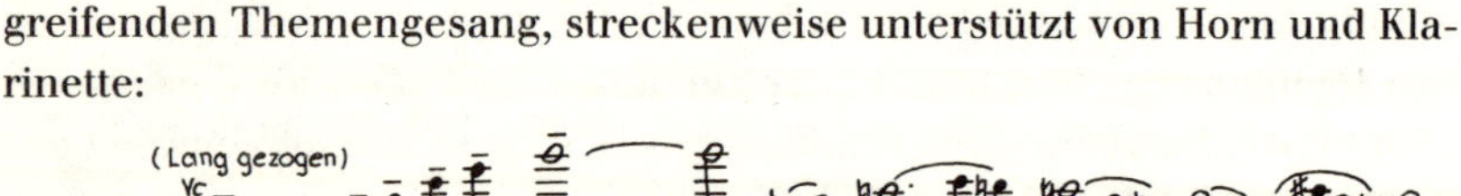

Er moduliert von E-Dur nach H-Dur. Aber Bruckner rückt die vielgliedrige, von schönstem romantischem Ausdruck erfüllte und zugleich die Möglichkeit mosaikartiger Auswahl von zu variierenden, umzugestaltenden Teilen bietende »Gesangsszene« mit zwei Modulationstakten zurück in die E-Dur-Sphäre. Noch einmal erklingt sie, nun von Holz und Blech klangvoll unterstützt und also mit größerer Eindringlichkeit. So gelangt sie bei der H-Dur-Stelle ins erste Fortissimo, und nach wenigen Überleitungstakten wird die zweite Themengruppe (in h-Moll beginnend, von Oboen und Klarinetten vorgetragen) erreicht:

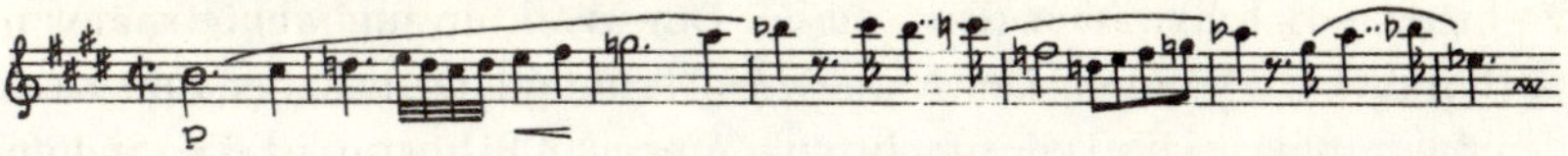

In ihr fällt der vertraute, von Wagner inspirierte Doppelschlag im zweiten Takt auf. Das Spiel mit diesem Thema erinnert insgesamt an den Bayreuther Meister. Wir erleben Kontrapunktik nach »Meistersinger«-Art, bis die Violinen diesen zweiten Gedanken in H-Dur und in der Umkehrung bringen:

Über dem Dominant-Orgelpunkt auf Fis baut sich eine große Steigerung auf. Aber sie wird von plötzlichem Pianissimo gestoppt: a tempo meldet sich der dritte Themenkomplex zu Wort: Eine charakteristische Brucknersche Doppelgestalt, von Flöten und Klarinetten gespielt, von motorisch huschenden Gestalten im unisonen Streicherapparat getragen:

Das führt nun geradeswegs zum klanglich-dynamischen Höhepunkt der ganzen Exposition mit schmetterndem Fanfarenklang der Blechbläser. In die Durchführung leiten reizvolle thematische Figurationen und schier Schubertisch milder H-Dur-Klang. Den Übergang selbst stellen, wie oft bei Bruckner, die Hörner her. Die Durchführung beginnt »Ruhig«, mit der von den Klarinetten vorgetragenen Umkehrung des Kopfmotivs aus dem Hauptgesang des Beginns. Auch die Umkehrung des zweiten Themas bestimmt die weitere Entwicklung, dazu ein zartes Gespinst lockerer, immer aus thematischer Substanz des Satzes gewonnener Linien und Motive. Dann folgt, abrupt und Fortissimo, in c-Moll, der wiederum umgekehrte Themenkopf des Beginnes. Als leiser Nachklang meldet sich in den Violinen die Originalgestalt. Auch die zweite Themengruppe kommt wieder ins Spiel. Sie wird zu machtvoller Choralform gesteigert. Dann geht es, über dem Orgelpunkt auf e, »sehr feierlich«, mit wiedereinsetzenden Streicher-Tremoli, in die Coda. »Sehr ruhig«, im weichen E-Dur, meldet sich das Kopfthema des Hauptgedankens vom Beginn zurück, zunächst in den Hörnern, zugleich in Gegenbewegung in den Flöten. Über dem durchgehaltenen E-Orgelpunkt baut sich ein mächtiger Dur-Klang-Dom auf, die dominierende Dreiklangsthematik der Hauptgestalt des Satzes gleichsam ein letztes Mal strahlend und ungetrübt vorstellend.

Der *zweite Satz* (Sehr feierlich und sehr langsam, 4/4, cis-Moll) ist einer der eindrucksvollsten Trauergesänge der sinfonischen Literatur. Es ist Bruckners Klage über den Tod des bewunderten und abgöttisch verehrten Richard Wagner. Der Komponist wußte um die tödliche Krankheit des Bayreuthers. Die Todesnachricht (Wagner starb am 13. Februar 1883 in Venedig) erreichte ihn während der Arbeit an diesem Satz. Auf den Verehrten deutet schon der cis-Moll-Beginn, den Bruckner hier erstmals einem Tubensatz (Instrumente, die Wagner eigens für seinen »Ring des Nibelungen« konstruierte) übertrug, unterstützt durch tiefe Streicher. In sattem, weichem und tröstlichem Streichergesang (geführt wieder von den 1.Violinen im dunklen Klang der tiefen G-Saiten) schließt sich ein zweiter Teil an:

Der Klage der Tuben im ersten Teil folgt im Streichersatz sehr direkt und deutlich apostrophierte Zuversicht. Bruckner zitiert hier das »Non confundar in aeternum« (Nicht werde ich zuschanden in Ewigkeit) aus seinem eigenen »Te Deum«. Er erinnerte sich dazu in einem Brief an Felix Mottl: *Einmal kam ich nach Hause und war sehr traurig; ich dachte mir, lange kann der Meister unmöglich mehr leben, da fiel mir das cis-Moll-Adagio ein.*

Trauer und Trost klingen weiter, steigern sich zu mächtigem Fortissimo. Dann steigen die Violinen von höchster Höhe allmählich wie ermattend herab. Die Klarinetten setzen diesen Gestus fort, am Ende auch das 1. Horn und die Tuben. Fis-Dur (Moderato, 3/4) folgt die zweite Hauptmelodie des Satzes, ein inniger Trostgesang, schier »Schubertisch« im Wechselspiel von Violinen und Violoncelli. Eine zweite Strophe der Hauptmelodie stimmen (Sehr langsam, 4/4) Tuben und Streicher an. Vollstimmiger, durchführungsartig ausgearbeitet, einzelne Motive, zumal den choralhaften Streicherteil hervorhebend. In As-Dur (wieder Moderato, 3/4) beginnt die zweite, kürzer gehaltene Strophe des Gesangsthemas. Bei der dritten Wiederkehr des Satzbeginnes (Sehr langsam, 4/4, cis-Moll) schaffen Sechzehntelsextolen der Violinen zusätzliche Bewegung, die nach ständiger Steigerung in dreifachem Forte und strahlendem C-Dur gipfelt. Der klangliche Höhepunkt des Satzes (hier gehörte der später wieder von Bruckner zurückgenommene Triangel- und Beckenschlag hin) ist erreicht. Bruckner war, so heißt es, just an diese Stelle seiner Komposition gekommen, als ihn die Nachricht von Wagners Tod erreichte. *Und nun schrieb ich dem Meister die eigentliche Trauermusik*, soll er gesagt haben. Der in seiner Anlage durchaus an Wagners Trauermarsch nach Siegfrieds Tod (»Götterdämmerung«) erinnernde Satz klingt denn auch nach dem Kulminationspunkt allmählich ab, Tuben und Hörner melden sich noch einmal mit schmerzlichem Akzent zu Wort. Leise und wehmütig verlischt das Ganze in sanftem Cis-Dur. *Am Schlusse bei der Trauermusik (zum Andenken an das Hinscheiden des Meisters) gedenke unsres Ideals* schrieb Bruckner an den Dirigentenfreund Felix Mottl.

Das *Scherzo* (Sehr schnell, 3/4, a-Moll) bildet nach solcher Trauermusik den durchaus passenden Anschluß. Es wirkt kräftig, energisch, klar in seiner dem Sonatensatz angelehnten Struktur. Die thematische Substanz besteht aus einem motivisch-rhythmischen Grundmotiv, das im Unisono der Streicher den Satz eröffnet (Pianissimo) und das in einen melodisch schwingenden Nachsatz ausläuft. Dazu erklingt ein typisch Brucknersches Trompeten-Thema, (signalhaft mit Oktave, Quinte und Quarte, rhythmisch pointiert geprägt, an das Motto-Thema der 3.Sinfonie, der »Wagner-Sinfonie«, erinnernd):

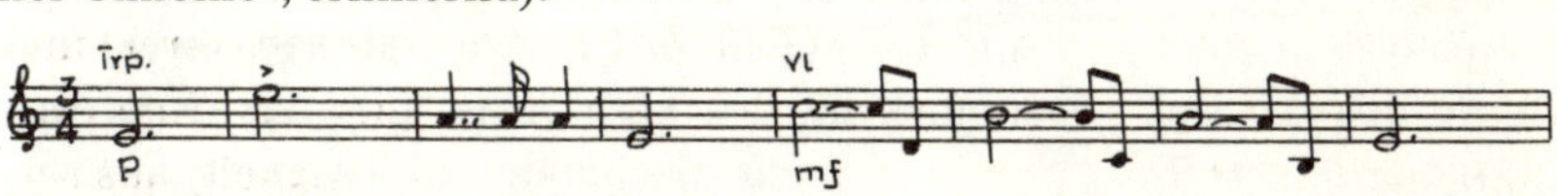

Rhythmische Impulse, aber auch chromatische Klangfärbungen führen zu dynamischer Steigerung, endlich in einen gewaltigen Fortissimo-Ausbruch des vollen Orchesters. Immer wieder tritt dabei das Trompetenthema deutlich artikulierend hervor. Eine Generalpause trennt diesen Abschnitt von der anschließenden Durchführung, mit neuen Kombinationen der Hauptmotive, die den Satz allein beherrschen. Wieder gibt es kräftige Steigerungen, ehe die Reprise erreicht wird. Auf Trauer und Trost des Adagio folgen hier Kraft und energisches Sich-aufraffen. Im *Trio* (Etwas langsamer, 3/4, F-Dur) dominieren sanfte Poesie, ein schubert-nahes inniges Melos, das aber auch in kräftigen harmonischen Varianten auftritt.

Danach läßt Bruckner den Scherzo-Teil wiederholen und verzichtet in diesem Falle auf eine abschließende Coda. Der energische Scherzo-Ausklang in dreifachem Fortissimo genügt ihm zur Abrundung des Satzes.

Das *Finale* (Bewegt, doch nicht zu schnell, alla breve, E-Dur) ist knapper, formal übersichtlicher gefaßt als manch anderer Schlußsatz Brucknerscher Sinfonien. Es beginnt, wieder zum Tremolo auf der Tonika-Terz (e-gis), diesmal allein in den zweiten Violinen. Dazu intonieren die ersten Violinen sogleich das Hauptthema, das gemäß der üblichen Brucknerschen sinfonischen Struktur an das Hauptmotiv des ersten Satzes erinnert:

Frisch und kräftig wirken die wechselnden harmonischen Beleuchtungen dieses melodischen Gedankens, der in erster Fassung von E-Dur nach As-Dur moduliert. In As-Dur meldet sich bald, zunächst in den Streichern, die Brucknersche Choralweise. Kein Zufall daß sie in ihrer Ausspinnung auch den für Wagner wie für Bruckner charakteristischen Doppelschlag einbezieht:

Über runde 60 Takte wird die Melodie ausgesungen, wechselnd in Bläsern und Streichern. Dann erscheint, in mächtigem Fortissimo des vollen Orchesters, Sempre marcato, die Hauptthematik erneut. Sie wird kunstvoll kontrapunktisch ausgesponnen. Ohne Einbeziehung eines dritten Gedankens geht es in die Durchführung. Das Paukenmotiv aus dem Scherzo bildet den Vorspann. Gearbeitet wird nun vornehmlich mit den bekannten Bruckner-Techniken der Umkehrung, auch der Augmentation des Hauptthemas, dem Rückgriff auf das mächtige Unisono der Exposition, das »breit und wuchtig«, schließlich »immer breiter« ins äußerste Fortissimo führt.

Nach einer Fermaten-Pause setzt in den Streichern die Choralweise ein, zunächst in den Streichern. Dann aber kündigt sich in den Bratschen, Celli und Klarinetten zum Tremolo der Violinen das Hauptthema des Satzes wieder an. Seinen Nachsatz intonieren die Bläser mit großer Wucht, ehe es in die Reprise geht.

Sie erklingt in allmählicher Steigerung, sich verlangsamendem Tempo, kontrapunktischer Verdichtung. Das gewinnt in der Coda hymnische Qualitäten in strahlendem E-Dur, und 9 Takte vor Schluß werden die Hauptgedanken des ersten und des letzten Satzes, von Streicherkaskaden umglänzt, mit größtem klanglichem Effekt zusammengeführt.

Gesamtausgabe: Band VII (1954)

8. Sinfonie c-Moll (WAB 108)

Besetzung: 3 Fl, 3 Ob, 3 Kl (in B), 3 Fg; 8 Hr (4 in F, 4 in B tief),
(5.- 8. Hr auch 2 TenorTb (in B) und 2 BTb (in F), 3 Trp (in F),
3 Pos (Alt, Tenor, Baß), KbTb; Hrf (möglichst dreifach); Trgl, Bck, Pk; Str
Aufführungsdauer: 78'
Widmung: *Sr. K.u.K. Apostolischen Majestät Franz Josef I. Kaiser von Österreich und Apostolischer König von Ungarn etc. in tiefster Ehrfurcht*

Die letzten beiden Sinfonien Anton Bruckners, die Achte und die (unvollendete) Neunte gelten allgemein und mit durchaus gutem Grund als Gipfelwerke europäischer Sinfonik zum Ende des 19. Jahrhunderts. Auch ihnen liegen die schon mehrfach angedeuteten »Schemata« der brucknerschen Sinfonik zugrunde, in der dramaturgischen Konzeption, der formalen Struktur.

Zunächst die Fakten: Seine 8. Sinfonie komponierte Bruckner in erster Fassung zwischen 1884 und 1887. Hermann Levi erhielt die Partitur zur Uraufführung in München. Er kam mit diesem Werk nicht zurecht. Bruckner traf die Ablehung durch den Mann, der einst seiner 7. Sinfonie zu grandiosem Erfolg verhalf, tief. Bis in den März 1890 beschäftigte er sich mit einer Umarbeitung des Werkes, parallel zur Durchsicht der 4. Sinfonie und der Umarbeitung der Dritten. Zugleich hatte er unmittelbar nach der Fertigstellung der 8. Sinfonie auch schon mit der Arbeit an seiner 9. Sinfonie begonnen. Levis Absage der Uraufführung der Achten nahm ihm eine Zeitlang die Kraft zum Weiterarbeiten am neuen Werk. Die Umarbeitung nahm Bruckner mit seltener Gründlichkeit vor. Die Korrekturen an diesem Werk zögerten die Weiterarbeit an der Neunten weit hinaus. So mußte seine letzte Sinfonie unvollendet bleiben. 1896 verließen ihn die Kräfte. Das Finale der »Neunten« blieb in Entwürfen stecken.

Die 2. Fassung der 8. Sinfonie kam am 18.12.1892 mit den Wiener Philharmonikern unter Hans Richter zur Uraufführung. Aufführungen der 1. Fassung hat Bruckner nicht mehr erlebt. Am 2.5.1954 erklang der erste Satz dieser Fassung zum ersten Male in München unter Leitung von Eugen Jochum. Das gesamte Werk wurde am 2.9.1973 in London unter Hubert Schönzeler vorgestellt. Die gedruckte Partitur dieser 1. Fassung legte Leopold Nowak 1972 im Rahmen der von ihm geleiteten Bruckner-Gesamtausgabe vor. Im Vorwort bemerkt er: »Die 8. Sinfonie läßt erkennen, wie Bruckner sein eigenes Gedankengut, seinen eigenen Formwillen veränderte und mit genialer Meisterschaft eine zweite Partitur schrieb. Ob und wie man diese 1. Fassung im Vergleich zur 2. zu beurteilen hat, das ist nicht Sache der Gesamtausgabe: sie hat zwei Partituren vorzulegen, da es von dieser Symphonie zwei gibt und weiß für die erste Fassung nur Bruckners eigenes, demütiges Wort: ›Möge sie Gnade finden!‹«

Die Umarbeitung, die sich bis heute in den Komzertsälen zumeist durchgesetzt hat, bringt nicht nur Kürzungen. Sie bringt auch konzeptionelle Präzisierungen. So streicht der Komponist den strahlenden C-Dur-Ausklang des ersten Satzes und behält die optimistisch-triumphale Lösung der sinfonischen Konflikte dem Finalsatz vor. Neugestaltungen finden sich im ersten Scherzo-Teil, Blech-Verstärkungen prägen das Bild der gesamten Bearbeitung. Hervorstechend der Wechsel zwischen 5. bis 8. Horn und Tuben. Die doppelten Holzbläser der ersten drei Sätze werden verdreifacht. Gegenstimmen verdichten das kontrapunktisch-melodische Stimmgewebe.

Es gibt für die Uraufführung der 2. Fassung dieser Sinfonie den Entwurf eines schriftlichen »Programms« von Bruckner selbst: *Im 1. Satz ist der Tromp. und Cornisatz aus dem Rhythmus des Thema: die Todesverkündigung, die immer sporadisch stärker endlich sehr stark auftritt, am Schluß: die Ergebung. – Scherzo: Hpth.: Deutscher Michel genannt; in der 2. Abtheilung will der Kerl schlafen, u. träumerisch findet er sein Liedchen nicht; endlich klagend kehrt er selber um. – Finale. Unser Kaiser bekam damals den Besuch des Czaren in Olmütz; daher Streicher: Ritt der Kosaken; Blech: Militärmusik, Trompeten: Fanfare, wie sich die Majestäten begegnen. Schließlich alle Themen; (komisch), wie bei Thannhäuser im 2. Akt der König kommend, so als der deutsche Michel von seiner Reise kommt, ist alles schon im Glanze. – Im Finale ist auch der Totenmarsch u. dann (Blech) Verklärung.*

Joseph Schalk bot auf der Grundlage dieser wenig wortgewandten Brucknerschen Erklärung im Programmheft für die Uraufführung ein poetisch ausgewalztes »sinfonisches Programm« der Sinfonie, das vergeblich und nicht ohne lächerlich zu wirken die Komposition in den wahrlich nicht passenden Rahmen einer Sinfonischen Dichtung à la Liszt oder Berlioz klemmt. Natürlich nahmen Bruckners Gegner, Hanslick voran, diesen gutgemeinten, am Wesen der Sache aber völlig vorbeigehenden Text zum Anlaß heftiger Verrisse. Der Kritiker zielte dabei weniger auf die Musik als den Erklärungsversuch und seinen Urheber, wenn er meinte: »Der Hymnenton dieses Programms charakterisiert unsere Bruckner-Gemeinde, welche bekanntlich aus den Wagnerianern und einigen Hinzukömmlingen besteht, denen Wagner zu einfach und selbstverständlich ist. Man sieht, wie der Wagnerismus nicht nur musikalisch, sondern auch litterarisch Schule macht. Und die Aufnahme der neuen Sinfonie? Tosender Jubel, Wehen mit den Sacktüchern aus dem Stehparterre, unzählige Hervorrufe, Lorbeerkränze usw. Für Bruckner war das Konzert jedenfalls ein Triumph«. – Da findet sich aber auch der nachdenkliche Satz: »Es ist nicht unmöglich, daß diesem traumverwirrten Katzenjammerstil die Zukunft gehört – eine Zukunft, die wir nicht darum beneiden.«

Auch für uns heute öffnen Bruckners ungeschickte Wort-Auslegungen nicht den Zugang zu seiner Kunst. Sie geben aber ernst zu nehmende Hinweise auf seine zumal in den Sinfonien wachsende Fähigkeit, »aus der Beobachtung der Wirklichkeit neue Intonationen zu gewinnen« (Georg Knepler). So auch in dieser Sinfonie, deren Gesamtstruktur durchaus im bei Bruckner üblich gewordenen musikalischen Architekturplan abläuft. Aber: Die Konflikte werden von Anfang an um Beträchtliches zugespitzt. Der musikalische Zugriff ist härter, schonungsloser geworden, auch verschwimmender in den Konturen, zugleich in Trauer und Melancholie, schwärmerische Verklärung tiefer berührend. Und die »Erlösung« am Ende wird zu einem geradezu verzweifelten Kraftakt, in dem sich religiöse Erlösungsinbrunst mit durchaus diesseitiger Sehnsucht nach Befreiung, nach Glück und Frieden verbinden. Die 8. Sinfonie ist die dritte c-Moll-Sinfonie Bruckners. Nicht zufällig steht er mit der Wahl der Beethovenschen Tonart des Aufbegehrens, des Ringens in großer klassischer Tradition. Doch die kühnen humanistischen Visionen des revolutionären Klassikers sind angesichts der Wirklichkeit zum Ende des 19. Jahrhunderts ferngerückte Utopien geworden. Der scharfe Schnitt, den zu Anfang des Jahrhunderts schon Schubert zwischen Wirklichkeit und Kunsttraum spürte, wurde zur brennenden Wunde, die zu schließen jedes Mittel, also auch das des gläubigen Hymnus nach verzweifeltem Ringen versucht werden muß.

In der 8. Sinfonie ist Brucker – vor seiner »Neunten« – am konsequentesten und kühnsten gegen die traditionellen Grenzen vor allem im Harmonischen gelaufen. Die Grenzen der romantischen Tonalität werden erreicht und immer wieder durchbrochen. Erkennbar wird das sogleich im *ersten Satz* (Allegro moderato, alla breve): c-Moll ist die Grundtonart. Der Satz beginnt aber mit dem Violin-Tremolo auf f. Und bis in die Durchführung hinein bleibt das tonale Gefüge instabil, führen Chromatik, das Intervall der kleinen Sekunde in immer neue, zum Teil nach klassischem Verständnis weit von der Tonika entfernte Bereiche. Präzise rhythmische Formen und Formeln bieten das Gerüst fürs Ganze. Dazu eine in allen Sätzen höchst komplexe und im Detail intensive Arbeit mit den Motiven der thematischen Grundsubstanz und ihrer ständigen Variierung. Der sinfonische Duktus setzt sich zusammen aus ständiger Differenzierung, »variantentechnischer Verselbständigung von formbildenden Details« (Mathias Hansen).

Auch hier gibt es drei Themenkomplexe: Zum Tremolo der Streicher und gehaltenem Bläser-F entwickelt sich in den tiefen Streichern das erste, gleichsam aus nebligem Dunst aufstrebende, dann sich energisch aufreckende Thema:

Die zweite, in sanftem Streicher-Piano aufklingende Themengestalt ist ein Trostgedanke, im typischen Brucknerschen Doppelrhythmus (2 plus 3):

Das dritte trifft besonders den resignierenden Grundton dieses Konflikt-Satzes:

Er erhebt sich zu mächtigem Es-Dur-Triumph, läßt aber am Schluß der Exposition langsam und klagend nur das Grundgerüst des Hauptthemas nachklingen. Die Durchführung geht von diesem Thema aus. Es erscheint in Umkehrung und Augmentation, in dichter kontrapunktischer Verflechtung. Das zweite Thema wird einbezogen, in »feierlich breitem Zeitmaß« werden klangliche Kulminationspunkte geschaffen. Das Bruckner-Metrum, die Verbindung von zwei Vierteln und einer Viertel-Triole wird verbreitert in der augmentierten Folge von zwei Halben und drei Triolen-Halben. Stark verändert folgt die Reprise, die aber wiederum mit dem Material der drei Themen arbeitet. Auch hier gibt es eindrucksvolle Höhepunkte, bis das Ganze erschöpft in die Coda sinkt. In ihr klopft, nach Bruckner, die Totenuhr (im Pizzikato der Streicher und verhaltenem Paukenwirbel). Ein verlöschender Abschluß, in dieser Art bei Bruckner sonst nicht zu finden. An dieser Stelle stand in der 1. Fassung der Sinfonie ein gewaltig lärmender, hektischer C-Dur-Abklang. Er wurde in der 2. Fassung zurückgenommen zugunsten der Konzeption des sinfonischen Ganzen, das nun zum triumphalen Ende erst im Finale des letzten Satzes geführt wird.

Nicht zufällig folgt diesem ersten Satz mit seinem fahlen Ende in der »Totenuhr«, entgegen Bruckners sonstiger Gepflogenheit, nicht der langsame Satz, sondern das *Scherzo* (an Beethovens Satzfolge in der »Neunten« erinnernd). Dieses Scherzo (Allegro moderato, 3/4, c-Moll), nach Worten des Komponisten an den »deutschen Michel« erinnernd, ist, nach der treffenden Charakterisierung Ernst Decseys, die der Totenuhr folgende »Lebensuhr«. Schwirrend gleiten Sextakkorde der Violinen herab, zusammen mit einem knappen Hörnerruf, der im ganzen Satz in wechselnder Funktion immer wiederkehrt. Dann intonieren Violen und Violoncelli ein energisches, robustes c-Moll-Thema. Bruckners Porträt des »deutschen Michel«:

In diesem Sonatensatz-Scherzo wird das Thema mit höchster Meisterschaft verarbeitet. Das Ganze steht wie alle Scherzo-Sätze des Komponisten in fester österreichisch-bäuerlicher Tradition. Derbe Unmittelbarkeit, manchmal auch Ironie, verbindet sich mit enormer Kunstfertigkeit der Strukturen im Einzelnen. Besonders in der Durchführung, die das Thema nach zwei Einleitungstakten in einzelne Teile zerlegt (zumal im durchbrochenen Satz der Holzbläser), bis endlich die Hörner auf dem dominantischen G-Ton zur Reprise rufen. Die wiederholt zunächst die Exposition, endet aber in strahlendem C-Dur mit dem Hauptthema.

Das *Trio* (Langsam, 2/4, As-Dur) strömt behagliche Ruhe aus, schon allein im elegisch-kantablen Duktus seines Themas.

Hier setzt der Komponist erstmals zu koloristischer Wirkung auch die Harfe ein (wie im folgenden langsamen Satz). *(Bruckner: Michel liegt behaglich ausgestreckt auf einem Berg und träumt ins Land).*

Zum *dritten Satz* (Adagio. Feierlich langsam, doch nicht schleppend, *4/4, Des-Dur)* bemerkte der Komponist: *Da hab' ich zu tief in ein Mädchenauge geblickt.* Freilich wird hier am deutlichsten, wie wenig mit solchem Hinweis dem ganzen Gehalt dieses wundervollen, weit ausgreifenden Satzes gerecht zu werden ist. Schon in den vorangegangenen Sinfonien des Meisters haben die langsamen Sätze im Gefüge des jeweiligen Gesamt-Werkes immer größeres Gewicht erhalten. Hier in der Achten wie danach auch in der 9. Sinfonie ist der langsame Satz geradezu zum Zentrum und Angelpunkt des sinfonischen Baues geworden. Gewiß gab Bruckner die Verehrung für Marie Demar, der *liebenswürdigsten, edelsten Freundin mit den treuherzigen, schönen Augen* (so schwärmte der Komponist in einem Brief für sie) Anregungen zu diesem Satz. Aber was wurde aus solchem »Anstoß«! Zu recht erkennt Karl Laux: »Hier singt Bruckner nicht nur von Liebe, sondern auch von Menschlichkeit, hier vereinigt er die Welt Tristans mit der Welt Sarastros«.

Über schwebenden Des-Dur-Klängen der Streicher singen die 1. Violinen, »zart hervortretend«, auf der G-Saite ihren schmerzlich stockenden Liebesgesang:

Er erinnert durchaus an Wagners »Tristan«, wird nach schwärmerischem A-Dur gewendet, von der Harfe umspielt und strebt nach H-Dur. Feierlich schalten sich Posaunenklänge ein. In E-Dur beginnend, entfaltet sich eine innige Violoncello-Kantilene:

Sie wird von drei Solo-Violinen kontrapunktiert. Tuben und Hörner geben dem Ganzen feierliches Pathos. Die Klarinetten führen in einen sonoren Tubensatz. Eine zweite Strophe verarbeitet das Material in vielfachen Variierungen, in kunstvoller Kontrapunktik (Umkehrung, Engführung). Eine dritte Strophe bringt erneute Steigerungen, Veränderungen der harmonischen Farben und führt zu gewaltigen Aufgipfelungen mit rauschenden Harfenklängen, Triangel und Beckenschlag. Der Beginn des Wagnerschen Siegfried-Motivs klingt in den Hörnern kraftvoll auf. Komplizierte rhythmische und harmonische Verflechtungen stehen kontrastvoll neben klarer, betont einfacher tonaler Harmonik zumal im Wagnerschen Blechbläsersatz. In der Coda ziehen auf einem 33 Takte andauernden Orgelpunkt auf Des noch einmal Bestandteile des Hauptthemas leise vorüber, getragen vom Hörner- und Tubensatz.

Das *Finale* (Feierlich, nicht schnell, alla breve, c-Moll), mit 747 Takten sein ausgedehntestes, bringt wieder in bis dahin freilich kaum übertroffener kompositorisch-konstruktiver Dichte die Auflösung des dramaturgischen sinfonischen Gesamt-Konzepts nach bekannter Bruckner-Art. Der besondere Beginn mit gleichsam galoppierenden Viertelschlägen der Streicher auf Fis, die über lange Strecken durchgehalten werden, führt zum mächtig aufsteigenden Hauptthema:

Es erreicht zunächst Des-Dur, nach weiteren 14 Takten Es-Dur, um dann nach 10 Takten in die Haupttonart c-Moll zu gelangen. Bruckners inhaltlicher Hinweis auf das Dreikaiser-Treffen in Olmütz, den Kosakenritt, die Fanfaren zur Begegnung der Majestäten wird verständlich. Es mag auch sein, daß der Komponist die Nachricht vom Treffen der Kaiser Österreichs, Deutschlands und des russischen Zaren im September 1884 in Olmütz als bedeutende Garantie für die Sicherung des Friedens verstanden und so dessen historischen Wert beträchtlich überschätzt hat. Seine Idee von der politischen Aktion hat ihn jedenfalls zu einem faszinierenden und erregenden sinfonischen Auftakt in diesem Satze inspiriert. Er ist nebenbei auch ein sehr überzeugender Hinweis darauf, daß in diesem Satz, in dieser ganzen gewaltigen Sinfonie wenig von der ihr oft angedichteten gläubigen Inbrunst, mystischen Verklärung zu finden ist, die Bruckner-Analysen bis heute zu finden suchen.

Nach langsam abebbender Bewegung folgt der zweite Themenkomplex in zweiteiliger Anlage, zunächst von den Streichern getragen, dann in den Tuben, mit Unisono-Pizzikato der Streicher, zu besonders feierlichem Charakter erhoben:

Das dritte Thema erscheint in es-Moll, hat getragenen Marschcharakter. Auch dies im Grunde ein zweiteiliger Komplex, denn dem Marsch schließt sich ein inniges Friedensgebet an:

In energischem B-Dur wird endlich das Hauptthema des ersten Satzes wieder aufgenommen. Damit beginnt die Durchführung, eine der gewaltigsten, kompositorisch kühnsten, die Bruckner geschrieben hat. Seine Kombinations- und Variantentechnik feiert Triumphe. Über 300 Takte lang. Auffällig ist, daß der Komponist dabei aggressiv-heroische Gedanken manchmal in betont zarte, lyrische zu verwandeln weißt. Schließlich greifen die Violinen den Anfangsrhythmus des Satzes wieder auf und leiten in die mächtig sich steigernde Reprise. Auch sie sprengt den Rahmen des bis dahin von Bruckner in solchem Satz Gewohnten. Hier begegnet ein doppelt punktiertes Motiv, das in vielfachen Verwandlungen das sinfonische Geschehen vorantreibt.

Im vollen Orchesterklang wird auch hier wieder das Hauptthema des ersten Satzes zitiert, bis die Entwicklung erneut abebbt, gleichsam ermattet zusammenbricht. Nach einer Generalpause setzt dann die Coda ein, die großartigste, die Bruckner geschrieben hat. Unter Achtelskalen der Violinen entwickelt sich noch einmal aus Andeutungen das Hauptthema des Satzes und führt zur wohl berühmtesten Stelle dieser Sinfonie: In dröhnendem Fortissimo zwingt der Komponist hier Themen aus allen Sätzen zusammen: Die Hörner führen mit dem Motiv des »deutschen Michel« aus dem zweiten Satz in glanzvolle C-Dur-Herrlichkeit, in die dann die Fanfaren des Satzbeginns einbrechen. Und danach, 13 Takte vor dem Ende, erklingen die vier Hauptthemen der Sinfonie, nach Dur gewendet, gleichzeitig: Das »Michel«-Thema in den Flöten, den Klarinetten, der 1.Trompete; das Hauptthema des ersten Satzes in Fagotten, dem 4.Horn, den Posaunen, der Baßtuba, den Violoncelli und Kontrabässen; der Beginn des Adagio in den ersten beiden Hörnern; der Beginn des Finales in den Tuben, der 2.und 3.Trompete sowie den restlichen Holzbläsern. Dazu treten rauschende, aus allen Sätzen vertraute Streicherfiguren und Tremoli der Bratschen. Der C-Dur klang entfaltet sich immer prächtiger. Und endlich beendet das Abschlußmotiv des Kopfthemas der Sinfonie (aus dem ersten Satz) im Unisono aller Instrumente den Satz. Die Wurzel allen Geschehens noch einmal vorweisend, das sich im Werk entfaltete.

Gesamtausgabe: Fassung 1887: Band VIII/1 (1972); Fassung 1890: Band VIII/2 (1970)

9. Sinfonie d-Moll (WAB 109) <unvollendet>

Besetzung: 3 Fl, 3 Ob, 3 Kl (in B), 3 Fg; 8 Hr (1-6 in F, 7-8 in B tief), 3 Trp (in F), 3 Pos (Alt, Tenor, Baß), KbTb; Pk; Str. – Im Adagio 4 Hr (in F), 4 Tb (1-2 Tenor in B, 3-4 Baß in F)

Aufführungsdauer: 60'

Widmung: *Dem lieben Gott* (nach der Überlieferung)

An seiner letzten, der 9. Sinfonie in der von ihm geliebten Beethoven-Tonart d-Moll, arbeitete Bruckner bis zum Tage seines Todes (11. Oktober 1896). Die Komposition wurde neun Jahre zuvor begonnen. Der erste bis dritte Satz entstanden 1887 bis 1894. Das Finale blieb in Skizzen unvollendet. An ihm arbeitete der Komponist ab Mai 1895. In einem seiner Briefe hieß es damals: *Ich habe auf Erden meine Schuldigkeit getan; ich tat, was ich konnte, und nur eines möchte ich mir noch wünschen: wäre mir doch vergönnt, meine 9. Sinfonie zu vollenden! Drei Sätze sind nahezu fertig, das Adagio ist fast zu Ende komponiert, bleibt nur mehr der vierte Satz übrig. Der Tod wird mir hoffentlich die Feder nicht früher aus der Hand nehmen*! Aber die Hoffnung trog. Korrekturarbeiten an früheren Werken hielten das Fortschreiten der Komposition immer wieder auf. Am Ende überlegte Bruckner selbst mit Freunden für die Aufführung des 3-sätzigen Torso einen Abschluß durch sein Te Deum. Dieser Kompromiß hat sich zu Recht nicht durchgesetzt. Die erste Aufführung fand nach Bruckners Tod am 11. Februar 1903 durch das Wiener Konzertvereinsorchester unter Ferdinand

Löwe statt, der noch Bruckners Überlegung mit dem abschließenden Te Deum folgte. Er hatte überdies die Partitur der letzten sinfonischen Arbeit des Meisters, wie schon üblich, in bester Absicht, mit durchaus einschneidenden Änderungen, zumal in den dynamischen Vorschriften, versehen, die von Bruckner nicht bestätigt waren. Erst in den dreißiger Jahren unseres Jahrhunderts legte Alfred Orel durch das Heranziehen der handschriftlichen Partitur, die nach letztwilliger Verfügung des Komponisten der Wiener Nationalbibliothek übergeben wurde, eine von solchen Zusätzen gereinigte sogenannte Originalfassung vor. In dieser Fassung erfolgte die späte Uraufführung am 2. April 1932 durch die Münchner Philharmoniker unter Siegmund von Hausegger.

Man hat den gewaltigen Torso dieser letzten Bruckner-Sinfonie oft als altersweise und grandiose Zusammenfassung des bis dahin Geschaffenen zu würdigen versucht. Daran ist natürlich Wahres. Aber es trifft nicht die ganze Wahrheit. Auch in seiner »Neunten« ist Bruckner noch einmal auf dem Wege, Erreichtes zu sublimieren, zugleich geht er aber auch neue, kühne Wege, die ihn weit über die eigene Zeit, das eigene Jahrhundert hinausführen. Vor allem im Harmonischen. Zudem lebt in diesem Werke mit unverminderter Frische jene kämpferische, trotzige und in die Zukunft drängende Kraft, jene zähe Lebendigkeit, die mit der Bruckner so oft angedichteten weihevollen Mystik und betonten religiösen Inbrunst wenig zu tun haben. Auch für dieses Werk gilt Bruckners eigene Charakterisierung seiner Musik als kraftvoll. Es ist sicher kein Zufall, daß der Dorflehrersohn aus Ansfelden für die Begriffe »Kraft« und »Stärke« eine ähnliche Vorliebe zeigt, wie vor ihm besonders Ludwig van Beethoven, der Musiker-Sohn aus Bonn am Rhein.

Der *erste Satz* (Feierlich, Misterioso, alla breve, d-Moll) beginnt nach dem »üblichen« Brucknerschen Streichertremolo. Diesmal ist es ein Tremolo des gesamten Streicherapparates auf dem Tonika-Ton d, Pianissimo. Oboen, Klarinetten, Fagotte halten ihn jeweils über mehrere Takte. Die Hörner geben im charakteristischen, doppelt punktierten Rhythmus den Terzschritt dazu. Pauken und Trompeten antworten. All dies erinnert erneut an den Beginn der Beethovenschen »Neunten« in der gleichen Tonart. Aber ganz und gar Brucknerisch ist dann die Weiterführung des Gedankens, der Szene, auch in den Klangfarben:

Erst auf dem Zenit der ersten großen Steigerungswelle, nach 63 Takten, reckt sich der eigentliche Hauptgedanke in schärfstem Fortissimo auf, unisono im ganzen Orchester, voller Spannung mit seinen absteigenden

Oktavschritten, den drohend niederfahrenden Gebärden in Vierteltriolen wieder im typischen Bruckner-Rhythmus (Halbe-Vierteltriolen):

Alles zeigt eine ungeheure Spannung und Anspannung der Kräfte. Die bleibt auch im Themennachsatz, den sattes Streicher-Fortissimo (die 1. und 2. Violinen wieder auf der G-Saite) anstimmt und der in stauendem Ritardando über eine Zwei-Oktaven-Skala der Violinen in die Höhe drängt, um dann mit gewaltigem Unisono-Schlag des ganzen Orchester (a – d, Dominante – Tonika) beendet zu werden. Die Plastik, die klangliche Schärfe dieser dramatisch-bildhaften Tongesten ist kaum zu überbieten. Das ist Kampf!

Dann wird das Eingangstempo wieder aufgenommen. Abwärts führende Pizzikato-Bewegung der Streicher über dem Paukentremolo auf d, mit aufzuckenden Bläsereinwürfen des Oktavsprungs aus dem Hauptgedanken des Satzes verlangsamen das Tempo wieder. Nach einer Generalpause, mit dem Paukentremolo auf d setzt (Langsamer, 4/4) in weichem A-Dur der zweite Hauptgedanke in den Streichern ein:

Mit gleitenden Nebenstimmen, voll chromatischer Ausdrucksdichte, in mannigfaltigen Verwandlungen. Wieder einmal leiten die Hörner zum nächsten Abschnitt: Einem dritten melodischen Gedanken (Moderato, alla breve), zuerst von den Streichern vorgetragen, in grandioser thematischer Verdichtung der sinfonischen Entwicklung:

Wieder führt das Horn zu einem neuen Abschnitt: Der sehr ausgeweiteten Durchführung. Hier erscheint nun zunächst über F-Tremolo von Pauken und Kontrabässen in »lang gezogenem« Streichermelos ein choralartiger Gedanke, der aber sogleich mit dem Hauptthema des Satzes verknüpft wird:

Gewaltige Spannungsbögen entwickeln sich. Sie klingen aus in wuchtig sich aufreckender Streichergebärde, bis zu jähem Abbruch, dem nach

Pausen-Fermate ein Pizzikato-Abschnitt folgt, mit Melodik des zweiten Themas verbunden. Und wieder Generalpause. Wieder Neuansatz, »Langsamer« überschrieben. (Bruckners Anweisungen zu Dynamik, Spielweisen sind in seinen sinfonischen Werken insgesamt von auffälliger Genauigkeit und Gründlichkeit. In der »Neunten« hat er dieses Arbeitsprinzip wahrlich auf die Spitze getrieben). In weit ausholender, thematisch vielfältig ausgearbeiteter Entwicklung steigert und beschleunigt sich die Bewegung wieder zum »Tempo I« (alla breve). In äußerstem Forte bricht der Hauptgedanke des Satzes sich Bahn, zu tosenden Skalengewittern der Streicher, »gleichsam das Bild apokalyptischer Reiter« (Walther Siegmund Schultze). »Langsamer« folgt ein weiterer Ansatz und Höhepunkt dieser Art, diesmal über dem Paukentremolo auf C. Der nächste Abschnitt beginnt wieder »Langsamer«, über Paukentremolo und Orgelpunkt der Kontrabässe auf a. Diesmal wird in den Streichern, »zart gestrichen«, der Vierteltriolen-Ansatz mit anschließendem Oktav-Sturz in die Tiefe kontrapunktisch verarbeitet. Das dritte Thema, in h-Moll beginnend, erfährt mächtige klangliche Aufwertung. Wir sind in der Reprise. Deren erste Steigerungswelle fährt auf einer reckenhaften Baßfigur förmlich fest:

Der Orchestersatz wird durch scharfe Dissonanzen aufgerauht. Erst Choralklänge in Holz- und Blechbläsern vermögen sie zu beschwichtigen. Wir sind in der Coda. In gewaltiger Steigerung reckt sich die Grundgestalt des Kopfthemas immer dominierender auf. Neue klangliche Spannung schaffen die dem D-Grundklang schärfstens widerstrebenden Trompeten mit ihrem jäh dissonierenden Es-Dur-Klang, bis kurz vor der endgültigen »Bereinigung« der Spannungen im d-Moll-Klang. Schon dieser Satz zeigt, wie Bruckner die Tektonik seines sinfonischen Stiles hier noch einmal mit aller Konsequenz einsetzt, dies aber mit einer zuvor kaum gewohnten Schärfe und Rigorosität tut. Keine Verklärung.

Wie in seiner Achten, so hat Bruckner auch in seiner 9. Sinfonie das *Scherzo* (Bewegt, lebhaft, 3/4, d-Moll) an die zweite Stelle gesetzt. Vielleicht ist das auch hier wieder eine Reminiszenz an die 9. Beethoven-Sinfonie. Andererseits ist dies ein Stück Bruckner-Musik, die in ihrer klanglichen Gestalt besonders kühn in die Zukunft weist. Da intonieren eingangs die Holzbläser einen viertönigen Akkord, einen Klang, der sich in ein tonales Gefüge traditioneller Art nicht recht fügen will. Im zweiten Takt beginnen die 2. Violinen, in gleichmäßiger Viertelbewegung diesen Akkord pizzikato als Klangbasis zu verfestigen. Und mit Auftakt im 4. Takt bilden die 1. Violinen (gleichfalls pizzikato) aus diesem Klang in absteigender Viertel-Linie und aufsteigender Achtelbewegung das Thema:

Bratschen und Violoncello antworten sofort mit seiner Umkehrung. Im Akkord steckt auch das instrumentatorisch immer ein wenig hervorgehobene cis als Leitton zum Tonika-d. Die Trompeten halten dieses cis über 28 Takte. Dadurch staut sich das Spiel mit zerlegten Eingangsakkorden in fortwährendem Crescendo. Und dann donnert das Orchester in Streichern und Blechbläsern auf dem endlich eintretenden Tonika-Zentralton d unisono mit voller Wucht. Sofort setzen aber auch vertikal und in der horizontalen Zerlegung die »merkwürdigen« Akkorde wieder ein. Ein energisches Spiel um tonale Entfremdung und Konzentration wird getrieben. Klangschärfen spielen auch weiter eine große Rolle. Auch beim zweiten Gedanken des Scherzo. Zum Tonika-D im Baß setzen 2.Violinen und Violen das dissonierende Es. Es mischen sich Es-Dur und As-Dur Tonalitäten zum d. Sie rücken sogleich zu e-Moll und a-Moll-Akkordlinien: Das tonale Vexierspiel geht weiter.

Im Mittelteil herrscht der auftaktige Rhythmus des Satzes auf dem Dominant-A der Pauken. Dazu bieten Violin-Girlanden und Holzbläsersoli thematisch-kontrapunktisches Paroli. Hier verbindet sich rhythmische Anmut mit freiem Schweifen im Tonalitätsraum und daraus resultierenden klanglichen Schärfen. Am Ende wird a tempo der donnernde Grundrhythmnus mit dem agressiven Unisono-D wieder erreicht, steigert sich in rollender Achtelbewegung, ehe das Ganze auf dem Tonika-D zusammenfindet. Das *Trio* (Schnell, 3/8, Fis-Dur) fällt nicht minder stark aus dem Rahmen der früheren Brucknerschen Scherzo-Sätze. Da sind keine heimatlich-österreichischen Anklänge mehr. Der Fis-Dur Klang beherrscht in huschender Achtelbewegung fast das ganze Trio. Auf solche Weise entspricht das Fis-Ostinato der Bässe im Trio dem D-Ostinato des Scherzo-Hauptteiles. Die in flüchtigem Spiccato huschende Bewegung der 1. Violinen, in eiliger Aufwärtsbewegung, dann wieder, melodisch markierter, absteigend, präsentiert sich zu gleichfalls flüchtigem thematischem Widerspiel der Holzbläser.

Da, wo die Romantiker mit geheimnisvollem Elfenspuk aufwarteten, setzt Bruckner am Ende des Jahrhunderts zwiespältige, unheimliche und auch bedrohlich wirkende Akzente.

Der *3. Satz* (Langsam, feierlich, 4/4, E-Dur), der letzte vollendete Sinfonie-Satz Bruckners, steht in engem, wenn auch unterschwelligem Bezug zum Scherzo. Durchführungsartige Abschnitte heben ihn weit über frühere langsame Sätze des Komponisten hinaus. Oberflächlich kann man in ihm Katastrophen- und Endstimmungen erkennen. Daß dies andererseits nicht isoliert von historischen Vorbildern geschieht, sollte dabei aber auch einkalkuliert werden. Man denke an die schneidenden Ausbrüche im Andante der großen Schubertschen C-Dur-Sinfonie. Der Bruckner-Satz ist dagegen freilich ein wirkliches Adagio. In seiner Dramaturgie und Entwicklung treibt er die Tonsprache des Komponisten zudem in neue Bereiche. Und er sucht am Ende auch verklärenden inneren und äußeren Frieden. So gesehen, ist dieser Satz durchaus kein Abschluß. Es wäre auch kaum vorstellbar, daß Bruckner, der so hoffte, seine Sinfonie noch vollenden zu können, dem solcherart unbeabsichtigten Sinfonie-Abschluß auch schon eine Final-Konzeption impliziert hätte. Die vom letzten Satz erhaltenen Skizzen lassen es freilich unmöglich erscheinen, den Sinn dieser nicht vollendeten Musik zu ergründen oder gar zu restaurieren. Aber: Das Adagio der »Neunten« ist eben der letzte langsame Sinfonie-Satz Bruckners. Er war auf dem Wege, nicht am Ende angelangt, als der Tod ihm die Notenfeder aus der Hand nahm. Die feierliche E-Dur-Ruhe des Schlusses dieser Musik sollte neue Unruhe, neue Anstrengungen provozieren. Aus der besonderen Struktur dieser außerordentlichen Musik läßt sich schließen, daß Bruckner für den letzten Satz über die bis dahin erprobten Finallösungen hinausgehen wollte.

Im Adagio sind die musikalischen Entwicklungen, auch die durchführungsartigen Partien, engstens mit den Hauptthemenkomplexen verflochten. Das erste Themengebilde, das sogleich zu Beginn die 1. Violinen intonieren, wie so oft in langsamen Sätzen bei Bruckner auf der sonoren G-Saite angestimmt, ist schon in sich selbst ein sehr ausgebreiteter, aber auch geschlossener Komplex:

Er gliedert sich in vier Motivgruppen (wie angegeben). Der weite Nonenaufschwung zu Beginn, das punktierte Absinken in der kleinen Terz, der leidvoll abwärtsführende Oktavsprung mit folgenden festen Skalenschritten in die Höhe ringen sich förmlich in den strahlenden Dur-Klang des zweiten Themenabschnittes mit Trompetenunterstützung, unter erneutem Einsatz der Wagner-Tuben, durch. Kleine Sekundschritte in den tiefen Streichern rücken im dritten Abschnitt in den nach zwei Takten eintretenden Tremolo-Klang der Violinen und münden im letzten Teil in eine rhythmisch drohend geballte Sphäre sich überlagernder Dreiklänge, die an Ähnliches im Scherzo erinnern. Nach Abklingen des hier entstandenen Fortissimo-Feldes intonieren die Tuben einen feierlichen Gesang, den Bruckner selbst »Abschied vom Leben« genannt haben soll. Der zweite Themenkomplex folgt, »Sehr langsam«, in f-Moll:

Wiederum auf der G-Saite beginnen die Violinen.

Dieses Thema »drängt nach variativer Ausweitung, trägt dergestalt vorrangig die epischen Dimensionen des Satzes und verweist mit seiner quasi gesungenen Prosa auf Themenbildungen des späten Beethoven« (Mathias Hansen). Die folgende Variation und Veränderung dieses gesamten Themenmateriales führt in heftige Konflikte, ehe die erste Themengruppe wiederkehrt. Wieder »Sehr langsam« wird in den Violinen (cis-Moll) eine augmentierte Variante des 2. Themas vorgetragen.

Der Satz strebt dem Katastrophen-Höhepunkt zu. Mit einer Umkehrung des Beginnes des 2. Themas, das so als Selbstzitat »entlarvt« wird: Es stammt aus dem »Miserere« von Bruckners d-moll-Messe. Auf dem Höhepunkt steht dann in höchster Lautstärke eine gleichsam aufschreiende Dissonanz, die nicht aufgelöst wird:

Die beiden Themen des Satzes treffen zusammen, explodieren förmlich. Erst danach tritt allmähliche Beruhigung und Befriedung im sanft verklingenden, von Streicherpizzikati gestützen E-Dur-Klang ein.

Gesamtausgabe: Band 9 (1951), dazu Finale-Fragment (1996)

Sonstige Orchestermusik

Ouvertüre g-Moll (WAB 98)

Besetzung: Pic, Fl, 2 Ob, 2 Kl (in B), 2 Fg; 2 Hr (in B), 2 Trp (in B), 2 Pos; Pk; Str

Aufführungsdauer: 12'

Im November 1861, nachdem er sein Studium bei Simon Sechter absolviert hatte, begann der immerhin 37jährige Linzer Domorganist Bruckner ein erneutes Studium beim dortigen Theaterkapellmeister Otto Kitzler. Der war es, der den Komponisten nach seinen so gründlich betriebenen satztechnischen Studien bei Sechter in die Welt der klassisch-romantischen Instrumentalmusik einführte, von der Kammermusik bis zur Sinfonik. Unter seiner Führung entdeckte der Organist, den es immer mehr zur schöpferischen Arbeit drängte, das Sinfonische als späteres Haupt-Betätigungsfeld. Die jahrzehntelange Zeit der musikalischen Studien neigte sich zum Ende. Unter Kitzlers Beratung schrieb er seine f-Moll-Sinfonie (WAB 99). Daneben entstanden ein Streichquartett c-Moll (WAB 111), ein Marsch für Orchester d-Moll (WAB 96), drei kleine Orchesterstücke (WAB 97) und die Ouvertüre g-Moll. Bruckner, der unermüdlich Lernende und Studierende, hat diese Arbeiten immer noch als »Schularbeiten« betrachtet. Mit ihnen wollte er das kompositorische Handgelenk üben, um sich in der Klang- und Formenwelt des Instrumentalen, der neueren Musik überhaupt (bis Mendelssohn und Meyerbeer) zurechtzufinden. Seine Form-Studien gingen von den Beethovenschen Klaviersonaten aus, seine Instrumentationsstudien orientierten sich an der »Kompositionslehre« von Adolph Bernhard Marx, die in ihrem 3. und 4. Teil als »angewandte Kompositionslehre« Beispiele eben bis zu Mendelssohn und Meyerbeer bereithielt.

So zeigt Bruckners »frühe« Orchestermusik im Ganzen noch wenig vom immerhin in unmittelbare Nähe gerückten Aufbruch zu Messe und Sinfonie (mit der d-Moll-Messe, der »Nullten« und später der 1. Sinfonie). Aus heutiger Sicht sind diese Kompositionen mit Blick auf das später folgende sinfonische Gesamtwerk Bruckners aber durchaus interessant. Nicht durch ihre zweifellos vorhandenen Ungeschicklichkeiten, ihre Anklänge an die Vorbilder (Beispielsweise Mendelssohn), nicht durch manche klangliche Überzeichnung, durch betontes Herauskehren der motivisch-thematischen Arbeit. Mit den Ohren von heute ist es einfach reizvoll, aus jener frühen Orchestermusik »die Klaue des Löwen«, die sich in Details ankündigt, herauszuhören. In solchem Zusammenhang nimmt die g-Moll-Ouvertüre eine besondere Stellung ein. Bruckner schrieb sie, unter Kitzlers Anleitung, 1862-1863 in Linz. Eine späte Uraufführung fand am 12.10.1924 in Klosterneuburg unter Franz Moißl statt.

Das einsätzige Werk beginnt mit einer *Introduction* (Adagio, 4/4, g-Moll). Durchaus klassische Attitude wird vorgezeigt durch Fortissimo-Tutti auf dem Tonika-G und dem Dominant-D. Dazwischen entfalten sich in den Violoncelli, dann in den Bratschen aber Kantilenen ausgeprägt romantischen Geblüts:

Und es geht in »romantischer« Seufzer-Melodik mit ausklingendem Dur-Schluß auf der Dominante ins *Allegro non troppo* (4/4, g-Moll). Das sogleich von den 1. Violinen angestimmte 1. Thema hat nun wieder »klassisches« Profil:

Brav sinkt es bei der Wiederholung von den 1.Violinen in die tiefen Streicher. Ein zweites gesangliches Thema (Un poco meno mosso) präsentiert sich in sattem Streichersatz Pianissimo:

In der motivischen Ausarbeitung der Entwicklung zeigt der angehende Sinfoniker seine kontrapunktischen Künste mit großem, vielleicht noch allzu großem Fleiß. Aber man hört schon im Klang und Duktus des Gesangsthemas den späteren Meister. Die rollenden Passagen, die Gliederungen durch Fortissimo-Einschnitte, das harmonische und motivische Spiel in der Durchführung, die variierte Reprise, die bis zum Fortissimo wächst, dann aber Pianissimo auf der Dominante D-Dur verklingt, ehe die

Coda einsetzt, das alles weist auf den endgültigen kompositorischen »Aufbruch«. In der Coda gibt es zudem einen raschen, mächtigen Aufschwung ins abschließende G-Dur. Das hat noch etwas von zaghafter, aber doch in die Richtung von Montage der Motive weisender Kompositionshandschrift. Daß man heute da auch direkte Hinweise auf Motive und Klänge späterer Werke zu hören meint, ist sicher kein Zufall.

Gesamtausgabe: Band XII/5 (1996)

Vokalsinfonik (geistlich)

Missa solemnis b-moll (WAB 29)

Text: Ordinarium missae (lateinisch)
Besetzung: Soli (S, A, T, B); 4stgemCh; 2 Ob, 2 Fg; 3 Pos (Alt, Tenor, Baß); 2 Hr (in Es) (im Benedictus und Agnus Dei), 2 Trp (in B) (im Dona nobis pacem); Str; Orgel
Aufführungsdauer: 31'
Widmung: *Seiner Hochwürden und Gnaden dem Hochwohlgebornen, Hochgelehrten Herrn Friedrich Theophilus Mayr, Probst des regulirten Chorherrenstiftes St. Florian, in tiefster Ehrfurcht gewidmet*

Dies ist Bruckners erstes großes Werk für Chor und Orchester. Herausgeber Leopold Nowak charakterisiert es als »eine ›Summa musices‹ über die ersten dreißig Jahre seines Lebens«. Bruckners musikalische Ausbildung bis dahin bei Dürrnberger und Zenetti bot dafür eigentlich noch nicht die nötige Voraussetzung. Die erwarb er sich vor allem durch eifriges Selbststudium der Werke Bachs, der klassischen Meister, auch Schuberts. Immerhin war die Substanz dieses Werkes so groß, daß Simon Sechter in Wien 1855 nach Durchsicht der Missa Bruckner sofort als Schüler annahm. Die Widmung weist auf den Anlaß zur Komposition: 1854 war der Probst von St.Florian, Michael Arneth, gestorben. Sein Nachfolger wurde Friedrich Theophil Mayr. Er hatte dem Lehrgehilfen Bruckner in Kronstorf versprochen, ihn wieder nach St.Florian zurückzurufen. Das Versprechen wurde gehalten: Bruckner war 1845 »1. systemisierter Schulgehülfe« an der Pfarr- und Marktschule St. Florian. Dafür revanchierte er sich nun mit seinem ersten großen Messe-Werk bei seinem Gönner und Förderer.

Skizzen für Kyrie und Gloria gehen möglicherweise schon in die Kronstorfer Zeit zurück. Die Partitur übergab Bruckner dem neuen Prälaten zu dessen Inthronisation am 14. September 1854. Und am gleichen Tage wurde die Messe auch in St. Florian uraufgeführt.

Leopold Nowak urteilt über die Missa: »Sie ist noch kein ›Meisterwerk‹, aber Zeugnis seines meisterlichen Könnens. Ein Jahrzehnt später hat dieser selbe Bruckner in der d-Moll-Messe bewiesen, daß er ein ›Meister‹ ist.« Übrigens: 40 Jahre später wird das Motiv des Kyrie noch einmal, am Beginn seiner 9. Sinfonie, auftauchen!

Der Chorsatz wirkt hier aufgelockerter als im Requiem. Die Einzelstimmen werden eigenständiger geführt und es gibt stärkere Klangschattierungen und Kontraste zwischen homophoner und polyphoner Anlage. Im Vergleich zum Orchester der Klassiker fehlen noch Flöten, Klarinetten, zum Teil Hörner und Trompeten. In dieser Missa scheint Bruckner besonders bei Haydn in die Schule gegangen zu sein (vgl. dessen »Nelson«-Messe).

Das *Kyrie* (Andante, 3/8, b-Moll) ist knapp geformt. Romantische Modulationen prägen sich ein. Gleich zu Beginn taucht im Chor jener kleine Terzschritt auf, der einmal die 9.Sinfonie eröffnen wird:

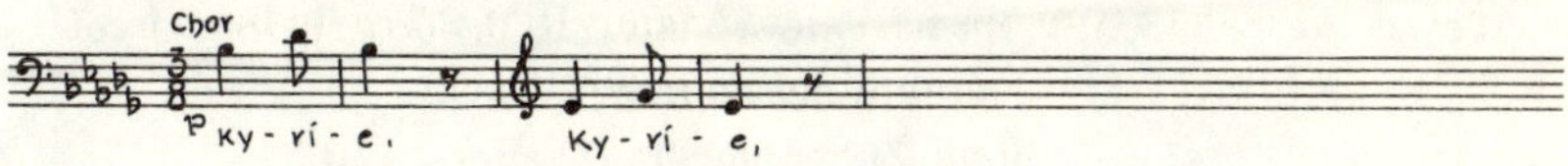

Das *Gloria* (Allegro, 4/4, B-Dur) erinnert besonders an Haydn. Es ist wie bei jenem dreiteilig angelegt. Im *Qui tollis*-Mittelteil (Andante, 9/8, g-Moll) konzertieren Violoncello, Oboe und Baß-Solo reizvoll miteinander, der Chor schaltet sich mehrmals nahezu »bachisch« ein. Das *Quoniam* kehrt zum »Gloria« in Haupttempo (Allegro) und -Tonart (B-Dur) zurück und geht in eine Fuge *(In gloria Dei)* über (Allegro, 4/4, B-Dur). Sie ist ganz schulgerecht angelegt, mit vom Baß zum Sopran aufsteigenden Stimmeinsätzen des Themas.

Das *Credo* wird bei Bruckner in vier Teile aufgegliedert: In energischer homophoner Akzentuierung, vom Orchester gleichsam konzertierend begleitet, singt anfangs der Chor sein *Patrem omnipotentem* (Allegro moderato, 4/4, B-Dur). Im *Et incarnatus* (Adagio, 4/4, F-Dur, f-Moll) fällt das kanonische Stimmengeflecht beim Solo-Quartett auf. Thematisch weist hier der Beginn auf die gleiche Textstelle in der späteren e-Moll-Messe. Das *Crucifixus* rückt nach altem Brauch in dunkle Moll-Farben. *Et resurrexit* (Allegro moderato, 3/4, B-Dur, D-Dur) beginnt in fünftaktigem Orchestervorspiel auf der Dominante F mit einem zur Tonika aufstrebenden chromatischen Tremolando-Aufstieg der Streicher. Eine der wenigen Stellen des Werkes, die auf den späteren Meister weisen. Neben dem Chor treten die Gesangssoli in diesem kontrapunktisch reich ausgestatteten Satz bedeutend hervor.

Kontrapunktische Souveränität prägt auch die folgende Fuge *Et vitam venturi* (Allegro moderato, 4/4, B-Dur). Schubertsche Klangimpulse wirken im *Sanctus* (Moderato, 12/8, B-Dur). Das *Benedictus* (Moderato, 6/8, Es-Dur) bezieht im Orchester auch zwei Hörner ein. Das *Agnus Dei* (Adagio, 3/4, B-Dur) besteht aus drei altertümlich wirkenden, bachischen a cappella-Chorsätzen, die durch Orchesterzwischenspiele (Horn und Streicher) verbunden werden. Lang ausgesponnen, sehr mozartisch vor allem im instrumentalen Duktus (im Orchester hier statt der Hörner 2 Trompeten) gibt sich das *Dona nobis pacem* (Allegro, 2/4, B-Dur).

Gesamtausgabe: Band XV (1975)

Requiem d-Moll (WAB 39)

Text: Totenmesse (lateinisch)

Besetzung: Soli (S, A, T, B); 4stgemCh; 3 Pos (Alt, Tenor, Baß); Str; Orgel

Aufführungsdauer: 37'

Widmung: Zum Tode Franz Sailers

Diese erste Partitur eines Werkes für Solostimmen, Chor und Orchester wurde 1849 vom 25jährigen Anton Bruckner geschrieben. Der Anlaß: Am 15. September 1848 war Franz Sailer gestorben, Gerichtsaktuar und Hofschreiber des Stiftes St. Florian und väterlicher Freund Bruckners, der seine musikalische Begabung förderte, ihn am Wiener Konservatorium studieren lassen wollte. Der Vorsatz ließ sich nun nicht mehr verwirklichen. Sailer hatte dem jungen Mann aber seinen neuen Bösendorfer Flügel für die weiteren Studien vermacht.

Am Jahrestag von Sailers Tod, also am 15. September 1849, fand die Uraufführung dieses Requiems in St. Florian statt. Im November gleichen Jahres gab es eine Aufführung in Kremsmünster, 1852 und 1888 folgten erneut Aufführungen in St.Florian. Auf Wunsch des Komponisten, der die Partitur Anfang der neunziger Jahre noch einmal durchgesehen hatte, gab es am 2. Dezember 1895, also ein rundes Jahr vor dem Tod Bruckners, eine weitere Aufführung. Diesmal zu Ehren des Ablebens eines alten Gönners, Joh. Ev. Aichinger, des Stadtpfarrers von Steyr.

Das Werk steht ganz im Zeichen der klassischen Tradition. Die war vor allem durch das Requiem Mozarts geprägt. Seine Spuren finden sich also auch, nicht nur in der Wahl der Tonart, beim jungen Bruckner. Es ist eine gediegene, sorgsam gearbeitete Musik, in der noch wenig den späteren Meister der Sinfonien, der Messen, verrät.

Streng homophon erklingt der eröffnende *Requiem-Satz* (Andante, 4/4, d-Moll). Die Posaunen tragen ihn zu ernster Achtelbewegung in den Streichbässen und synkopierter Gegenbewegung der Violinen vor. Das *Dies irae* (Allegro, 3/4, d-Moll) wartet mit energischen Violin-Passagen auf. Den wieder vorwiegend homophon geführten Chorsatz zeichnet genaue Textakzentuierung aus. Im Solo-Quartett mit anschließendem Tenor-Rezitativ fällt die Reihung von Doppeltakten in der melodischen Diktion auf, die sich der Textdeklamation anpassen und zugleich ein für Bruckner später charakteristisches Prinzip des Wiederholens in Varianten erkennen läßt:

Der Satz endet ritardierend in D-Dur. Das anschließende *Domine Jesu* (Andante, 2/4, F-Dur) eröffnet der Solo-Baß. Wieder agiert der Chor in sorgsam ausgefeiltem homophonem Satz. Ein inniges Sopran-Solo ist zwischengeschaltet. Nach klassischem Vorbild begleiten die Violinen in beflügelnder Sechzehntelbewegung, die am Ende nach D-Dur führt. Das *Hostias* (Adagio, 4/4, B-Dur) ist ein knapper a cappella-Chor, mit Einwürfen der Posaunen. Als solide durchgeformte Doppelfuge (Con spirito, alla breve, f-Moll) präsentiert sich das *Quam olim Abrahae* mit abschließendem 14-taktigem Orgelpunkt auf C. In sanftem d-Moll mit Dur-Ausklang singt der auf 5 Stimmen erweiterte Chor (2 Soprane) das *Sanctus* (Andante, 12/8, d-Moll). Solo-Quartett und Chor teilen sich ins freundliche *Benedictus* (Andante, 6/4, B-Dur). Liebevoll ausgesponnen wird in kanonischem Satz das lyrische Figurenwerk der Violinen. Soli und Chor bestreiten den vokalen Teil in aufgelockerterem Satz und enden im Durklang der Dominante A. Am Ende folgt einem choralhaft gesetzten a cappella-Chor des *Requiem* (alla breve, F-Dur) das *Cum sanctis tuis* (alla breve, d-Moll – D-Dur), in dem die Streicher in gewichtiger Unisono-Viertelbewegung und die akkordischen Sätze der Posaunen den Chor tragen.

Gesamtausgabe: Band XIV (1966)

Messe Nr.1 d-Moll (WAB 26)

Text: Ordinarium missae (lateinisch)

Besetzung: Soli (S, A, T, B), 4stgemCh; 2 Fl, 2 Ob, 2 Kl (in B), 2 Fg; 2 Hr (in F), 2 Trp (in F), 3 Pos (Alt, Tenor, Baß); Pk; Str; Org

Aufführungsdauer: 43'

Mit geistlicher Vokalmusik beginnt das Werkverzeichnis Anton Bruckners. Mit solcher Musik, einer Messe, hat der nunmehr 40jährige 1864 auch die lange Zeit der Studien, der kompositorischen Versuche beendet und den eigenen Weg gefunden. Diese 1. Messe d-Moll entstand während der Linzer Jahre. 1864 war sie vollendet. Etwa zur gleichen Zeit schrieb er auch seine sogenannte »Nullte« Sinfonie, in der sich der künftige Sinfoniker zu Wort meldete.

Im alten Dom zu Linz fand am 20. November 1864 unter der Leitung des Komponisten die Uraufführung der Messe mit für ihn erfreulichem Erfolg statt. Es folgte am 18. Dezember des gleichen Jahres eine Wiederholung an weltlichem Ort: im Linzer Redoutensaal. Für diese Aufführung übertrug der Komponist ein Orgelsolo vor dem *Et resurrexit* für 2 Klarinetten und 2 Fagotte, weil es im Redoutensaal keine Orgel gab und weil, so Bruckner, *meistens die Orgeln zu tief sind.*

Zwei Jahre später, am 10. Feburar 1867, dirigierte Bruckners Förderer Johann Herbeck das Werk in der Wiener Hofburgkapelle. Wiederum recht erfolgreich. Der Abend trug ihm einen Kompositionsauftrag des k.k. Obersthofmeisteramtes ein. Der führte zur Komposition seiner 3. Messe in f-Moll. 1876 verbesserte Bruckner seine 3 Messen (d-Moll, e-Moll, f-Moll) »rhythmisch«: Er prüfte ihren Periodenbau. Dabei wurden auch einige Stellen der d-Moll-Messe verändert. So entstand die endgültige Fassung, an der später nur noch kleinere Korrekturen vorgenommen wurden. 1892 erschien das Werk in dieser Gestalt erstmals im Druck. Es ist die gültige geblieben.

Manches spricht dafür, daß Bruckner, zumal in der d-Moll-Messe, den Weg über den liturgischen Text und seine musikalischen Bindungen als »Brücke« zum Übergang in das experimentell damals schon versuchte, freie Reich des Sinfonischen nutzte. »Der Text, noch dazu der überaus vertraute Meßzyklus, fungiert gewissermaßen als Leitfaden, der die einzelnen kompositorischen Elemente umspannt und zusammenhält. Formale Unsicherheiten können somit, anders als in der ›ungeschützten‹ Sinfonie, von vornherein zumindest gemildert, wenn nötig verdeckt werden« (Mathias Hansen). Bruckner knüpft hier an die thematische Arbeit in den Messen Mozarts, Haydns, besonders auch Beethovens (»Missa solemnis«) an und führt sie ins chromatische, ausdrucksdichte harmonische Reich seiner Tage weiter, die »alten Künste« des über Jahre so gründlich studierten Kontrapunkts, der Polyponie, souverän nutzend.

So beginnt das *Kyrie* (Alla breve, mehr langsam, d-Moll) mit einem 20-taktigen, dunklen Vorspiel auf dem Orgelpunkt D (Viertel der Violoncelli), über dem sich in Violinen und Bratsche ein Motiv mit charakteristischem Tritonus-Intervall und kleiner Sekunde in fugiertem Einsatz erhebt.

Dieses Motiv greift der Chor (*Kyrie eleison*) auf. Im folgenden Abschnitt (*Christe eleison*), den die Solostimmen bittend ausführen, erscheint dieses

Motiv in der Umkehrung. Harmonisch bemerkenswert kühn ist die Überleitung zum Wiedereintritt des *Kyrie eleison.* In homophonem, streicherumspieltem Satz wird die Gesangsthematik ausgeweitet. An die Stelle des Tritonus am Beginn tritt die Oktave:

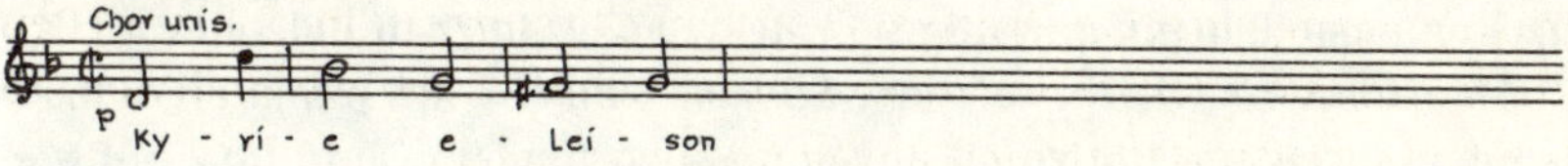

Fortissimo wird kurz vor dem Ende dieses Teiles ein besonderer Höhepunkt erreicht: Energisch rhythmisiert singen Tenöre und Bässe im Oktavsprung, während die Oberstimmen in absteigender Tonlinie bereits auf das Thema des *Agnus Dei* vorausweisen.

Das *Gloria* (Allegro, 4/4, D-Dur) stellt zunächst sehr bildhaft die chromatisch absteigende Linie der tiefen Streicher dem chromatisch aufsteigenden Unisono des Chores gegenüber. Kraftvoll im Fortissimo, in strahlendem D-Dur-Glanz des Orchesters singt der Chor sein *Laudamus te*, in weichem h-Moll-Piano folgt das *Adoramus te*, die innige Anbetung. Ins *Gratias agimus* teilen sich Solisten und Chor. Im *Miserere*-Teil des *Gloria* taucht eine musikalische Szene auf, an die sich Bruckner später im Adagio der 9. Sinfonie erinnern wird. In seinem letzten, unvollendeten Werk wird diese Musik mit ihren wehmütig bittenden Quartsextakkordfolgen zum »Abschied vom Leben«. 10 instrumentale Takte mit konzertierendem Linienspiel von Flöten und Bratschen führen über das schon im *Miserere* begonnene Pauken-A (Tremolo), über das im Eingangstempo auftretende energische *Quoniam* zur abschließenden, mächtigen *Amen*-Fuge (Etwas langsamer, D-Dur).

Kämpferisch, voller Glaubensmut und Glaubenszuversicht, gibt sich der *Credo*-Satz (Moderato, 3/4, D-Dur). Besonders interessant ist hier eine nach der Kreuzigungs- und Begräbnis-Szene eintretende 28-taktige reine Orchesterschilderung. Über Paukenwirbel und Kontrabaß-Achteln auf A entwickelt sich da eine instrumentale Darstellung des Erdbebens unmittelbar vor der Auferstehung des Heilands (Allegro, 4/4, d-Moll), die in ihrer Crescendo-Strategie bis zum Forte-Choreinsatz *(Et resurrexit)* den Sinfoniker Bruckner sehr nachdrücklich verrät. In diesem kühnsten Satz der d-Moll-Messe fällt des weiteren die musikalisch eindringliche und eigenartige Darstellung des jüngsten Gerichtes auf (*Judicare*): Über Paukentremolo auf F und stampfendem Orgelpunkt der tiefen Streicher stützen die Posaunen den schmerzlichen Gesang der Tenorstimme im Chorsatz.

Er erinnert übrigens an den Nachsatz des Hauptthemas der 7. Sinfonie. Mit *Et in spiritum* beginnt (im Tempo des 1. Satzes, 3/4, D-Dur) der Wiederholungsteil, in ein gewaltig sich steigerndes *Amen* mündend.

Maestoso, 4/4, D-Dur setzt der *Sanctus*-Teil ein. Mit punktiert aufsteigendem Streicher-Motiv und unisono antwortendem Chor. Im *Pleni sunt coeli* (Allegro moderato, alla breve, fis-Moll) antworten die übrigen Chorstimmen dem chromatisch aufsteigenden Baß-Vorgesang, bevor das *Hosanna in excelsis* den von kantig-kadenzierender Streicherbewegung getragenen jubelnden D-Dur-Beschluß herbeiführt.

Innig erfüllte Brucknersche Orchesterlyrik prägt den *Benedictus*-Teil (Moderato, 4/4, G-Dur). Über Paukentremolo auf G und gehaltenem G der Kontrabässe entfaltet sich elf Takte lang kantables Streichermelos:

Erst im 17. Takt setzen die vokalen Solostimmen ein, das Eingangsthema der Violinen zunächst förmlich umkreisend, sich dann allmählich der instrumentalen »Vorgabe« annähernd, in Soli wie Chor. Dem dritten Takt des oben wiedergegebenen Themas werden wir im Gesangsthema des ersten Satzes der 8.Sinfonie wiederbegegnen. Am Ende führt wiederum ein 12-taktiger Orchestersatz in den kraftvollen Jubel des *Hosanna in excelsis* (Allegro moderato, alla breve, D-Dur).

Im abschließenden *Agnus Dei* (Andante quasi Allegretto, 4/4, g-Moll) kehren Hauptmotive des *Kyrie*, des Credo wieder. Zum Teil in offenbar genau kalkulierter gedanklicher Kombination. So leitet ein Paukentremolo zum *Dona nobis pacem* (Allegro moderato, 4/4, D-Dur). Es entspricht dem *Et vitam* im Credo: Zum künftigen Leben gehört ewiger Friede! Und die Friedensbitte verklingt am Ende, unter thematischem Rückgriff auf die instrumentale Eröffnung des *Kyrie*, über dem leise tremolierenden D der Pauken im Spiel der allein bleibenden Violinen, Bratschen und Celli.

Orgelpunkt-Technik, eine durchaus glanzvolle Behandlung des Orchesters, vor allem kühne Klangwirkungen durch originelle Modulation, die ausgiebigen instrumentalen Zwischensätze weisen in dieser Messe darauf hin, daß der Sinfoniker Bruckner auf dem Wege zum eigenen Stil ist. Nicht zuletzt mit der thematischen Verzahnung der Themensubstanz seiner Messe-Teile, schließlich mit dem Rückgriff auf die Themen des *Kyrie* und *Credo* im letzten Messeteil, dem *Agnus Dei*, zeigt sich der Meister der zyklischen Form, die dann seine Sinfonik prägen wird.

Gesamtausgabe: Band XVI (1957)

Messe Nr.2 e-Moll (WAB 27)

Text: Ordinarium missae (lateinisch)
Besetzung: 8stgemCh (je 2 S, A, T, B); 2 Ob, 2 Kl (in C); 2 Fg;
4 Hr (2 in F, 2 in D), 2 Trp (in C), 3 Pos (Alt, Tenor, Baß)
Aufführungsdauer: 40'
Widmung: *Seiner Bischöflichen Gnaden*
dem Hochwürdigsten, Hoch- und Wohlgebornen
Herrn Herrn Franz Josef Rudigier
Seiner päpstlichen Heiligkeit Hausprälaten und Thronassistenten,
römischen Patrizier, Commandeur des kais. österr. Leopold-Ordens,
ständigen Mitgliede des oberösterr. Landtages, k.k. Hofkaplan etc etc
in tiefster Ehrfurcht gewidmet

Diese Messe nimmt seit je eine Sonderstellung in der geistlichen Vokalmusik des 19. Jahrhunderts ein. Zuvörderst ihrer Besetzung wegen: Es ist eine »Vokalmesse«, wie der Komponist selbst betonte, in der dem achtstimmigen gemischten Chor lediglich ein Bläser-Orchester (ohne Flöten) in selbständiger Stimmenführung zur Seite steht.

Sie entstand 1866 (eine Revision erfolgte 1882). Auftraggeber war der von Bruckner hochverehrte Linzer Bischof Franz Josef Rudigier. Unter dem Eindruck des von Papst Pius IX. 1854 verkündigten Dogmas »von der unbefleckten Empfängnis Mariae« hatte sich der Bischof zu einem Dom-Neubau in seiner Stadt entschlossen. Zur Grundsteinlegung des Baues erhielt der Linzer Domorganist Bruckner den Auftrag für eine Festkantate (WAB 16), und für die Einweihung der an der Spitze der Apsis gelegenen Votivkapelle hatte er eine Messe zu schreiben. Den Bischof, der Bruckners musikalischer Arbeit viel Interesse entgegenbrachte, hat wohl der Erfolg von dessen d-Moll-Messe auf die Idee zu diesem Auftrag gebracht. Bruckner ging mit Begeisterung an die Arbeit, und am 2. Dezember 1866 schrieb er an Freund Weinwurm: *Meine Messe, 8-stimmig, Vocal mit Harmoniebegleitung zur Einweihung der Votiv-Kapelle ist fertig.*

Die Besetzung für 4- bis 8-stimmigen Chor und 15 Holz- und Blechbläser hatte einen praktischen Grund: Die Aufführung war für eine Open-air-Veranstaltung vorgesehen. Dafür verbot sich der Einsatz einer Orgel, aber auch Streicherbesetzung empfahl sich nicht. Bruckner hatte die Proben geleitet und dirigierte am 29. September 1869, dem Fest des hl. Erzengels Michael, die Uraufführung auf dem Domplatz zu Linz. Zum Chor gehörten Mitglieder der Liedertafel »Frohsinn«, des »Sängerbundes« und des dortigen Musikvereins. Die Bläser rekrutierten sich aus Militärmusikern: Mitgliedern des k. und k. Infanterieregimentes »Ernst Ludwig, Großherzog von Hessen und Rhein Nr.14«.

Die Aufführung brachte Bruckner viel Anerkennung. Freilich berichtete die Presse auch von Diskrepanzen zwischen Chor und Orchester, insbesondere im »Sanctus«. Kein Wunder. Bis heute gilt diese Musik als eine der schwierigsten Aufgaben im Rahmen der Kirche. Vor allem wegen der komplizierten Abstimmungs- und Intonationsprobleme zwischen Sängern und von diesen weitgehend unabhängigen Instrumentalisten. Bruckner resümierte den Uraufführungserfolg stolz: *Es war der herrlichste meiner Lebenstage.*

Besonders der Stil dieser Messe ist von ganz besonderer Art. In ihr verbinden sich der »alte« Stil der Palestrina-Zeit im Vokalen mit höchst modern und kompromißlos expressiv geführtem Bläsersatz. Diese im Grunde sperrige Mischung gelang auf äußerst überzeugende und einmalig originelle Art. Zum einen ist diese Messe »kirchlich« wie wenig anderes aus Bruckners geistlichen Werken. Zum anderen hört man in ihr Expressivität, ja Dramatik von modernster Art. Dissonanzen türmen sich auf (im »Miserere« erklingen alle Töne der G-Dur-Tonleiter gleichzeitig). Zum anderen präsentieren sich religiöse Innigkeit, Frömmigkeit aus tiefster Brucknerscher Seele. Zudem gibt aber auch die besondere Besetzung dem Ganzen ein strenges, herbes Gesamtbild, in dem die dissonanten Klangwirkungen pointiert und mit betonter Transparenz deutlich werden. Von den klangüppigeren Orchestermessen in d-Moll und f-Moll hebt sich die e-Moll-Messe in ihrer kantigen, expressiven, ja dramatischen Modernität deutlich ab.

Die Uraufführungsfassung des Werkes erschien erst 1977 im Rahmen der Gesamtausgabe von Leopold Nowak. Von 1876 bis 1882 nahm der Komponist noch Änderungen (vor allem in den metrisch-rhythmischen Abläufen) vor. Alle diese Änderungen faßt eine im Auftrag des Komponisten 1882/83 von Johann Noll, dem Kopisten der Wiener Hofkapelle, hergestellte neue Partitur zusammen. Diese Fassung wurde danach allgemein für Aufführungen üblich. Sie erklang zum ersten Male am 4. Oktober 1885 zum Abschluß der Jahrhundertfeierlichkeiten der Diözese Linz im alten Dom in Anwesenheit Bruckners. Dirigent war Adalbert Schreyer.

Bruckner hat hier auch im zu seiner Zeit aktuellen Streit um die rechte Gestalt moderner Kirchenmusik Partei genommen. Überliefert ist sein Kommentar: *Palestrina, à la bonheur ..., aber die Cäcilianer san nix, nix.* Er stellte sich damit gegen die verflachenden und trivialisierenden Tendenzen der Komponisten um den »Cäcilien-Verein«. Aber er griff nicht nur auf eine alte, große Tradition zurück, sondern setzte sie mit imponierender Konsequenz der Zerreißprobe durch neue gestalterische Mittel, zumal im Harmonischen, aus. Die Kühnheit, mit der der Linzer Dom- und Stadtpfarrorganist, der gerade am Beginn seiner sinfonischen Laufbahn stand, in der Meßkomposition Tradition, Gegenwart und Zukunft produktiv verschmolz, ist auch heute noch staunenerregend.

Im wesentlichen achtstimmig angelegt ist das *Kyrie* (Feierlich, 4/4, e-Moll). Der achtstimmige a cappella-Satz am Anfang beginnt auf »Palestrina«-Weise mit dem zweiten Alt, dann setzt der erste Sopran in der Quinte ein, schließlich der erste Alt mit der kleinen Terz. Darauf überbietet der erste Sopran die Quinte um einen Halbton, ein Bruckner-Effekt, der den Charakter des Flehens besonders ausprägt:

Über zehn Takte steigert sich die Dynamik vom Piano zum Fortissimo. Dann setzen die Hörner ein. Den gleichen Satz wiederholen dann die Männerstimmen. Schließlich treten alle acht Stimmen zusammen zum Fortissimo-Aufschrei *Christe eleison*. Variiert, aber in ähnlicher dynamischer Entwicklung vollzieht sich die Wiederholung des *Kyrie*.

Im *Gloria* (Allegro, 4/4, C-Dur, Phrygisch) steht zunächst eine akkordische Figur der Fagotte gegen phrygisches Melos in Sopran und Alt:

Die Fagott-Figur führt mit wechselndem Ausdruckscharakter durch den ganzen Satz. Im vierstimmigen Wechselgesang des *Dominus Deus* werden Teile des phrygischen Gesanges, Begleitfigur und aufsteigender Dur-Dreiklang (Bläser) nebeneinander geführt. Im *Qui tollis* (Andante, 4/4) sind Frauen- und Männerstimmen geteilt. Mit dem *Quoniam* beginnt der variantenreiche Wiederholungsteil (Tempo I) mit kontrapunktisch gewaltig sich aufbauendem Amen.

Lapidar korrespondiert im *Credo* (Allegro moderato, 3/4, C-Dur) der in energischem Unisono beginnende, sich später in dissonanten Satz aufspaltende vierstimmige Chor mit Holz- und Blechbläsern. A cappella erklingt das harmonisch besonders kühne, innig schwebende *Et incarnatus est* in achtstimmigem Vokalsatz. Energisch treiben drängende Achtel in den Holzbläsern das *Et resurrexit tertia die* (Allegro, 4/4) voran. Die Blechbläser setzen Signalakzente. Gewaltige Steigerungen werden erreicht. Mit dem *Et in Spiritum sanctum* (Tempo I, 3/4) folgt die variierte Reprise des

Beginnes. Auch hier ist wieder eine große Steigerung bis zum abschließenden C-Dur-*Amen* angelegt, mit dem in kraftvollem a-Moll signalartig deklamierten Chor-Unisono zu *Et unam sanctam catholicam et apostolicam ecclesiam*, das sich von Moll zu strahlendem Dur wendet, in der Mitte.

Meisterstück Brucknerscher Kontrapunktik ist das achtstimmige *Sanctus* (Ruhig, mehr langsam, 4/4, G-Dur). Im Quintenkanon wird es aufgebaut, aus einem einfachen Motiv und absteigenden Tonleiterpassagen, anfangs in gemäßigter Stärke, die sich später mehr und mehr steigert (so Bruckners Anweisung). Mit mächtigem akkordischem Pathos der acht Stimmen und den harmonisch eigene Wege gehenden Bläsern wird der Satz zum Gipfel geführt.

Ein knappes Hornmotiv steht am Beginn des *Benedictus* (Moderato, 4/4, C-Dur). Der vier- bis sechsstimmige Vokalsatz ist aufs delikateste harmonisch entwickelt, wird durch reiches Figurenwerk der Bläser geprägt, endet im kraftvoll-herben, akkordisch dichten *Hosanna in excelsis*.

Mit großem Ernst eröffnet Bruckner das *Agnus Dei* (Andante, 4/4, e-Moll). Der Chorsatz ist wieder achtstimmig angelegt. Das anschließende Miserere steigert sich zu gequältem Aufschrei. Ein zweiter *Agnus Dei*-Teil rückt tonartlich in die Dominante. Ihm folgt ein zweites, noch eindringlicheres *Miserere* mit jenem aus der linearen Entwicklung sich ergebenden, im Grunde natürlich erscheinenden Zusammenklang aller sieben Töne der G-Dur-Tonleiter, von dem schon die Rede war. – Eine weit in die Zukunft weisende Klangvision von ungemeiner expressiver Kraft.

Zum dritten Male erscheint das *Agnus Dei* wieder, mit einem dritten Motiv. Das abschließende *Dona nobis pacem* wird in schlichter Deklamation vorgetragen, ergänzt um ein Motiv aus dem *Kyrie*, ehe der Ausklang in friedlich schönem E-Dur erreicht wird.

Gesamtausgabe: Fassung von 1866: Band XVII/1 (1977); Fassung von 1882: Band XVII/2 (1959)

Messe Nr. 3 f-Moll (WAB 28)

Text: Ordinarium missae (lateinisch)
Besetzung: Soli (S, A, T, B); 4stgemCh; 2 Fl, 2 Ob, 2 Kl (in B), 2 Fg; 2 Hr (in F), 2 Trp (in C), 3 Pos (Alt, Tenor, Baß); Str (Solo-Violine, Solo-Bratsche); Org
Aufführungsdauer: 62'

Im Februar 1867 brachte Johann Herbeck Bruckners Messe d-Moll in der Wiener Hofburg-Kapelle zur Aufführung. Zum ersten Male erklang damit ein Werk des Domorganisten aus Linz in der österreichischen Metropole. Und das wiederum verhalf dem Komponisten zu einem offiziellen Auftrag: Das k.u.k. Obersthofmeisteramt bestellte bei ihm für die Hofburg-Kapelle eine weitere Messe. Für den Komponisten kam zu diesem äußeren Auftrag die innere Notwendigkeit: Nach der schweren Nervenkrise im Frühjahr 1867 war für ihn, der im August aus Bad Kreuzen geheilt zurückkehren konnte, die Arbeit an seiner dritten großen Messe auch Ausdruck des Dankes für wiederhergestellte Schöpferkraft.

Die Komposition begann im Herbst 1867 und war im September des gleichen Jahres abgeschlossen. Am 16. Juni 1872 fand in der Augustinerkirche zu Wien die Uraufführung unter Bruckners Leitung statt. Am 3. Dezember des folgenden Jahres erklang das Werk, wieder unter Bruckners Leitung, auch in der Hofburg-Kapelle. Am gleichen Ort fanden unter dem Komponisten noch vergleichsweise häufig Aufführungen dieser Messe statt: 1876, 1877, 1882, 1883 und 1884. Und am 27. April 1879 erklang das Werk in der Festungsgarnisonskirche Ofen erstmals auch außerhalb der engeren Heimat des Komponisten. Es ist die Messe, die sich in der kommenden Zeit in Kirche und Konzert insgesamt den sichersten Platz erringen sollte.

Später hat Bruckner noch kleinere Korrekturen an der Partitur vorgenommen. Eine Uminstrumentation durch seinen Schüler und Propagandisten Joseph Schalk, die dieser auch 1893 aufführte, fand seine Zustimmung nicht. Für heutige Aufführungen sollte die in der Bruckner-Gesamtausgabe vorliegende Fassung der Originalpartitur mit den eingearbeiteten Korrekturen des Komponisten verbindlich sein. Bei Aufführungen ist hinsichtlich der Balance zwischen Soli, Chor und Orchester zu bedenken, daß Bruckner sein Werk für die damalige Besetzung in der Hofburg-Kapelle geschrieben hat. Der Chor hatte dort 18 Mitglieder, und auch das Orchester war gering besetzt. Die später üblich gewordene Bezeichnung des Werkes als Bruckners »große Messe« trifft wohl auf die Aufführungsdauer, weniger aber auf den nötigen klanglichen Aufwand zu.

Das *Kyrie* (Moderato, 4/4, f-Moll) wird durch 11 Streicher-Takte eröffnet. Sie exponieren ein skalenmäßig ausgefülltes Quartmotiv:

Die Celli stimmen es an, und es wandert über die Bratschen zu den Violinen in die Höhe. Schmerzlich, dunkel, zugleich merkwürdig an den Beginn des Verdi-Requiems erinnernd. Beide Meister schöpften da wohl aus der großen Palestrina-Tradition. Mit dem Eintritt des Chores gestaltet sich der Orchesterpart, zumal in den Violinen, immer reicher (*Kyrie eleison*). Freundlicher, eindringlich bittender wirkt die musikalische Szene mit dem *Christe eleison*. Zu den Streichern tritt eine Solo-Violine, zum Chor treten Solo-Baß und Solo-Sopran. Zum Hauptmotiv kommt ein vom Solo-Baß exponierter Oktav-Gedanke. Das Ganze steigert sich zum Fortissimo, sinkt bittend wieder zusammen, bis das *Kyrie eleison* erneut erklingt, kräftig, Forte in der Dur-Parallele (As-Dur) einsetzend. Zum Ende hin greifen auch die beiden Solo-Stimmen wieder ein. Und nach a cappella-Einsätzen des Chores erklingt am psalmodierenden, leise verklingenden Ende wieder das »Urmotiv« in den Celli, den 1.Violinen. Dieser Kyrie-Welt begegnen wir im Finale der 2. Sinfonie wieder.

In mächtigem Aufschwung eröffnet der Chor das *Gloria* (Allegro, 4/4, C-Dur):

Eine Tonleiterfigur in Achteln beherrscht den ganzen Satz. Sie wächst im Verlaufe des Ganzen zu mächtigem Unisono der Streicher. Ausdrucksstarke Unisono-Teile wechseln mit kühnen Harmonien. Im zarten *Gratias agimus* treten Solo-Sopran und Solo-Alt zum Chor. Den Adagio-Mittelteil beherrscht das *Miserere* (Andante, mehr Adagio, sehr langsam, 3/4, d-Moll), einer der innigsten Vokalsätze Bruckners. Gemeinsam mit den vier Solostimmen leitet der Chor allmählich in den Hauptteil zurück (*Quoniam tu solus sanctus*). Das Ende dieses Teiles bildet eine kraftvolle, unerhört kühn und kompliziert angelegte Fuge: *In Gloria Dei* (Ziemlich langsam, alla breve, C-Dur):

Einer der grandiosesten Messe-Sätze Bruckners ist das anschließende *Credo* (Allegro, alla breve, C-Dur). Es beginnt mit einem energischen Unisono-Thema des Chores, das den ganzen Satz umspannt, schon an die Sprache des späteren »Te Deum« erinnernd:

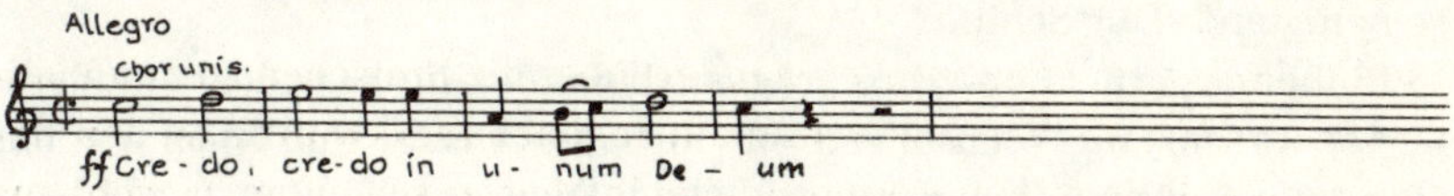

Die Einheit der Kirche wird gläubig gepriesen. In strahlendem Des-Dur entfalten sich die Klänge des Lichtes (*lumen de lumine*) im Wechsel von Fortissimo-Chor und Pianissimo-Soloquartett. In zartem E-Dur Licht, von durchaus Wagnerisch ätherischem Holzbläsersatz getragen, singt der Solo-Tenor (Moderato misterioso, 4/4) das *Et incarnatus est.* Man hört schon die Klangwelt des Adagio der 5. Sinfonie voraus:

Eindrucksvoll und erschütternd wird die Passion Jesu Christi gestaltet. Das *Crucifixus* (Langsam, 4/4, Es-Dur) durch Baß-Solo und Chor mit unheimlich aufsteigender Synkopenfigur der Violinen, und die Grablegung. In verheißungsvoll aufleuchtendem E-Dur verkündet der Chor danach die Wiederauferstehungsbotschaft *Et resurrexit* (Allegro, 4/4). Für das Weltgericht findet der Komponist drohend sich steigernde Klänge (*Judicare*). Von sanftem E-Dur ins strahlende C-Dur des Beginnes gerückt, klingt die Glaubensbotschaft des Chores (Tempo I, alla breve) *Et in spiritum sanctum.* Mildes G-Dur-Licht verbreitet das Solo-Quartett: *Qui cum Patre et Filio* (Moderato, 3/4). Machtvolles Unisono preist noch einmal Fortissimo die Einheit der Kirche: *Et unam sanctam catholicam et apostolicam ecclesiam* (Bibelworte, die in den Messen der Klassiker bezeichnenderweise oft wegglassen wurden). Dann mündet das Ganze in eine gewaltige Schlußfuge mit aus dem Credo-Beginn neuformuliertem C-Dur-Thema (Etwas langsamer als anfangs, 4/4):

Bruckner hat diesen gewaltigen Satz selbst sehr geschätzt. So soll er auf die Frage, ob er denn wirklich so fromm sei, geantwortet haben: *Wie hätt' ich denn sonst das Credo meiner F-Messe komponieren können?*

Dieser dramatisch und kontrastreich gestalteten Bibelgeschichte schließt sich das *Sanctus* (Moderato, 4/4, d-Moll) an. Ein Satz, zunächst voller lyrischer Empfindung und lichter Schönheit. Erst mit dem Allegro-Einsatz des Chores im Dominant-A-Dur, *Pleni sunt coeli et terra* (Allegro, 3/4, d-Moll), und mit dem Gesang des Solo-Soprans (*Hosanna in excelsis*) kommen wieder Kraft und Fülle ins Spiel, führen zum prächtig beschwingten F-Dur-Schluß.

Blühendes Bruckner-Melos prägt auch das *Benedictus* (Allegro moderato, 4/4, As-Dur) im Wechsel von Soli und Chor. Den Schluß bildet hier das *Hosanna* aus dem *Sanctus* (Allegro, 3/4, F-Dur).

Die Friedensbitte des *Agnus Dei* kehrt den ernsten Beginn der Messe zunächst immer mehr ins Tragische. Im ersten Teil (Andante, 4/4, f-Moll) dominiert in den Oberstimmen des Chores ein wichtiges Motiv des Satzes, das die Unterstimmen beantworten:

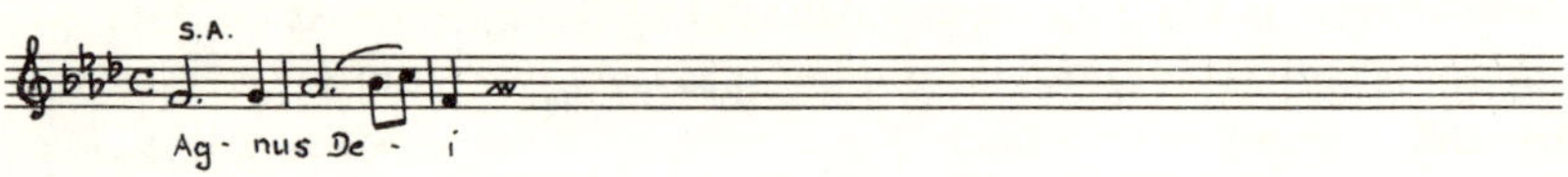

Zuvor eröffnen die Violinen mit dem Hauptmotiv:

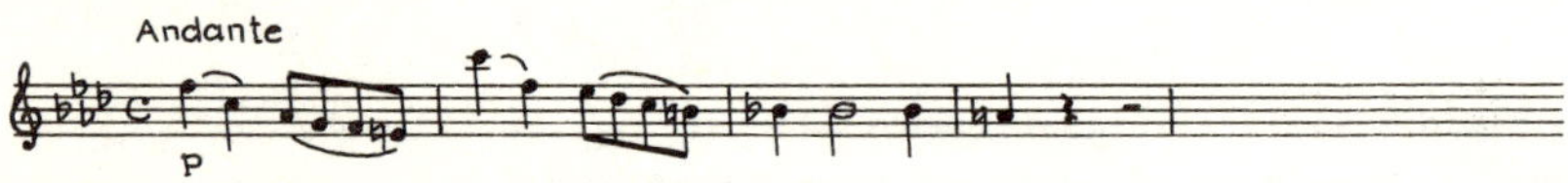

Langsam steigert sich der Bittruf *Miserere nobis*, von den Solisten angeführt, zu leidenschaftlichen Chorausbrüchen. Zum milden Ausklang kommt es dann mit der Friedensbitte selbst: *Dona nobis pacem* (Moderato, 4/4, F-Dur). Ehe sie in dreifachem Piano verklingt, greift der Chor noch einmal in gewaltigem Unisono auf das Thema der Gloria-Fuge zurück.

Gesamtausgabe: Band XVIII (1960)

Te Deum C-Dur (WAB 45)

Text: Ambrosianischer Lobgesang (lateinisch)

Besetzung: Solostimmen (S, A, T, B); 4stgemCh; 2 Fl, 2Ob, 2 Kl (in A), 2 Fg; 4 Hr (in F), 3Trp (in F), 3 Pos (Alt, Tenor, Baß, KbTb); Pk; Orgel; Str (Violin-Solo)

Aufführungsdauer: 22'

Widmung: OAMDG (Omnia ad maiorem Dei gloriam)

Dies ist Anton Bruckners bis heute wohl populärste vokalsinfonische Komposition. Er skizzierte sie 1881. Zugleich arbeitete er an seiner 6. und auch schon an seiner 7. Sinfonie. Überdies war er mit der Durchsicht seiner drei großen Messen beschäftigt. Erst nach Beendigung der 7. Sinfonie holte er das in 1. Fassung unvollendete Te Deum wieder hervor. Im März

1884 war die Partitur fertig. Joseph Hellmesberger, der die Anregung zur Komposition gab, schlug vor, sie dem Kaiser zu widmen. Bruckner lehnte ab. Er hatte sie schon *dem lieben Gott für die in Wien ausgestandenen Leiden* zugeeignet. Hellmesberger verweigerte dann die Uraufführung und empfahl Kürzungen. Diesmal aber blieb der Komponist standhaft. Und er behielt recht. Schon die Uraufführung am 2. Mai 1885 im Kleinen Musikvereinssaal in Wien mit dem Chor des Wiener Akademischen Richard Wagner-Vereins, bei der Joseph Schalk und Robert Erben den Orchesterpart in einer Fassung für zwei Klaviere übernahmen und Bruckner dirigierte, war ein voller Erfolg. Am 10.Januar 1886 folgte dann die erste Aufführung mit Orchester in einem Konzert der Gesellschaft der Musikfreunde in Wien. Hier spielten die Wiener Philharmoniker unter Hans Richter. Dann begann ein Siegeszug des Werkes um die Welt. Gustav Mahler feierte mit ihm in Hamburg Triumphe. Bruckner wurde in Berlin bejubelt. Als eines der ersten Bruckner-Werke gelangte das Stück auch in die USA, nach Cincinnati, wo es Theodor Thomas mit 800 Sängern und 120 Musikern vor 7000 begeisterten Hörern aufführte.

Das Te Deum steht nicht nur zeitlich in der Nähe der 7. Sinfonie. Der gewaltige C-Dur-Jubel zur Ehre Gottes erweist sich auch als musikalisch-dramaturgisch genau und konzise gearbeitetes Stück. Im *Te Deum* des Beginnes (Allegro moderato, 4/4, C-Dur)) bricht der Lobpreis jubelnd los. Zu einer lapidaren Streicherfigur

setzt im zweiten Takt der Chor in majestätischem Unisono ein:

Es prägt auch die Mitte und den Schluß des ganzen ersten Abschnittes. Lyrisch sanft kontrastiert dazu der Engelsgesang von Sopran-, Alt- und Tenor-Solo (*Tibi omnes Angeli*). In kanonischer Anlage vokaliter und instrumentaliter ergibt sich vor allem durch das Fehlen der Bässe ein schwebender, gelöster Charakter, ehe a Tempo, nun in f-Moll, der Jubel des Beginnes im Chor zu den Worten *Sanctus Dominus Deus Sabaoth* erneut ausbricht. Dann wird im achtstimmigen *Pleni sunt caeli et terra* mit dreifachem Forte der Jubel-Hymnus noch verstärkt, erhält durch die in immer neue tonale Beleuchtung rückende Streicherfigur des Beginnes energische Akzente, die mit leisen Zwischenabschnitten aufs Effektvollste korrespondieren.

Im Folgenden dominieren ruhigere, verhaltenere Stimmungen. In flehendem f-Moll (Moderato, 4/4) singt der Solo-Tenor, von Sopran-, Alt- und Baßsolo abkzentuiert, sein *Te ergo quaesumus*. Streicher, Solovioline und 1.Klarinette sind beteiligt. In mildem F-Dur klingt dieser Teil aus. Danach, wieder in jähem Kontrast, »Feierlich, mit Kraft«, das *Aeterna fac cum Sanctis tuis* (Allegro moderato, 4/4, d-Moll). Der Chor führt über den verminderten Septakkord in strahlendes Dominant-A-Dur.

Danach im nächsten Abschnitt, *Salvum fac populum* (Moderato, 4/4, f-Moll), auf das *Te ergo* thematisch-motivisch bezogen, wieder ein ruhevoller Kontrast in wehmütig flehendem Moll-Klang. Mit dominierendem Tenor-Solo, ergänzt durch die übrigen Solo-Stimmen und den Chor, erneut mit in lichte Höhen aufschwebender Solo-Violine. Plötzlich, in jäh aufstrahlendem C-Dur, mit den Figuren des Beginnes (Allegro moderato) greift der Chor wieder energisch ein (*Per singulos dies*). Noch einmal wechselt die harmonische Ausleuchtung, rückt aber dann jäh erneut in den Moll-Bereich (zunächst a-Moll): *Miserere nobis*.

Zum grandiosen Ausklang wird der letzte Abschnitt: *In Te, Domine, speravi* (Mäßig bewegt, 4/4, C-Dur). Dem homophon angelegten vokal-instrumentalen Präludium, das auf H-Dur endet, folgt eine Fuge über den gleichen Text (Im gleichen gemäßigten Tempo, 4/4, C-Dur). Bruckner bricht dabei die Verszeilen auf, teilt in das schon am Ende des Vorspieles in mächtigem H-Dur vom Chor Fortisssimo intonierte *non confundar in aeternum* (Nicht werde ich zuschanden in Ewigkeit), das identisch ist mit dem 2.Motiv des 1.Themas aus dem Adagio der 7.Sinfonie:

und das *In Te, Domine, speravi* (Auf Dich, Herr, hoffe ich). Beide Texte erhalten unterschiedliche, aber verwandte musikalische Themen, die in aufeinanderfolgendem, ineinander verwobenem Einsatz wie eine Doppelfuge wirken:

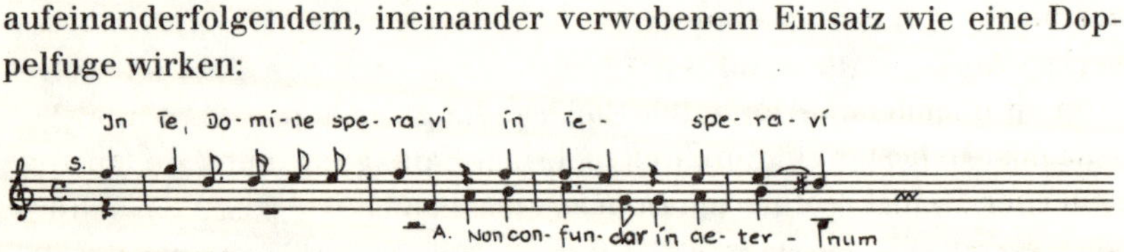

Besonderes Gewicht erhält der *non confundar*-Text, auch in der grandios angelegten Steigerung der Fugenentwicklung zur Schlußreprise auf den Beginn des Werkes, die aber nun vom Chor auch mit diesem Text gesungen wird.

Gesamtausgabe: Fassung 1884: Band XIX (1962)

Psalm 150 C-Dur (WAB 38)

Besetzung: Solo (S); 4stgemCh; 2 Fl, 2 Ob, 2 Kl (in B), 2 Fg; 4 Hr (in F), 3 Trp (in F) 3 Pos (Alt, Tenor, Baß), KbTb; Pk (C, G); Str (Solo-Violine)

Aufführungsdauer: 20'

Widmung: Max von Oberleithner

Der Auftrag kam von Richard Heuberger, der wenig später mit seiner Operette »Der Opernball« weltbekannt werden sollte. Er erbat von Bruckner für das Eröffnungskonzert der »Internationalen Ausstellung für Musik und Theaterwesen Wien 1892« eine Hymne oder Kantate. Der steckte mitten in der Arbeit am ersten Satz seiner 9. Sinfonie. Unter den ihm angebotenen Psalmtexten für die Auftragskomposition wählte er aber doch den 150. Psalm, *wegen seiner besonderen Feierlichkeit*. Anfang 1892 begann er mit der Komposition, teilte aber Ende März Heuberger mit, das Werk werde zum Termin (7. Mai) der Ausstellungseröffnung wohl nicht fertig. Dann wird es für das im September in Wien geplante Tonkünstlerfest des Allgemeinen Deutschen Musikvereines vorgesehen. Aber das Fest wurde abgesagt. Nun übernimmt es der Dirigent Wilhelm Gericke in die Konzerte der Wiener Gesellschaft der Musikfreunde und bringt es dort am 13. November 1892 zur Uraufführung. Mit wenig Erfolg, an dem ungenügende Proben und ein ungünstiges Programm-Umfeld (Liszts Es-Dur-Klavierkonzert, »Wanderers Sturmlied« von Richard Strauss, Mendelssohn Bartholdys »Loreley«) nicht schuldlos sind. Die technisch anspruchsvolle, aber auch für das Publikum schwierige Musik überforderte die Hörer. Bruckner selbst hielt viel von dieser seiner letzten Psalm-Komposition. Er nannte sie seine *allerbeste Fest-Cantate*.

Das in einem Zuge komponierte Werk sollte überhaupt Bruckners letzte große vokalsinfonische Komposition werden. Sie erinnert an das Te Deum, hat ihm gegenüber stärkere Konzentration der formalen Anlage sogar noch voraus.

In strahlendem C-Dur (Mehr langsam! Feierlich, kräftig, alla breve) setzt das Orchester ein, im zweiten Takt folgt sogleich der Chor mit seinem energisch akzentuierten *Hallelujah*:

In terzverwandtem As-Dur erklingt der zweite Hauptgedanke, zuerst leise und innig im Alt, dann in weiter Entwicklung sich klangprächtig entfaltend, immer wieder in einzelnen Stimmen neu ansetzend. Der Höhepunkt wird erreicht über dem Orgelpunkt auf G, der Dominante (harmonisch und modulatorisch geht Bruckner auch in diesem Spätwerk bis an die Grenzen der Tonalität) und mündet in einen Nonenakkord als klanglichem Gipfel (*Lobet ihn mit hellen Zimbeln*). Dann beruhigt sich die Bewegung. Über dem Chorgesang der Gemeinde erheben sich Sopran- und Violinsolo (Langsamer). Nach einer Pausen-Fermate setzt das Unisono-*Alleluja* des Hauptsatzes wieder ein und führt zu einer grandiosen vierstimmigen Chorfuge (Langsam) über ein chromatisches Thema von charakteristisch brucknerscher Prägnanz mit seinen um Halbtöne verschobenen, markanten Oktavsprüngen:

In der Fugendurchführung kommt es zu kunstvollster kontrapunktischer Arbeit, wie sie sich immer wieder, zumal in den sinfonischen Finalsätzen des Meisters findet: Auf dem Höhepunkt dieser Fuge wird das Thema seiner Umkehrung gegenübergestellt, tritt es zugleich in Engführung auf. Dann erreicht die Entwicklung wieder den Nonenakkord, der schon einmal den Kulminationspunkt der Entwicklung in diesem Werk bezeichnete. Die Coda (Tempo I) jagt Vokal- und Instrumentalstimmen jubelnd in die Höhe. Die Chorsoprane gelangen im dreifachen Forte über zwei Takte zum hohen C. In ekstatischem C-Dur-Jubel klingt das Werk aus.

Gesamtausgabe: Band XX/6 (1964)

Kantaten und Chorwerke

Bevor Anton Bruckner, damals Domorganist in Linz, sich nach rund drei Jahrzehnte langen musikalischen Studien zur »professionellen« Komposition entschloß, hatte er neben seiner Tätigkeit als Lehrer oder Organist vorwiegend Gebrauchsmusik geschrieben. Es entstanden Gratulationsmusiken für Lehrer, Freunde, vor allem für seine geistlichen Vorgesetzten. Das waren Musiken für Chöre, Solostimmen und Solo-Quartette, mit Klavier-, Orgelbegleitung oder mit festlichem Blasorchester. Der Komponist hat sich solchen Aufträgen nur selten mit Vergnügen gewidmet. Es war Gelegenheitsmusik in freundlich-festlicher Grundhaltung, nach dem Geschmack der Zeit. Sie wäre weitgehend heute vergessen, stammte sie nicht eben von Bruckner, dem späteren gewaltigen Sinfoniker und auch Chor-Sinfoniker. Es gibt nur drei solcher Werke, die heute größeres Interesse beanspruchen können. Sie stammen aus jenen Jahren, da Bruckner mit seinen Messen und Sinfonien bereits in seine eigentliche »Kompositionszeit« eingetreten war.

Preiset den Herrn (WAB 16) <Dom-Kantate>

Fest-Cantate bei Gelegenheit der Grundsteinlegung zum Dombau
am 1. Mai 1862

Text: Prof.Dr.Pamesberger
Besetzung: 4stMCh (2 T, 2 B); Soloquartett (2 T, 2 B), Solo-B; 2 Fl, 2 Ob,
4 Kl (2 in D, 2 in A), 2 Fg; 4 Hr (2 in G, 2 in D), 3 Trp (in D),
3 Pos (Alt, Tenor, Baß), BTb; Pk
Aufführungsdauer: 12'
Auftragswerk des Linzer Bischofs Franz Joseph Rudigier
zur Grundsteinlegung des dortigen Neuen Domes,
des Maria-Empfängnis-Domes

Der Auftrag des Linzer Bischofs Rudigier, eines erzkonservativen Geistlichen, der Bruckners musikalische Arbeit aber stets mit Wohlwollen gefördert hatte, traf den Komponisten in wichtiger Lebensstation: Er stand unmittelbar vor Beendigung seiner so langen Lehrzeit, zuletzt bei Kitzler. Außerdem hatte dieser Auftrag für ihn als dem beamteten Linzer Domorganisten auch durchaus persönliches künstlerisches Interesse. Am 25. April 1862 beendete er die Komposition. Ein Jahr später arbeitete er an seinen ersten beiden Sinfonien. Mit der »Dom-Kantate« war seine Arbeit als Kantaten-Komponist abgeschlossen. Die Uraufführung der festlichen Musik fand auf dem Linzer Domplatz am 1. Mai 1862 statt. Es sang Bruckners Liedertafel »Frohsinn«, begleitet von Militärmusik unter Engelbert Lanz.

Festlich-feierlich steht ein Männerchor (*Preiset den Herrn, lobsingt seinen heiligen Namen!*, Bewegt, doch nicht zu schnell, 4/4, D-Dur) am Beginn. Fortissimo eröffnet ein rhythmisch pointierter Oktav-Absturz, wie er auch in der g-moll-Ouvertüre und in späteren Sinfonien als Symbol für Kraft und Anspannung auftaucht. Im zweiten Teil dieses knappen Satzes erscheint eine vierstimmige Fugenexposition über das mit markantem Quart- und Oktav-Beginn (h-Moll, auf fis endend) auftretende Thema:

Ein Soloquartett der Männerstimmen (*Taue deine Kraft und Stärke über Fundament und Stein*, Langsam, bittend, 4/4, Fis-Dur), in freier chromatischer Modulation, ist vor den Wiedereintritt des Chores als in der Stimmführung bewegterer Reprise (wieder D-Dur) gesetzt. Im anschließenden Baß-Solo (Langsam, nicht schleppend, 4/4, G-Dur), begleitet von Holzbläsern und Hörnern, fällt die Gestaltung der Solo-Stimme auf: Bruckner malt den Text (*Aus der Erde Schoß wächst der Bau riesengroß in des Himmels Blau*) durch eine weitgeschwunge Baß-Melodie, zu vermindertem Septakkord auf Des in wuchtigem Oktavschritt sich konzentrierend, dann erneut aufsteigend, nun locker und leicht des *»Himmels blau«* erreichend:

Man kann aus dieser Linie durchaus schon auf die berühmte Cello-Kantilene am Beginn der 7. Sinfonie schließen.

Wiederum ein Solo-Quartett (*Das ist der Unbefleckten Haus*, Langsam bewegt, 3/4, Es-Dur, a cappella) und dann ein zehntaktiges instrumentales *Präludium*, mit zwei Klarinetten und zwei Fagotten von Es-Dur nach G-Dur modulierend, führen in die veränderte und erweiterte Wiederholung des D-Dur-Eröffnungschores (*Preiset den Herrn*), dem die Bläser noch einmal festlichen Glanz zum Preise Mariens verleihen.

Gesamtausgabe: Band XXII, Teil 2 (1987)

Abendzauber Ges-Dur (WAB 57)

Text: Heinrich von der Mattig (Pseudonym des Salzburger Regimentsarztes Dr.Heinrich Wallmann, geboren in Mattighofen in Oberösterreich)

Besetzung: Solo (T); Ferngesang (3 Frauenstimmen);

Brummchor (2 T, 2 B); 4 Hr (in F)

Aufführungsdauer: 5'

Widmung: *Für Karl Almeroth in Steyr*

In der zahlreichen Chormusik Bruckners, vor allem angeregt durch die Arbeit mit der Linzer Liedertafel »Frohsinn«, fallen einige Werke durch ihre besondere, originelle Besetzung auf. So auch der im Januar 1878 komponierte »Abendzauber«. Bruckner hat ihn einem Freund und Verehrer aus Steyr gewidmet. Das Werk entstand nach Vollendung der 5. Sinfonie, stammt also aus einer Periode höchster kompositorischer Meisterschaft. Eine Solostimme (Tenor oder Bariton) wird begleitet von vierstimmigem Männerchor als Brummchor. Er bietet den Klanghintergrund, ergänzt um 4 Hörner. Dazu kommt noch Ferngesang von drei Frauenstimmen (Jodler). In wenig variiertem Grundtempo (Langsam, feierlich, doch nicht schleppend, 4/4, Ges-Dur) wird die Naturpoesie des Texte mit fast expressionistischen Klangfarben gemalt (*Der See träumt zwischen Felsen, es flüstert sanft der Hain. Den Bergeshang beleuchtet des Mondes Silberschein*). Der Romantiker Bruckner malt die Szene auf seine originelle instrumental-vokale Weise: *Aus dem Waldesdunkel hallt Nachtigallengesang*, und *Vom See weh'n die Lieder mit zauberhaftem Klang*. Erzähler ist der Solist. Der Brummchor schafft den oszillierenden Klanggrund. Aus der Ferne mischt sich das Terzett der Frauenstimmen mit Brucknerisch verwandeltem Jodelgesang ein:

Die Hörner eröffnen den »Abendzauber«:

Die »erzählende« Singstimme beginnt in schlichter Weise:

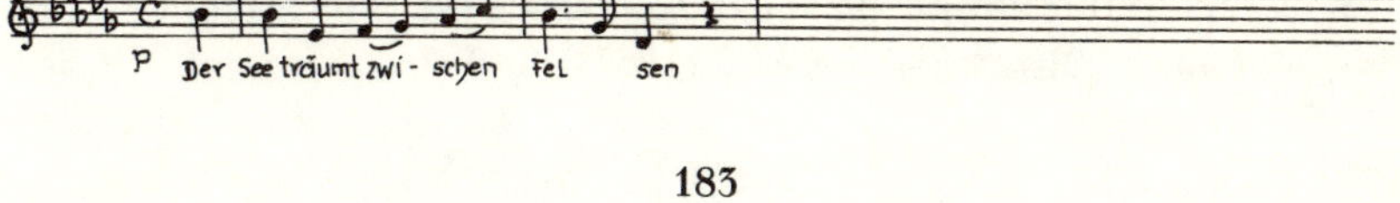

Das badet förmlich in Klangfarben, schwingt sich Fortissimo zu strahlendem D-Dur. Am Ende, in sanftem Ausklang, schweigt die Solostimme. Dafür ergreift der Brummchor der Männerstimmen nun das Wort, in einem Heine nachgefühlten Text: *Wer könnte je vergessen den wonnevollen Ort. Noch tief im Herzen klingen die Zaubertöne fort.* Ein wenig weist dies alles schon den Weg zu einem tiefinnigen, aber auch melancholischen Lyrismus Mahlerscher Prägung.

Verlag: Universal-Edition Wien (1911)

Germanenzug (WAB 70)

Text: August Silberstein

Besetzung: 4stMCh, Soli (2 T, 2 B); 2 Sopran-Kornette (in Es, B); Tenorhorn, 4 Hr (2 in F, 2 in D), 4 Trp (2 in D, 2 in B), 3 Pos (Alt, Tenor, Baß), BTb

Aufführungsdauer: 12'

Im August 1863 entstand diese Komposition für das Sängerfest des »Oberösterreichisch-Salzburgischen Sängerbundes«, das vom 4.bis 6. Juni 1865 in Linz stattfand. Bruckner dirigierte die Uraufführung mit seiner Liedertafel »Frohsinn« am 5. Juni. Die zum Wettbewerb eingereichte Komposition erhielt zum Ärger des Komponisten nur einen 2. Preis. Den Mittelsatz, »In Odins Hallen ist es licht«, spielte ein Hornquartett der Wiener Staatsoper übrigens auch zu Bruckners Leichenfeier am 14. Oktober 1896, als der Sarg aus dem Sterbehaus im Kustodenstöckl getragen wurde.

Dieses Werk gehört noch ganz an den Beginn von Bruckners »Kompositionszeit«. Es entstand im Jahr der g-Moll-Ouvertüre, der f-Moll-Sinfonie und der »Nullten«. Seine Militanz berührt heute unangenehm. Der komponierte Sieg der Germanen über die Römer war unverkennbares Text-Gleichnis mit dem Ziele, österreichischen Patriotismus zu fördern.

Aber seine drei Abschnitte atmen in ihrer Kraft, ihrer Dichte der Konstruktion wie des Ausdrucks unüberhörbar sinfonischen Geist.

Energisch punktierte Oktavsprünge, punktierte Rhythmen überhaupt leiten den *ersten Teil* ein (Frisch und kräftig, nicht schleppend, doch nicht zu schnell, 4/4, d-Moll). Im 10. Takt setzt dann der Männerchor unisono ein (*Germanen durchschreiten des Urwaldes Nacht*). Der Satz schließt in der Dominante A-Dur. Es folgt als Mittelsatz ein Solo-Quartett, von 4 Hörnern begleitet (*In Odins Hallen ist es licht*, Langsamer, würdevoll, 4/4, A-Dur), ein klangschönes, pathetisches Musikstück, das schließlich vom Horn in punktierter Bewegung in den Schlußsatz geführt wird (eine auch vom Sinfoniker Bruckner gern geübte Überleitungspraxis). Dieser

Schlußchor, nun wieder mit vollem Blasorchester (*Da schlagen die Krieger mit wilder Gewalt*, Frisch und kräftig, 4/4, d-Moll – D-Dur), greift auf die Eröffnung zurück, folgt dem schwülstig brutalen Text durch Tempoverzögerung und weidliches Nutzen dramatisch akzentuierter Klänge (zumal des verminderten Dreiklangs). Mit naivem Pathos läßt Bruckner den Schwulst des nationalistischen Textes auf den Hörer los: *Teutonias Söhne, mit freudigem Mut, sie geben so gerne ihr Leben und Blut ...*

Gesamtausgabe: Band XXII, 2. Teil (1987)

Helgoland g-Moll (WAB 71) <Symphonischer Chor>

Text: August Silberstein

Besetzung: 4stMCh; 2 Fl, 2 Ob, 2 Kl (in B), 2 Fg; 4 Hr (1-2 in F, 3-4 in B tief), 3 Trp (in F), 3 Pos (Alt, Tenor, Baß), KbTb; Pk ; Str

Aufführungsdauer: 12'

Widmung: *Dem Wiener Männergesangverein zur Feier seines 50-jährigen Bestandes*

Dieser »Symphonische Chor« verdankt sein Entstehen einer Anregung und Bitte des Wiener Männergesang-Vereines. Man wünschte sich von dem 69jährigen Meister, der an seiner 9. und letzten Sinfonie arbeitete, von dem zwei frühe Sinfonien und acht selbst akzeptierte Werke dieser Art vorlagen, dazu drei große Messen, Psalmen und ein höchst erfolgreiches Te Deum, eine Komposition zum eigenen 50jährigen Bestehen. Bruckner konnte dem Chor, der sich des öfteren auch um seine Werke verdient gemacht hatte, solche Bitte nicht abschlagen. Seit dem »Germanenzug« von 1865 hatte er sich dem hier gefragten Genre nicht mehr zugewandt. Noch einmal vertonte er nun also Verse des österreichischen Lehrer-Poeten August Silberstein. Sie boten eine »krude Mischung aus pennälerhafter Geschichtsklitterung und borniertem Chauvinismus« (Mathias Hansen), um deutsch-nationalen Hegemonie-Anspruch im »historischen« Gewand des Sieges der alten Sachsen über die römischen Aggressoren zu formulieren. Seltsam für einen österreichischen Komponisten aus dem Alpenlande allein schon der Titel!

Aber in das neue Werk flossen die Erfahrungen der zurückliegenden »sinfonischen« Jahre ein. Und es entstand eine Komposition für Männerchor und Orchester, die an musikalischem Gewicht und Anspruch alles Vorhergegangene der Art aus Bruckners Feder überragte. Im Vergleich zum »Germanenzug« erscheint die Harmonik wesentlich farbiger, ist die Stimmführung polyphon differenzierter.

In der Winter-Reitschule der Wiener Hofburg kam »Helgoland« beim

Festkonzert des Vereines am 8.Oktober 1893 unter seinem Bruckner ergebenen Dirigenten Eduard Kremser zur Uraufführung. Die Kritik reagierte zwiespältig. Unverkennbar blieb aber, daß Einwände gegen den Text, doch auch gegen die Musik aus sehr verständlichen ästhetischen, liberalpolitischen Positionen resultierten: »An den Klippen dieses fürchterlichen Tonsatzes zerschellte der Gesang. Ist dies die Zukunft des Männergesanges, so hat sie keine« (Hanslick).

Das *einsätzige* Werk beginnt (Kräftig, nicht zu schnell, alla breve) mit kraftvoll-farbigem Chorgesang (*Hoch auf der Nordsee, an fernestem Strand*), gefolgt von feierlichem Chorsatz, zunächst nur von den Hörnern, dann von Hörnern und Posaunen akkompagniert (*O weh' um die Stätten, so heilig gewahrt*, 4/4). Hörner und Posaunen leiten über in einen neuen Fortissimo-Abschnitt (Bewegter, 4/4, c-Moll, *So eilen die Zagen zum Ufer herbei*). Dann erklingen die machtvoll gespannten, punktierten Sext- und Oktav-Sprünge des Sinfonikers Bruckner in einer von Männerchor und Orchester gewichtig ausgemalten Gebetsszene (*Die brünstige Bitte zum Himmel geschickt*, Breit, alla breve), in dramatisch zugespitzter verminderter Septakkordik von Es-Dur nach E-Dur gerückt. Wieder Gebet: Eine effektvolle, in As-Dur mit dem 1. Tenor beginnende Szene, die melodisch ans Hauptthema im 1.Satz der 7. Sinfonie erinnert (Nachgebend, feierlich, alla breve, *Der Du in den Wolken thronest*):

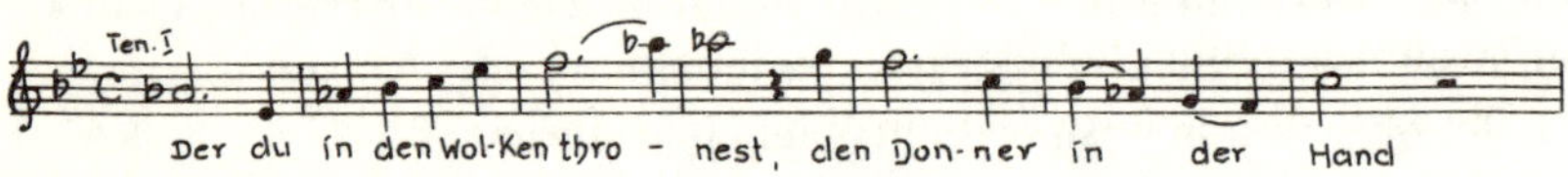

Und noch einmal Gebet: (Feierlich, breit, 4/4, Es-Dur, *Allvater! Erretter aus Tod und bittrer Not!*). Machtvoll wird in charakteristischer Bruckner-Manier über zwei Takte der strahlende Dur-Klang von Streicher-Tremolo, Holzbläsern und rhythmisch pointiert schmetternden Bläsern ausgebreitet, ehe der Männerchor einstimmt. In steter Tempobeschleunigung geht's zu der Szene, da nach dem Gebet der Sachsen die römische Flotte vor Helgoland vom Unwetter vernichtet wird, gemalt in dramatischer Gebärde, mit äußerster Kraft ansetzend, dann in ermattenden Skalen absinkend, allmählich verebbend (*Das trifft sie in Donners hin hallendem Flug!*). Bis der eröffnende g-Moll-Chor wiederkehrt, zu neuem Text (*Nun Gegner, Erbeuter, als Beute ihr bleibt*), am Ende zu triumphierendem Dur gewendet und mit aller Klang- und Farbenpracht des Orchesters ausmusiziert (*O Herrgott, dich preiset frei Helgoland*).

Gesamtausgabe: Band XXII, 2. Teil (1987)

Kleine Kirchenmusik

Das Komponieren kleinerer Werke für den kirchlichen Gebrauch hat Anton Bruckner sein Leben lang geübt. Der 1984 veröffentlichte, solcher Musik gewidmete Band der von Leopold Nowak herausgegebenen Bruckner-Gesamtausgabe enthält insgesamt 50 Stücke, dazu vier erhaltene Fragmente und Skizzen. Nowak nennt diese Musik eine Art »Lebenskonservatorium« Bruckners. Sein ganzer musikalischer Bildungsweg wird in ihr gleichsam von Stufe zu Stufe dokumentiert. Von der einfachen Übung im vierstimmigen Satz des Elfjährigen bis zum wiederum kunstvoll schlichten, klanglich reichen Satz von »Vexilla regis«, dem Werk des 68jährigen Meisters.

Bruckner hat in diesem Rahmen von Jugend auf Musik für die Kirche geschrieben, wie sie damals üblich war, wie sie damals gehört wurde. Für uns sind diese Werke, vom bescheidenen Beginn bis zum kunstvollen Satz, aber zudem Gradmesser seiner wachsenden handwerklichen Sicherheit, auch der Entwicklung seines Vokalstiles insgesamt. Natürlich auch nicht unwesentliche Zeugnisse seiner selbstverständlichen, ehrlichen und nie in Zweifel gestellten Religiosität.

Die erste überlieferte Komposition dieser Art ist ein

Pange lingua C-Dur (WAB 31)

Text: Hymnus des Thomas von Aquino (lateinisch)
Besetzung: 4stgemCh a cappella
Aufführungsdauer: 5'

Der elfjährige Bruckner hatte damals (1835-1836) beim Firmpaten Johann Baptist Weiß Unterricht in Generalbaß und Orgelspiel. Nowak bemerkt zu Recht, daß diese Musik Einblick gewährt »in den schon im Knaben erwachenden Geist, etwas in der gleichen Weise in Noten auszudrücken, was er auf dem Kirchenchor in Hörsching gehört hatte.« Mit 67 Jahren nahm Bruckner, nun Meister in Sinfonie und großer vokalsinfonischer Kirchenmusik, die kindlichen 28 Takte noch einmal in die Hand und »restaurierte« sie liebevoll, befreite sie von kleinen Ungeschicklichkeiten und auch Fehlern des Satzes. Der Vergleich der beiden »Fassungen«, schon in den ersten acht Takten, ist interessant und rührend zugleich:

a) Fassung 1835

b) Fassung 1891
Langsam

Gesamtausgabe:Band XXI (1984)

Runde sieben Jahre später (1842), nun Schulgehilfe in Windhaag bei Freistadt, zuvor in der Linzer Präparandie von Johann August Dürrnberger in Harmonielehre und Orgelspiel unterrichtet, schrieb Bruckner seine erste Messe, die

Messe C-Dur (WAB 25) <Windhaager Messe>

Text: Ordinarium missae (lateinisch)
Besetzung: Solo (A); 2 Hr (in C); Org
Aufführungsdauer: 8'

Sie gehört zum Typ der damals gepflegten »Landmessen«, für die auch die ganz praktische Berücksichtigung der am jeweiligen Ort vorhandenen Besetzungsmöglichkeiten üblich war. Daher beim jungen Bruckner die auffällige Besetzung mit einem »Alto concerto« in dieser »Choral-Messe« (so die Bezeichnung durch den Komponisten). In der 200-Seelen-Gemeinde war Bruckner als »Gehülfe an Trivialschulen« angestellt. Er unterrichtete Lesen, Schreiben, Rechnen und Singen, war für das tägliche Glockenläuten, aber auch für Feldarbeiten zuständig, spielte zum Tanze auf, studierte daneben Bachs »Wohltemperiertes Klavier«, bediente die Orgel und – schrieb selbst auch eine Messe, eine »Landmesse«, wie man sie im oberösterreichischen Mühlenviertel eben kannte. Im Windhaager Kirchenchor gab es die Jungfer Maria Jobst, mit schöner Altstimme begabt und auch sonst dem jungen »Gehülfen« nicht unsympathisch. Für sie wurde der Vokalpart des Werkes geschrieben. Ansonsten standen nur die Kirchenorgel und zwei Hörner zur Verfügung. Der liturgische Text wurde, nach der damals bei Kirchenchören üblichen Praxis, gekürzt. Die Messe-Sätze sind knapp gefaßt.

Im *Kyrie* (alla breve, C-Dur) fällt neben dem Plagalschluß eine gewisse Unbekümmertheit im Umgang mit der Harmonik auf. Da spielen neben dem Tonikaklang (C-Dur) kurze Ausflüge in entferntere tonale Gefilde (zum Beispiel Es-Dur) eine Rolle, wird über verminderte Akkorde verhältnismäßig rigoros moduliert. Ähnliches gilt für mediantische Wendungen im *Gloria* (4/4, C-Dur). Beginn und Schluß des *Credo* (3/4, C-Dur) nutzen Anklänge an den gregorianischen Choral. Auffällig ist hier zum Beispiel der später für den reifen Komponisten Bruckner so typische Oktavsprung beim *Amen* des Alt am Ende des Satzes. Der *Crucifixus*-Teil rückt ins mediantische Es-Dur. Das folgende *Et resurrexit* erscheint als energisches Unisono von Gesang und Orgel mit Hörner-Unterstützung. Dabei erinnert die Quartenfolge c – g und e – a, die Bruckner 1842 für diese Messe fand, an das 40 Jahre später von Richard Wagner für seinen »Parsifal« geschriebene »Glockenmotiv«:

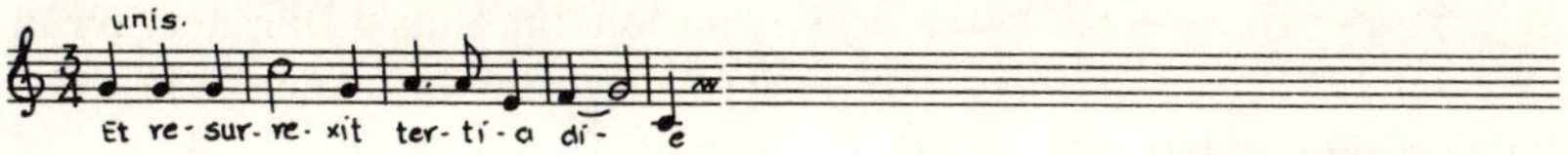

Das 20-taktige *Sanctus* (4/4), in rein homophonem Satz, rückt im Mittelteil (*Dominus Deus Sabaoth*) von C-Dur nach E-Dur. Das bewegtere *Benedictus* (4/4) steht in Es-Dur und das abschließende *Agnus Dei* (3/4) geht wieder von C-Dur aus, rückt plötzlich nach E-Dur, um von da wieder nach C zurückzugelangen.

Gesamtausgabe: Band XXI (1984)

Überlegener geht Bruckner dann schon wenig später mit den Möglichkeiten der Harmonik um. Während seiner Kronstorfer Jahre war es Leopold von Zenetti, der ihm im nahen Enns gründlichere Kenntnisse vermittelte. In diese Zeit fällt ein

Asperges me F-Dur (WAB 4)

Besetzung: 4stgemCh a cappella

Aufführungsdauer: 4'

In diesem Satz (Moderato, alla breve, F-Dur) rücken die noch vorwiegend homophon geführten Stimmen in betont romantischem Satz mit Modulationsbrücken über verminderte Akkorde, Septakkorde in immer neues klangliches Licht.

Gesamtausgabe: Band XXI (1984)

Die Beschäftigung mit Kontrapunkt und Fugenbau bei Bach, bei Albrechtsberger unter Anleitung Zenettis dokumentiert ein spätestens im September 1845 in Kronstorf entstandenes

Asperges me (WAB 3,1) <äolisch>

Besetzung: 4stgemCh, Org

Aufführungsdauer: 5'

Geschrieben für die Zeit von Septuagesima bis 4. Fastensonntag

mit seinem streng kontrapunktischen Beginn:

Gesamtausgabe: Band XXI (1984)

Das Requiem und die Missa B-Dur waren die Hauptwerke der Jahre in St. Florian. An den Klassikern geschult, sind sie Meilensteine auf dem Wege zum Komponieren als »Lebensaufgabe«. Daneben gab es Pläne für Messen, gab es Musiken für Begräbnisse instrumentaliter und vokaliter, Musiken für Passionsandachten wie den Choral

In jener letzten der Nächte f-Moll (WAB 17)

Text: aus dem evangelischen (!) Erbauungsbuch »Die hl. Passion«,
hrsg. vom Christlichen Verein
für das nördliche Deutschland (Eisleben)

Besetzung: Fassung für Singstimme und Orgel
sowie Fassung für 4stgemCh a cappella

Aufführungsdauer: 3'

Die um 1848 komponierten 22 Takte atmen Würde und ernste Kraft (Andante, alla breve), in beiden harmonisch übereinstimmenden Versionen.

Gesamtausgabe: Band XXI (1984)

Größerer klanglicher und kompositorischer Aufwand wurde in St. Florian für Werke betrieben, die Bruckner den geistlichen Oberherren des Stifts widmete. Beispiel hierfür ist ein

Libera me, Domine f-Moll (WAB 22)

Text: Aus dem Ordinarium missae (lateinisch)

Besetzung: 5stgemCh (2 S, A, T, B); 3 Pos (Alt, Tenor, Baß); Vc, Kb; Org

Aufführungsdauer: 4'

Aber es ist nicht nur die vergleichsweise beträchtliche klangliche Fülle, mit der Bruckner seine ernste Musik ausgestattet hat. Die Klangarchitektur dieses *Libera me* (Adagio, 4/4, f-Moll) führt zu mächtigen Steigerungen (beispielsweise im Fortissimo-Ges-Dur-Klang bei *Quando coeli movendi sunt*). Sie werden durch kontrapunktisch konzentrierte Stimmführung erreicht, kontrastieren solcherart zu homophonem Satzbau, etwa beim *Requiem aeternam*, bei dem Orgel und tiefe Streicher schweigen.

Gesamtausgabe: Band XXI (1984)

Die entscheidende Wende im Leben Bruckners vom Organisten zum Komponisten und Orgelvirtuosen, vom Dorfschul- zum Hochschulehrer vollzog sich in den Jahren des Studiums bei Simon Sechter in Wien. Sechs Jahre lang schwieg der Komponist Bruckner damals, nicht zuletzt auf Anweisung seines Lehrers. Diese sechs Jahre des »Nicht-Komponierens« während der Studien bei Sechter »›meißelten‹ gleichsam aus dem ›Block‹ Bruckner das Genie der Kirchenmusik und der Symphonie, als das er in die Geschichte der Musik in Österreich eingegangen ist.« (L.Nowak)

Eine interessante Illustration dieses schöpferischen Sprunges bieten zwei *Ave Maria*. Das eine enstand am 24. Juli 1856:

Ave Maria I, F-Dur (WAB 5)

Text: Lobgesang Mariä (lateinisch)

Besetzung: Soli (S, A); 4stgemCh; Vc, Org

Aufführungsdauer: 5'

Widmung: *Sr. Hochwürden dem Wohlgeborenen Hochverehrten Herrn Ig. Traumihler, Musik-Director zum hohen Namensfeste ehrfurchtsvoll gewidmet.*

Dieses *Ave Maria* wurde zum Rosenkranzfest am 7. Oktober 1856 in St. Florian uraufgeführt. Es repräsentiert noch den Stil der österreichischen barocken Kirchenmusik, gesetzt für Soli, Chor und Generalbaß. In der Mitte steht ein a cappella-Chor (Adagio, 4/4, B-Dur, über das Wort *Jesus*). Davor und danach (Andante, 4/4, F-Dur) konzertieren die beiden Solo-Stimmen mit dem Chor in sanftem Linienfluß, gestützt vom festen Generalbaß-Fundament (Violoncello und Orgel). Auch hier treffen wir übrigens den so oft bei Bruckner anzutreffenden, charakteristischen melodischen Oktavsprung. Und die Harmonik weitet sich expressiv von F nach Des und As.

Gesamtausgabe: Band XXI (1984)

Ave Maria II, F-Dur (WAB 6)

Text: Lobgesang Mariä (lateinisch)

Besetzung: 7stgemCh a cappella (S, 2 A, 2 T, 2 B)

Aufführungsdauer: 4'

Dieses Werk wurde im Mai 1861 in Linz, nach Beendigung der Studien bei Simon Sechter, komponiert. Es erklang zum ersten Male unter der Leitung des Komponisten am 12. Mai 1861 in Linz und wurde da von der Liedertafel »Frohsinn« gesungen.

Das knapper gehaltene gesanglich reicher angelegte Ave Maria II verzichtet auf die Klammer des Generalbaßes, bewegt sich freier in wirkungsvoll sich steigernden Klangräumen. Der Beginn (Andante, 4/4, F-Dur, *Ave Maria, gratia plena, Dominus tecum*) steigert sich in Sopran und den beiden Altstimmen vom Piano zum Forte. Dann setzen die beiden Tenöre und Bässe Pianissimo neu an. Das Klangbild wird farbiger. Schließlich, am Ende dieses Teiles, ein plötzliches Fortissimo auf dem A-Dur-Akkord im ganzen Chor auf das Wort *Jesus*. Dann führt der siebenstimmige Chor, mit weiteren Fortissimo-Höhepunkten, in homophonem Satz allmählich zur dynamischen Zurücknahme des Klanges bis ins plagal erreichte F-Dur-*Amen*.

Gesamtausgabe: Band XXI (1984)

Auf vergleichbarer kompositorischer Höhe, wie sie in den Messen d-Moll, e-Moll und f-Moll ereicht wurden, stehen dann auch kleinere kirchenmusikalische Werke, so das

Inveni David f-Moll (WAB 19) <Offertorium>

Besetzung: 4stMCh (2 T, 2 B); 4 Pos (Alt, 2Tenor, Baß)
Aufführungsdauer: 3'
Widmung: *Der löblichen Liedertafel »Frohsinn« hochachtungsvollst gewidmet*

Diesen Männerchor mit wirkungsvoll verstärkendem Posaunenklang schrieb Bruckner am 21. April 1868 in Linz für die Gründungsfeier seiner »Liedertafel«. Die Uraufführung fand am 10.5.1868 ebendort unter der Leitung des Komponisten statt.

Zweimal kehrt eine markante Unisono-Linie des Chores wieder, in wirkungsvollem Crescendo aufsteigend und auf ges mündend (f-Moll, 4/4):

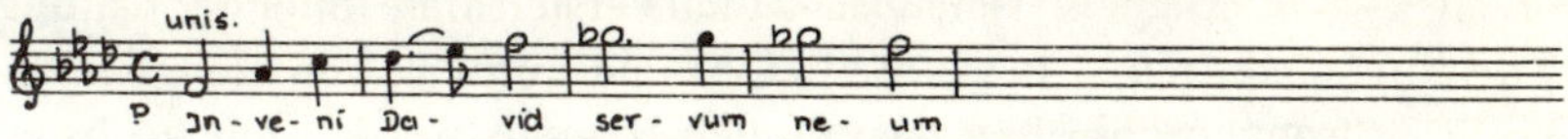

Das erste Mal erscheint sie a cappella, das zweite Mal mit energisch akzentuierendem Posaunenklang zu *brachium meum confortabit.* Ein 16-taktiges Alleluja (4/4, F-Dur) bildet den kräftig durch Punktierungen vorangetriebenen Ausklang.

Gesamtausgabe: Band XXI (1984)

Bemerkenswert in diesen späteren »Sinfonie-Jahren« auch ein Graduale:

Os justi meditabitur, lydisch (WAB 30)

Besetzung: 4-8stgemCh a cappella
Aufführungsdauer: 4'
Widmung: *Sr.Hochwürden Herrn Musikdirektor Ignaz Traumihler zu St. Florian*

Diese Musik entstand 1879, also zur Zeit der Arbeit an der 5. Sinfonie und wurde am 28. August des gleichen Jahres zu St. Florian uraufgeführt. Unter der Leitung des Widmungsträgers I. Traumihler, Regens Chori zu St. Florian.

Sie rückt zur Zeit der stilistisch-strukturellen Neuerungen der »Wagner«-Sinfonie Bruckners ein dazu im Grunde eigentlich widersprüchliches festes Beziehen auf alte Kirchenpraktiken, nicht nur die Kirchentonarten, in den Blickpunkt. Streng, in Anlehnung an den Palestrina-Stil, entwickeln sich die Stimmen (A cappella, alla breve, Lydisch), fächern sich auf zu polyphon verflochtener Achtstimmigkeit, ziehen sich wieder zu 4-stimmigem Satz zusammen, wo sie in bewegtem Linienspiel miteinander korrespondieren. Am Ende folgen ein gregorianischer 4-stimmiger Alleluja-Choral und eine Choralharmonisierung des *Inveni David* (vgl. WAB 19)

Gesamtausgabe: Band XXI (1984)

Das letzte Werk dieser Gruppe, einen Hymnus, schrieb der 68jährige noch einmal für seine geistliche Heimat St. Florian:

Vexilla regis, phrygisch (WAB 51)

Besetzung: 4stgemCh a cappella

Aufführungsdauer: 5'

Widmung: *Für St. Florian*

Die drei Strophen des alten lateinischen Hymnus werden mit höchster stimmiger Transparenz, in schier orgelhafter Klangregistratur vorgetragen. Deutlich heben sich der mixolydische e-Klangraum und der dominantische H-Klangraum voneinander ab.

Gesamtausgabe: Band XXI (1984)

Kammermusik

Streichquartett c-Moll (WAB 111)

Besetzung: 2 Vl, Vla, Vc

Aufführungsdauer: 21'

Während des Unterrichts bei Otto Kitzler in Linz, als Bruckner sich vor allem auch um Kenntnisse und Fertigkeiten in den Genres der Instrumentalmusik von der Kammermusik bis zur Sinfonie bemühte, arbeitete er mit einem Studienbuch. Darin trug er alle Aufgaben und ihre Lösungen ein. In diesem Skizzenbuch wurde auch ein komplettes Streichquartett in c-Moll notiert. Es ist wohl das letzte überlieferte Resultat seiner Kompositionsübungen in der zyklischen Sonatenform. Zuvor hatte er begonnen, den ersten Satz einer Klaviersonate g-Moll zu schreiben, und nach dem Quartett entstand noch ein Rondo c-Moll für Streichquartett in *größerer Form.*

Das c-Moll-Streichquartett, 1861 begonnen, vollendet am 7.8.1862, ist also eine Studienarbeit. Zu erkennen auch daran, daß die Handschrift nur wenige Vortrags- und Phrasierungszeichen vorweist. Bruckner kam es auf Form- und Satzstudium an. Das Münchner Koeckert-Quartett beschäftigte sich als erstes mit dieser Arbeit und sorgte am 15. Februar 1951 im RIAS Berlin für die späte Uraufführung. Die Musik, die der damals 38jährige Linzer Domorganist notierte, zeigt, wie er sich am Beispiel der Wiener Klassiker orientierte, Anregungen älterer Meister aus dem 19. Jahrhundert aufnahm und zugleich den vierstimmigen Streichersatz sicher beherrschen gelernt hatte. Darum ist dieses Studienquartett auch heute noch hörenswert.

Die zweite Violine eröffnet den *ersten Satz* (Allegro moderato, 4/4, c-Moll) in regelrechter Sonatenform mit einem einfachen Gedanken:

Der *zweite Satz* (Andante, 3/4, As-Dur) wird mit lyrischer Kantilene in der 1. Violine eröffnet:

Romantische Färbungen und bewegte Linien führen über as-Moll und h-Moll in die Ausgangstonart zurück. Zum kräftig auftrumpfenden *Scherzo* (Presto, 3/4, G-Dur) gehört ein anmutiges *Trio* in gleicher Tonart, mit elegant sich aufschwingender Melodie, die im zweiten Teil in akkordischer Gegenbewegung geführt ist. Der vierte Satz: Ein klassisches Rondo (Schnell, 2/4, c-Moll), folgt, hörbar an Beethoven geschult, mit wirkungsvoller Variationstechnik.

Gesamtausgabe: Band XIII/1 (1955)

Streichquintett F-Dur (WAB 112)

Besetzung: 2 Vl, 2 Vla, Vc

Aufführungsdauer: 48'

Widmung: *S.Königl. Hoheit dem Herzoge Max Emanuel in Bayern in tiefster Ehrfurcht gewidmet*

Während der Jahre zwischen 1876 und 1879 gab es eine Pause im sinfonischen Schaffen Bruckners. Umarbeitungen älterer Werke rückten in den Vordergrund. Von 1878 bis 1879 schrieb er aber das Streichquintett F-Dur (in der Mozart-Besetzung mit 2 Violen), sein einziges, dennoch sehr bedeutendes Kammermusik-Werk, wenn man von dem c-Moll-Quartett von 1862 absieht, das noch unter die Studienwerke zu zählen ist. Das Quintett entstand auf Anregung Josef Hellmesbergers. Bruckner widmete es dem Bayernherzog Max Emanuel, der sich mit einem Dankschreiben und einer Brillantnadel revanchierte. Vom ersten Verleger dieser Arbeit erhielt Bruckner dagegen keinen Pfennig.

Zur auch hier wieder nicht einfachen Entstehungsgeschichte gehört, daß Bruckners Auftraggeber Hellmesberger das Scherzo des Quintettes für »zu schwer« befand. Daraufhin entstand ein Intermezzo, das auch das Trio des Scherzos einbezieht. Inzwischen hat sich in der Praxis die Fassung mit dem Scherzo durchgesetzt. Das Intermezzo bleibt aber dennoch auch ein spielenswertes Stück. Tempoänderungen und kleine Korrekturen, die der Komponist vor allem bei Durchsicht der Stich-Vorlage vornahm, wurden in der nun vorliegenden Fassung der Gesamtausgabe berücksichtigt. Die Uraufführung fand am 17. November 1881 im Wiener Bösendorfer-Saal statt. Den internen Abend des Wagner-Vereins bestritten Musiker um den Bruckner-Schüler und Bruckner-Propagandisten Joseph Schalk. Sein Bruder Franz spielte die 2. Viola. Erst am 8. Januar 1885 wurde das Werk vom Auftraggeber Josef Hellmesberger mit seiner Quartettvereinigung erstmals musiziert. Beide Male konnte Bruckner sich über beträchtlichen Erfolg freuen.

Dieses Quintett ist ein nicht nur langes, sondern für die Interpreten auch sehr anspruchsvolles Stück. Zu Recht hat Leopold Nowak in der Gesamtausgabe ein zeitgenössisches Urteil über den langsamen Satz des Werkes zitiert: »Dieses Adagio wirkt ungefähr so, als wäre es ein erst jetzt in Beethovens Nachlaß vorgefundenes, aus der letzten Zeit des Meisters stammendes und von dessen vollster Inspiration beseeltes Stück. Das ist wohl das höchste Lob, das über die Komposition eines lebenden Tonkünstlers gesagt werden kann, und wir scheuen uns nicht, es auszusprechen.«

In unseren Tagen brachte Mathias Hansen die nachdrückliche und besondere Wirkung dieser Musik auf den Punkt mit der Bemerkung, sie wirke »wie ein getreues Echo Brucknerscher Sinfonien, gespielt von einem Mahlerschen Fernorchester«.

In der Anlage ist die brucknersche sinfonische Technik auch hier stets erkennber, in der variantenreichen Verarbeitung des Materiales, in reicher, kühner Harmonik, die an tonale Grenzen geht und ihre besonderen Klangwirkungen zumal durch Sekundrückungen des harmonisch-tonalen Gefüges erreicht.

Der *erste Satz* (Gemäßigt, 3/4, F-Dur) verfügt über die schon gewohnten drei Themenkomplexe bei Bruckner. Lyrisch beseelt beginnt der erste:

Nun folgt, sicher wegen des lyrischen Charakters des ersten Themas, nicht, wie üblich, der zweite Themenkomplex als Bruckner-Kantilene. Er gibt sich rhythmisch widerborstig, energisch, für variantenreiche Gestaltung besonders offen:

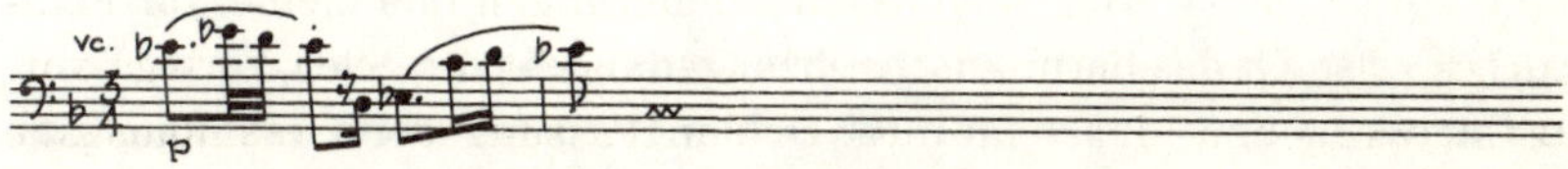

Die dritte Gruppe, gegenüber dem Beginn auf F nach Fis verschoben und dann nach D-Dur gewendet, ist nun die übliche »Gesangsperiode«:

Zur besonderen Struktur dieses farbenreichen Satzes gehört, daß in der Durchführung die Varianten der ersten und zweiten Themengruppe dominieren, während das dritte Thema in der Reprise ausgearbeitet wird und bis in die Coda hineinwirkt. Die führt dann im Orgelpunkt auf F mit dem 2. Gesangsthema zu kräftigem Aufschwung.

Der *zweite Satz* (Scherzo, d-Moll, 3/4) erinnert an den Scherzo-Satz der 5. Sinfonie. Er gehört nicht mehr in den Bereich der früheren ländlich-derben Scherzi von der 1. bis 4. Sinfonie. Mit seinem synkopierten Rhythmus des Hauptthemas

erhält er durchaus elegische Akzente. Sie verstärken sich graziös durch folgende langsamere Tempi (quasi Andante), gerinnen zu sehr ernstem Gestus (ff breit gestrichene Oktaven in der 2.Viola), bis die Reprise einsetzt. Auch hier gibt es harmonische Sekundrückungen, von D nach Es beispielsweise. In Es-Dur beginnt das *Trio* (Langsamer, 3/4), ein reizvoll graziöses Stück, das in A-Dur, dem Dominantbezirk für d-Moll, endet.

Dieses Scherzo erscheint bei Bruckner hier zum erstenmale im Satzganzen an zweiter Stelle. Wir finden solche Satzfolge erst wieder in der 8. und 9.Sinfonie.

Der an dritter Stelle folgende *Adagio*-Satz (ausdrucksvoll, 4/4, Ges-Dur) bildet offenbar die große Brücke zum Finale. Zwei Themen bestimmen ihn, in loser Folge einander ablösend, in immer neuen Varianten entwickelt:

Auch hier spielt das harmonische Prinizp der Sekundrückung eine Rolle. In Charakter und manchem motivischen Bezug erinnert das Adagio an den langsamen Satz der späteren 7. Sinfonie. Auch hier kontrapunktische Dichte in der Anlage der Themengruppen: Die Oberstimme des 1. Themas steht im Verhältnis der Umkehrung zur Melodieführung des 2. Themas. Beträchtliche klangliche Entwicklungen in der Reprise des 1. Themas werden durch dramatische Steigerungen in der des 2. gefolgt. Sie haben durchaus sinfonisches Ausmaß.

Das *Finale* (Lebhaft bewegt, 4/4) steht nach dem Ges-Dur des dritten

Satzes bis zur Coda (F-Dur) in der Paralleltonart d-Moll. Es beginnt auf dem Orgelton Des der 2.Viola. Er rückt dann im Violoncello auf C. Ein erstes Thema erscheint in der 2. Violine in lebhaftem Stakkato:

Die Führung übernimmt dann aber das langsamere zweite Thema:

Nach kunstvoller Ausarbeitung folgt auch ein drittes Thema, das sich in energischem Unisono mit der Triolenbildung aus dem Hauptmotiv des ersten Satzes zur Fugendurchführung verbindet:

Große Spannungen und Steigerungen werden erreicht. Erst mit einem weiteren neu eintretenden Motiv

wird deren Lösung gefunden. Dann folgt über die Orgelpunkte C und F in gewaltigem Aufschwung und im Tempo des Beginns unter Einbeziehung des Themas von dort der befreiende D-Dur Schluß.

Gesamtausgabe: Band XIII/2 (mit Intermezzo d-Moll) (1963)

Klaviermusik

Klaviermusik spielte im Schaffen des Meisters der Sinfonie und der Kirchenmusik immer nur eine Nebenrolle. Sie entstand meist zweckgebunden, war Personen des Bekanntenkreises gewidmet, vor allem jungen Damen, die dem Herzen des Komponisten nahe standen. Sie dienten auch als »Unterrichtsstoff«, den der Klavierlehrer Bruckner mit seinen Schülern erarbeitet hat. Gelegentlich in die Noten von Bruckners Hand eingetragene Fingersatzbezeichnungen weisen darauf hin. Musikalisch ist das alles in den Moden der Zeit gehalten. Diese Stücke geben heute einen freundlichen Einblick in Bruckners Art, sich seinen Zeitgenossen im Stil der Zeit angenehm zu machen.

Das erste Klavierstück Bruckners entstand um 1850. Es ist eine viersätzige *Lancier-Quadrille* C-Dur. Der junge Schulgehilfe schrieb sie in St.Florian für die Tochter seines Vorgesetzten, des ihm wohlgesonnenen Schullehrers Michael Bogner. Aloisa Bogner war offenbar noch keine versierte Spielerin. Aber sie, die auf den Klavierlehrer Bruckner so nachhaltigen Eindruck gemacht hat, wird ihre Freude gehabt haben an den Melodien aus Lortzing-Opern, die in die Tanzsätze im geraden wie im Dreier-Takt eingewoben waren und die ihr das mühsame Üben leichter machen sollten. Bruckner hat Lortzing-Opern in Linz gesehen. Seine Zitate von Highlights aus »Wildschütz« und aus »Zar und Zimmermann« werden ihre Wirkung getan haben.

Um die gleiche Zeit entstand auch, wohl für die gleiche Adressatin, ein Klavier-Ländler, *Steiermärker* überschrieben, in G-Dur. Aus der Linzer Zeit stammt auch ein um 1856 entstandenes *Klavierstück in Es-Dur* (Es-Dur, 6/8). Es ist ganz unüberhörbar dem Beispiel der »Lieder ohne Worte« Mendelssohns nachempfunden. Ein weiteres »Lied ohne Worte«, mit der gar poetischen Überschrift *Stille Betrachtung an einem Herbstabend* (Feierlich, ruhig, 6/8, fis-Moll) wurde am 10.November 1863 geschrieben und einer weiteren Klavierschülerin, Emma Thanner, zugeeignet. Es hat Mendelssohn-Bartholdys »Venetianisches Gondellied« op.60, Nr.6 zum ganz direkten Vorbild.

Im September 1868, die Linzer Jahre Bruckners gehen zu Ende, entsteht gar eine größer angelegte zweisätzige *Fantasie* (Langsam und mit Gefühl, 4/4, G-Dur, Es-Dur; Allegro, 2/4, G-Dur). Da findet sich schon freizügigerer Umgang mit der Harmonik, virtuoserer Zuschnitt des klavieristischen Anspruchs. Auch dieses Stück hat eine Adressatin: Die liebliche Klavierschülerin Alexandrine Soika, Tochter eines höheren Offiziers.

Schließlich, noch in Linz, gab es eine letzte Klavierkomposition, ebenfalls um 1868 entstanden. Sie trägt den Titel *Erinnerung* (Langsam, innig, 4/4, As-Dur). Ganz offensichtlich hat auch hier ihr Schöpfer »zu tief in ein Mädchenauge« geschaut. Zudem prägt diese innige Klavierpoesie aber auch ein unverkennbar auf den Sinfoniker weisender Zug, der sich ins Pathetische weitet, mit rollender Passagenbegleitung, die sich bis ins donnernde Fortissimo steigert.

Für Unterrichtszwecke schrieb der Klavierlehrer Anton Bruckner auch ein paar Stücke für Klavier zu vier Händen. So entstanden zwischen 1853 und 1855 in St.Florian *Drei kleine Stücke* (Nr.1, 3/4, G-Dur; Nr.2 Allegro moderato, 3/4, G-Dur und Nr.3 Langsam, feierlich – Schneller 2/4, F-Dur) für die Geschwister Marie, Josef und Moritz Marböck, Kinder des Notars Marböck sowie für Marie Ruckensteiner, die Tochter des Stiftsrichters ebendort. Daß diese Musik verschiedentlich bei Familienfesten vorgeführt wurde, ist überliefert. Georg Ruckensteiner wurde zudem eine *Quadrille* gewidmet, wie damals üblich, in 6 Sätzen (1 Pantalon, 6/8, A-Dur; 2 Eté, 2/4, D-Dur; 3 Poule, 6/8, A-Dur; 4 Trenis, 2/4, F-Dur; 5 Pastourelle, 2/4, d-Moll; 6 Finale, 6/8, E-Dur). Geschrieben wurde sie aber sicher für seine Tochter Marie, die von Bruckner in St.Florian, dann aber auch noch in Linz unterrichtet wurde.

Gesamtausgabe: Werke für Klavier zu 2 Händen: Band XX (Walburga Litschauer, 1994); Werke für Klavier zu 4 Händen: Band XXII/3 (Walburga Litschauer, 1994)

Anhang

Abkürzungen

A	Alt
acap	a cappella
att	attacca
B	Baß
Bar	Bariton
Bck	Becken
Bpos	Baßposaune
BTb	Baßtuba
Cel	Celesta
Ch	Chor
Euph	Euphonien
FCh	Frauenchor
Fg	Fagott
Fl	Flöte
FlHr	Flügelhörner
GA	Gesamtausgabe
gemCh	gemischter Chor
grTr	große Trommel
Harm	Harmonium
Hr	Horn
Hrf	Harfe
instr	instrumental
K	Entstehungszeit der Komposition
Kb	Kontrabaß
KbPos	Kontrabaßposaune

KbTb	Kontrabaßtuba
Kfg	Kontrafagott
Kl	Klarinette
Klav	Klavier
klTr	kleine Trommel
Ltg	Leitung
MCh	Männerchor
MS	Mezzosopran
Ob	Oboe
Org	Orgel
pic	Piccolo (kleine Flöte)
pizz	pizzicato
Pk	Pauke(n)
Pos	Posaune
S	Sopran
Sol	Solisten
Str	Streichinstrumente
T	Tenor
Tb	Tuba
Trgl	Triangel
Trp	Trompete
UA	Datum der Uraufführung
Vc	Violoncello
Vl	Violine
Vla	Viola (Bratsche) / Violen
W	Widmung
WAB	Werkverzeichnis Bruckner (Renate Grasberger)

Renate Grasberger: Werkverzeichnis Anton Bruckner (WAB). Hans Schneider, Tutzing 1977.

Sämtliche Werke (Kritische Gesamtausgabe), im Auftrage der Generaldirektion der Nationalbibliothek und der Internationalen Bruckner-Gesellschaft, herausgegeben von Robert Hass und Alfred Orel (Musikwissenschaftlicher Verlag Wien bis 1938, Bruckner-Verlag Leipzig bis 1944); (Wiesbaden, Bruckner-Verlag 1949-1952);

Gesamtausgabe: Anton Bruckner, sämtliche Werke. Kritische Gesamtausgabe, herausgegeben von der Generaldirektion der Österreichischen Nationalbibliothek und der Internationalen Bruckner-Gesellschaft unter Leitung von Leopold Nowak. Musikwissenschaftlicher Verlag der Internationalen Bruckner-Gesellschaft. Wien, 1951 ff.

Sämtliche Werke (Kritische Gesamtausgabe), herausgegeben von Robert Haas (Breitkopf und Härtel, Leipzig, Abt. Bruckner-Verlag 1950-1953)

Anton Bruckner: Gesammelte Briefe. Hrsg. v. Franz Gräfinger. Regensburg 1924.

Anton Bruckner: Gesammelte Briefe. Neue Folge. Hrsg. v. Max Auer. Regensburg 1924.

Anton Bruckner: Vorlesungen über Harmonielehre und Kontrapunkt. Hrsg. v. E.Schwanzara. Wien 1950.

Anton Bruckner: Dokumente und Studien. Hrsg. v. Franz Grasberger. Bd.1 Theophil Antonicek: Anton Bruckner und die Wiener Hofmusikkapelle. Graz 1979. Bd.2 Anton Bruckner in Wien. Graz 1980.

Max Auer: Anton Bruckner als Kirchenmusiker. Regensburg 1927.

Max Auer: Anton Bruckner. Sein Leben und Werk. Wien 1934.

Max Dehnert: Anton Bruckner. Versuch einer Deutung. Leipzig 1958.

Arthur Dette: Nikisch. Leipzig 1922.

Constantin Floros: Brahms und Bruckner. Wiesbaden 1980.

Karl August Göllerich: Anton Bruckner, Ein Lebens- und Schaffensbild, Band I. Regensburg 1922.; Band 2-4 hrsg von Max Auer Regensburg 1928-1937.

Karl Grebe: Anton Bruckner in Selbstzeugnissen und Bilddokumenten. Reinbeck 1972.

Hans C. Fischer: Anton Bruckner, sein Leben. Eine Dokumentation. Salzburg 1974.

Robert Haas: Anton Bruckner. Potsdam 1934.

Matthias Hansen: Anton Bruckner. Reclam 1987.

Georg Knepler: Musikgeschichte des XIX.Jahrhunderts, Bd.II. Berlin 1961.

Ernst Kurth: Anton Bruckner. Berlin 1925.

Ein Glück ohne Ruh'. Die Briefe Gustav Mahlers an Alma Mahler (Gesamtausgabe). Hrsg. v. Henry-Louis de La Grange, Günther Weiß. Berlin 1995.

Alma Mahler: Erinnerungen an Gustav Mahler/Briefe an Alma Mahler. Hrsg. v. Donald Mitchell. Berlin 1978.

Gustav Mahler: Briefe. Hrsg.v. Mathias Hansen. Stuttgart 1985.

Elisabeth Maier: Anton Bruckner, Stationen eines Lebens. Landesverlag Ehrenwirt, Linz 1996.

Dika Newlin: Mahler, Schönberg. Wien 1954.

Leopold Nowak: Anton Bruckner. Musik und Leben. Linz 1973.

Alfred Orel: Anton Bruckner. Wien 1925.

Eva Priester: Kurze Geschichte Österreichs. Wien 1949.
Manfred Wagner: Bruckner. Mainz 1983.

Theodor Wünschmann: Anton Bruckners Weg als Sinfoniker. Steinfeld 1976.

12,80 €